한국 근대 초기의 어휘

이 저서는 2001년도 한국학술진흥재단의 연구비 지원에 의하여 이루어졌음.
(KRF-2001-005-A20001)

서울大學校 奎章閣韓國學研究院
韓國學共同研究叢書 9

한국 근대 초기의 어휘

송철의
이현희
황문환
장윤희
이 용
양정호

서울대학교출판부

Korean Vocabulary in the Early of the 20th Century

Cheol-Eui Song

Hyeon-Hie Lee

Mun-hwan Hwang

Yoonhee Jang

Young Lee

Jeong-Ho Yang

Seoul National University Press

韓國學共同硏究叢書를 간행하면서

백짓장도 맞들면 낫다고 한다. 人文學 내지 社會科學은 自然科學과는 달리 연구팀에 의한 共同硏究가 만만치가 않았고 그러한 사고의 훈련을 쌓지 못해 온 것도 사실이다. 그만큼 개인의 독자적인 연구가 대부분이었다. 個人硏究가 중요함은 물론이나 연구주제에 따라서는 聯合·協力硏究는 물론이고 나아가서는 공동연구까지도 필요할 때가 적지 않다. 연구기관이면서 연구지원기관이기도 한 韓國文化硏究所는 지금까지 연합·협력연구 또는 공동연구를 지향해 왔다 그러나 유감스럽게도 공동연구원들이 보고한 결과물이 집대성되지 못하고 흩어져 발표된 일이 종종 있었다. 그리하여 결국은 공동연구의 진정한 의의가 그만큼 감소되고 말았던 것이다.

공동연구이면서 진정한 의미의 공동연구가 되지 못하고 개인논문의 성격을 띤다고 하더라도 그 내용에 있어서는 주제나 목표상의 공통적인 지향점이 있기 마련이다. 연합·협력연구에 있어서도 마찬가지일 것이다. 그동안 본 연구소에서는 공동연구를 진행하면서 그 결과를 토대로 심포지엄을 개최하여 활기찬 토론을 거치곤 하였기에 연구참여자 사이의 조율과 수정이 있었던 것이 사실이다. 이러한 과정을 거친 연구결과물들이 흩어지지 않게 본 연구소에서 행한 연구에 한해 단행본으로 간행하되, 특히 韓國學共同硏究叢書로 묶게 되었다. 진정한 의미에서의 공동연구가 못 되고 연합·협력연구의 성격을 띠더라도 단행본으로 집대성함이 학문의 발전을 위해서 좋지 않겠나 하는 그런 생각이 들어서였다. 이상의 계획은 공동연구가 個人硏究의 한계를 극복하고 앞으로는 진정한 의미의 공동연구로 나아가야 하는 방향 설정의 의미까지 포함되는 것이다.

이제 본 연구소는 그동안 개인연구 중심의 단행본으로 간행해 온 韓國文化研究叢書와 함께 이 韓國學共同研究叢書 두 종류의 상징적인 총서를 가지게 된 셈이다. 자랑스러운 일이요 새로운 전통을 마련하는 흐뭇한 일이라 하겠다.

2003. 1. 10.
서울大學校 韓國文化研究所

2006년 2월 1일 한국문화연구소와 규장각이 통합되어 奎章閣韓國學研究院이 발족됨에 따라 본 '한국학공동연구총서'는 8호부터 규장각한국학연구원의 이름으로 간행되게 되었다.

2006. 7. 14.
서울大學校 奎章閣韓國學研究院

머리말

개항기 이후 특히 20세기 초기는 우리 사회가 급속히 근대 사회적 면모를 갖추어 나갔던 시기이다. 정치 · 경제 · 사회 · 문화 등의 제 분야들이 우리의 전통문화를 바탕에 깔고서 외래문화를 수용하여 근대적인 모습을 갖추어 나가기 시작했던 것이다.

한편 그러한 외래문화의 수용은 자연히 그에 따르는 새로운 단어들의 유입을 초래하기도 하였는데, 이들 새로 유입된 단어들은 당시의 시대상과 사회상을 잘 반영하고 있다고 할 수 있다. 본서는 이처럼 한국 근대화 초기의 시대상과 사회상을 잘 반영하는 어휘를 수집 · 정리하여 제시함으로써 그들을 통하여 근대 문물의 수용 양상과 한국 근대 초기의 근대화 양상을 검증해 볼 수 있도록 하였다.

본서에 수록된 어휘는 1901년부터 1910년 사이에 간행된 신문, 잡지, 소설, 교과서, 문법서 등에서 가려 뽑은 것으로서 당시의 시대적 특성을 잘 반영한다고 판단되는 것들이다. 본서는 이들 어휘항목들을 의미부류에 따라 분류한 다음, 각 항목에 대하여 의미와 용례를 제시하였으므로 어휘 자료집의 성격을 띠는 것이라 할 수 있다. 이러한 어휘 자료집은 일정한 분류 체계에 따라 편찬되어야 하는바, 본서에서는 대상 어휘를 '건축, 경제, 경찰, 과학, 관직, 교육, 교통, 군사, 법률, 사회, 언론, 의료, 일반, 입법, 정치, 종교, 철학, 체신, 행정' 등의 의미분야에 따라 나누어 제시하였다(같은 부류 안에서는 자모순으로 배열하였다). 이렇게 제시하는 것이 각 분야별로 신문물의 수용양상을 살펴보는 데에 편리하리라고 판단하였기 때문이다. 본서의 말미에는 약간의 해설을 덧붙였다.

본서는 여러 가지로 미흡한 점이 적지 않다. 그런데 우리는 본서를 간행하기로 하였다. 이 정도의 자료라도 제공한다면 여러 분야에서 유용하게 활용할 수 있으리라 생각되었기 때문이다. 앞으로도 이러한 작업이 계속되어 좀더 완전한 어휘 자료집이 출간되기를 빌어 마지않는다.

본서는 한국학술진흥재단의 중점연구소 지원 과제로 수행된 "한국 근대사회와 문화의 형성과정 연구"의 일부이다. 이 연구는 총 3단계로 진행되었는데, 본서는 그중 제2단계(2001.12-2003.11) 제2세부과제의 결과물 중의 하나이다.

끝으로 본서가 이루어질 수 있도록 연구비를 지원하여 주신 한국학술진흥재단과 본서를 한국학공동연구총서로 간행할 수 있도록 허락해 주신 규장각한국학연구원에 감사의 말씀을 드리며, 본서의 출판을 위해 애써주신 서울대학교출판부 관계자 여러분께도 감사의 말씀을 드린다.

2008년 9월
편자들을 대표하여
송 철 의

차례

韓國學共同硏究叢書를 간행하면서 v
머리말 vii
일러두기 xi

建築 ―― 1
經濟 ―― 5
警察 ―― 41
科學 ―― 49
官職 ―― 60
敎育 ―― 66
交通 ―― 81
軍事 ―― 89
法律 ―― 99
社會 ―― 113
言論 ―― 121
醫療 ―― 124
一般 ―― 130

立法 —— 197

政治 —— 199

宗教 —— 208

哲學 —— 220

遞信 —— 222

行政 —— 226

해설 233

찾아보기 243

Abstract 253

일러두기

본서는 한국 근대 초기에 해당하는 20세기의 첫 10년, 즉 1901년부터 1910년 사이의 신문, 잡지, 소설, 교과서, 문법서 등에서 당시의 시대상을 보여주는 어휘를 선정하여 각 어휘의 원어, 이표기, 품사, 의미, 용례를 제시하였다. 본서의 기술 원칙과 제시 방법은 다음과 같다.

(1) 표제어

(가) 선정 원칙

검토 대상이 되는 자료에서 상대적으로 출현 빈도가 높은 어휘를 1차적으로 선별한 다음 당시의 시대상을 잘 보여주는 것으로 생각되는 어휘들을 표제어로 선정하였다.

(나) 배열 방식

표제어는 의미 부류에 따라 '建築, 經濟, 警察, 科學, 官職, 教育, 交通, 軍事, 法律, 社會, 言論, 醫療, 一般, 立法, 政治, 宗教, 哲學, 遞信, 行政'과 같이 분류하고, 같은 부류 안에서는 자모순으로 배열하였다. 또한 독자의 편의를 위하여 자모순으로 된 찾아보기를 덧붙였다.

(다) 표기

표제어는 현대국어의 맞춤법에 따라 표기하였다.

(2) 원어

고유어를 제외한 모든 표제어에는 표제어 다음에 원어를 밝혀 적었다. 고유어 성분이 포함된 표제어의 경우에는 고유어 음절수만큼 '-'을 붙였다.

(예) 건축 建築　　　　　　건축하다 建築--

(3) 이표기

자료에 나타나는 실제 용례의 모든 이표기를【 】속에 적었다. 이표기가 여럿인 경우 한글 표기, 한자 표기의 순으로 제시하되, 한글 표기가 여럿인 경우에는 자모순으로 배열하였다.

(예) 노자 勞資〔노자, 노ᄌᆞ, 로자, 로ᄌᆞ, 勞資〕

(4) 품사

표제어의 품사를, 명사인 경우 '명', 동사인 경우 '동'과 같이 제시하였다.

(5) 의미

표제어의 의미는 문맥에서 실제로 쓰이는 용법과 지시하는 대상이 드러날 수 있도록 제시하였다. 표제어의 의미 기술은 원칙적으로《표준국어대사전》을 참고하되《朝鮮語辭典》과《조선말큰사전》을 보조적으로 참고하였다. 다의어는 번호를 주어 그 의미를 구분하였는데, 기본 의미에 가까운 것을 먼저 제시하였다.

(6) 용례

표제어의 용례는 문맥에서의 실제 쓰임을 명백히 알 수 있도록 하기 위해 될 수 있는 한 다양하게 제시하였다. 용례는 이표기별로 보이되, 같은 이표기가 나타나는 용례들은 출전의 출간 연대순으로 제시하였다.

용례의 출전 표시는 출전의 유형에 따라 다음과 같이 하였다.

① 신문

그 **뎡거쟝** 근쳐에 잇ᄂᆞᆫ 부녀들은 만히 피란ᄒᆞ엿고 〈대한매일1907/09/18〉

→《대한매일신보》 1907년 9월 18일자 기사에 있는 용례.

② 잡지

쥬야 운ᄒᆡᆼᄒᆞᄂᆞᆫ **ᄀᆡ션**과 기타 수다ᄒᆞᆫ ᄀᆡ계ᄅᆞᆯ ᄉᆡ로 발명ᄒᆞ야 〈신학월보1:154〉

→《신학월보》 1권의 154쪽에 있는 용례.

③ 소설

학ᄉᆡᆼ으로 **류학** 가ᄂᆞᆫ 사람이요 〈송뢰금2〉

→〈송뢰금〉 2쪽에 있는 용례.

④ 교과서

二三層 집은 **공긔**가 됴타. 〈국어독본1:33〉

→《국어독본》 1권의 33쪽에 있는 용례.

⑤ 문법서

소릐는 **공긔**가 울리는 파동이 퍼져 나가서 〈대한국어문법02〉

→《대한국어문법》 2쪽에 있는 용례.

⑥ 기타

옥에 잇ᄉᆞᆫ 지 구삭 만에 **법쟝**으로 나갈 때가 당ᄒᆞ매 〈기해일기88a〉

→《기해일기》 88장 a면에 있는 용례.

建築

건축 建築【건축, 건츅, 建築】

명 집이나 성, 다리 따위의 구조물을 그 목적에 따라 설계하여 흙이나 나무, 돌, 벽돌, 쇠 따위를 써서 세우거나 쌓아 만드는 일.

탁지부 ᄎᆞ관 황졍현태랑은 금고 관리와 탁지부 건츅 소장을 겸임ᄒᆞ다 〈대한매일1907/10/26〉

그 각 항 부비롤 의론컨대 션ᄉᆡᆼ의 봉급과 셔칙과 학교 건츅 ᄀᆞᆺ흔 여러 가지니라 〈경향신문1907/01/04〉

이ᄂᆞᆫ 각 디방 관텽의 텽샤 건츅과 밋 곳치ᄂᆞᆫ 경비오 〈경향보감1:97〉

건축하다 建築--【건축ᄒᆞ다, 건츅ᄒᆞ다, 建築ᄒᆞ다】

동 집이나 성, 다리 따위의 구조물을 그 목적에 따라 설계하여 흙이나 나무, 돌, 벽돌, 쇠 따위를 써서 세우거나 쌓아 만들다.

나라이 크게 흥왕ᄒᆞ야 ᄉᆞ면에 셩과 담을 건축ᄒᆞ엿ᄂᆞ니 〈신학월보4:413〉

셔양 각국에셔ᄂᆞᆫ 연희장을 극히 장ᄒᆞ게 건축ᄒᆞ고 화려ᄒᆞ게 셜비ᄒᆞ엿스며 〈설중매10〉

창덕궁 안에 ᄂᆡ각을 새로 **건축ᄒᆞᄃᆡ** 그 경비로 팔쳔원을 지출ᄒᆞᆫ다더라 〈대한매일1907/12/08〉

지금 평리원을 헐고 양옥으로 **건축ᄒᆞ겟ᄂᆞᆫᄃᆡ** 물지가 오십만원 가량이라더라 〈경향신문1907/04/12〉

츄렴젼을 슈습ᄒᆞ야 가지고 학교 ᄯᅩ ᄒᆞ나흘 **건축ᄒᆞ기로** 마련ᄒᆞ엿다 ᄒᆞ며 〈경향보감2:331〉

동대문 안과 징남포 두 곳에 회당 **건축ᄒᆞ기** 위ᄒᆞ야 청원셔를 올니매 〈신학월보5:95〉

집을 헐어ᄂᆡ고 삼ᄉᆞ칭 양옥을 ᄉᆡ로 **건축ᄒᆞ노라고** 청국 셕슈 일본 목슈들이 들썩들썩 ᄒᆞᆯ ᄲᅮᆫ 〈빈상설1088〉

木手와 泥匠은 家屋을 **건축ᄒᆞᄂᆞᆫ** 職業이라 〈국어독본3:49〉

목수 木手【목슈, 木手】

명 나무를 다루어 집을 짓거나 가구, 기구 따위를 만드는 일을 업으로 하는 사람.

그들 중에 **목수**와 대정장이와 지계군과 백장들이라 〈신학월보3:285〉

혹은 삭기로 당ᄒᆞ옵고 혹은 노뎐으로 당ᄒᆞ옵고 혹은 **목수** 일노 당ᄒᆞ옵고 〈신학월보4:483〉

木手 泥匠 石手 等이 ᄒᆞᆫ 집을 造成ᄒᆞ기ᄭᆞ지 幾多ᄒᆞᆫ 手功이 드럿ᄂᆞᆫ지 ᄉᆡᆼ각ᄒᆞᄂᆞ뇨 〈국어독본3:32〉

석수 石手【셕슈, 石手】

명 돌을 다루어 물건을 만드는 사람.

ᄒᆡ인들은 ᄀᆡ셩 등디에셔 **셕슈** 일 ᄒᆞ다가 원산으로 가ᄂᆞᆫ 길이라 ᄒᆞ며 〈대한매일1908/02/09〉

청국 셕슈 일본 목슈들이 들썩들썩 홀 뿐이니 〈빈상설1088〉

ᄒᆞᆫ편으로 ᄎᆞᄎᆞ 지목을 쥰비ᄒᆞ고 목슈 셕슈를 불너 시역홀시 〈자유종12〉

木手 泥匠 石手 等이 ᄒᆞᆫ 집을 造成ᄒᆞ기ᄭᆞ지 幾多ᄒᆞᆫ 手功이 드럿ᄂᆞᆫ지 ᄉᆡᆼ각ᄒᆞᄂᆞ뇨 〈국어독본3:32〉

양옥 洋屋【양옥】

명 서양식으로 지은 집.

동부경찰셔에셔 ᄒᆡ셔를 훼쳘ᄒᆞ고 이층 양옥을 짓ᄂᆞᆫ다ᄂᆞᆫᄃᆡ 〈대한매일 1909/06/25〉

궁ᄂᆡ부 대신 관뎌로 쓰기 위ᄒᆞ야 쳑식회샤 부총ᄌᆡ 민영긔 씨의 계동 잇ᄂᆞᆫ 양옥을 삿다홈은 이믜 게ᄌᆡᄒᆞᆫ 바ㅣ어니와 〈대한매일1910/03/09〉

우리 살던 곳은 남의 쳔디 ᄀᆞᆺ트여 이층 양옥이 잇더라고 ᄒᆞ시더니 〈송뢰금1〉

졔가 평ᄉᆡᆼ에 사ᄅᆞᆷ 만은 것을 브지 못ᄒᆞ다가 륙칠층 양옥에 인산인ᄒᆡ 됨을 보고 크게 놀나 〈자유종5〉

이장 泥匠【泥匠】

명 건축 공사에서 벽이나 천장, 바닥 따위에 흙, 회, 시멘트 따위를 바르는 일을 직업으로 하는 사람.

木手 泥匠 石手 等이 ᄒᆞᆫ 집을 造成ᄒᆞ기ᄭᆞ지 幾多ᄒᆞᆫ 手功이 드럿ᄂᆞᆫ지 ᄉᆡᆼ각ᄒᆞᄂᆞ뇨 〈국어독본3:32〉

측량하다 測量--【측량ᄒᆞ다】

동 [1]사물의 높이, 넓이, 길이, 부피, 위치, 거리, 방향 등을 기구를 써서 재어 수치와 그림으로 나타내다.

측량홀 ᄯᅢ는 아모 졀ᄎᆞ가 업ᄂᆞ뇨 〈경향보감4:97〉

작년에 탁지부의셔 전국ᄂᆡ 토디를 무료로 **측량ᄒᆞᆫ다** ᄒᆞ엿ᄂᆞᆫᄃᆡ 〈경향보감4:204〉

디반을 **측량ᄒᆞᄂᆞᆫ** ᄃᆡ 쓰ᄂᆞᆫ 쳑수와 쌍 면젹의 명칭과 명위는 엇더케 ᄒᆞᄂᆞ뇨 〈경향보감4:283〉

탁지부에셔 셔관 군용디 **측량ᄒᆞ기로** 〈경향신문1907/04/19〉

[2]남의 마음이나 생각 따위를 짐작으로 알아내는 것.

션ᄉᆡᆼ의 묘산은 진실로 귀신도 **측량치** 못ᄒᆞᆯ 바어니와 〈설중매12〉

토목 土木【토목】

명 흙이나 나무로 하는 공사.

각도에셔 뎨츌ᄒᆞᆫ 디방비 예산 졀목은 **토목**과 권업과 보조와 교육의 각비로 ᄂᆞᆫ호와 ᄒᆞ엿고 〈대한매일1909/10/15〉

일본에 갓던 ᄂᆡ부 **토목** 국장 류밍 씨와 민젹 과쟝 죠셩구 씨ᄂᆞᆫ 본월 이십이일에 귀국ᄒᆞᆫ다더라 〈대한매일1909/11/18〉

디방비 ᄉᆞ업즁 **토목** 역ᄉᆞ와 기타 역ᄉᆞᄂᆞᆫ ᄂᆡ부에셔 직졉 관할ᄒᆞ더니 〈대한매일1910/03/10〉

經濟

가격 價格【가격】

명 물건이 지니고 있는 가치를 돈으로 나타낸 것.

갑 만흔 물건이면 가격 표긔 우편물노 ᄆᆞᆫᄃᆞ라 우편에 붓치ᄃᆡ 〈경향신문1907/09/27〉

통용ᄒᆞᄂᆞᆫ ᄌᆡ물의 갑술 우편물에 긔록ᄒᆞ야 가격 표긔 우편물로 ᄒᆞ고 〈경향신문1907/10/11〉

개척 開拓【ᄀᆡ쳑】

명 거친 땅을 일구어 논이나 밭과 같이 쓸모 있는 땅으로 만듦.

총독 셔셰챵씨ᄂᆞᆫ 흑룡강에 ᄀᆡ쳑을 실시ᄒᆞ고 〈대한매일1909/02/16〉

황폐ᄒᆞ엿던 들이 다시 ᄀᆡ쳑이 될 거시니 〈대한매일1909/09/02〉

이에 묵은 들은 ᄀᆡ쳑이 되고 〈신학월보1:57〉

강원도 삼림과 삼남의 미간디에 ᄀᆡ쳑 식목으로 통업을 쥬장ᄒᆞ며 〈송뢰금2〉

경영 經營【경영, 經營】

명 [1]管理하고 運營함.

회인들이 잇셔 권고와 론박ᄒᆞᆷ이 심ᄒᆞ기로 경영이 여희치 못ᄒᆞ다니 〈대한매일1907/07/16〉

동양쳑식회샤에서 어업 경영으로 어긔ᄅᆞᆯ 시찰ᄒᆞ기 위ᄒᆞ야 〈대한매일1909/09/30〉

[2]궁리하여 일을 마련하여 나감.

귀먹어리 된 쟈만 보ᄂᆞᆫ 신문을 발힝ᄒᆞᆯ 경영이라더라 〈대한매일1910/02/23〉

ᄂᆞᆷ의 전량이나 ᄲᅦ아사 먹을 경영으로 이런 말을 ᄆᆞᆫᄃᆞ라 내ᄂᆞᆫ 거시니라 〈경향보감1:252〉

셔울노 올나가서 무슨 일이던지 다시 착수ᄒᆞᆯ 경영을 ᄒᆞ여야 ᄒᆞ겟ᄉᆞᆫ 〈송뢰금 5〉

경영하다 經營--【경영ᄒᆞ다, 經營ᄒᆞ다】

동 [1]회사나 사업 따위를 管理하고 運營하다.

찰하리 졔씨ᄂᆞᆫ 아모 ᄉᆞ업을 경영치 말고 〈대한매일1909/10/17〉

국가의 큰 ᄉᆞ업을 경영ᄒᆞᆯ 진정ᄒᆞᆫ ᄯᅳᆺ을 픔고 〈대한매일1910/06/01〉

會社라 ᄒᆞᄂᆞᆫ 것은 衆人이 資本을 醵出ᄒᆞ야 商業을 經營ᄒᆞᄂᆞᆫ ᄒᆞᆫ 團體니라 〈국어독본8:39〉

多大ᄒᆞᆫ 財產을 가진 商人은 一人으로도 會社보담 큰 商業을 經營ᄒᆞᄂᆞᆫ 者ㅣ 不少ᄒᆞ니라 〈국어독본8:40〉

[2]어떤 일을 꾸려나갈 묘책 따위를 궁리하여 일을 마련하여 나가다.

쥬초돌도 노치 안코 방 ᄉᆞᆨ밀 일만 분주히 경영ᄒᆞᄂᆞᆫ 어리셕은 ᄆᆞᄋᆞᆷ과 ᄀᆞᆺᄒᆞ

니 〈경향신문1907/05/10〉

신부도 죠션에 나아오기를 경영ᄒᆞ엿는 고로 〈경향보감4:182〉

경제 經濟【경졔, 經濟】

명 [1]나라나 집안 따위를 다스리고 그 구성원을 먹여 살림. 國家를 다스리고 백성을 救濟하는 일.

졔 집안의 경졔도 ᄒᆞ기 어렵거든 엇지 부국강병ᄒᆞᆯ 능력이 잇스리오 〈대한매일신보1907/05/23〉

경졔의 경황이 풍셩ᄒᆞ야 빈곤의 참상을 구원ᄒᆞ며 〈대한매일신보1910/01/09〉

[2]인간의 생활에 필요한 재화나 용역을 생산, 분배, 소비하는 모든 활동. 또는 이것을 연구하는 학문.

ᄉᆞ립 관립을 무론ᄒᆞ고 법률, 졍치, 경졔에 대학교 졸업 증셔가 잇스면 일졀 슈용ᄒᆞ기로 〈경향보감3:12〉

經濟 教科書 一권 〈경향보감3:285〉

경제하다 經濟--【경졔ᄒᆞ다】

동 나라나 집안을 다스리고 그 구성원을 먹여 살리다.

공ᄌᆞ의 연구ᄒᆞ신 바는 다만 ᄉᆞ젼의 경졔ᄒᆞ는 일이니 나라를 다ᄉᆞ리고 텬하를 평ᄒᆞ는 도ㅣ니라 〈신학월보7:79〉

고용 雇傭【고용, 雇傭】

명 삯을 받고 남의 일을 해 줌.

그 일인이 고용을 몃 사ᄅᆞᆷ이나 두는지 〈대한매일1907/07/05〉

상항에셔ᄂᆞᆫ 일본 **고용** 둔 자들이 련쇽ᄒᆞ여 ᄒᆞ고를 ᄒᆞᄂᆞᆫᄃᆡ 〈대한매일1910/03/10〉

남의 집에 **고용**을 ᄒᆞ면셔 〈신학월보4:395〉

측량ᄒᆞᄂᆞᆫ 사ᄅᆞᆷ들도 다른 **고용**과 ᄀᆞᆺ치 일을 시기ᄂᆞᆫ 쥬인의게만 삭을 밧을 것이오 〈경향보감3:116〉

그 아달을 다리고 김쥬ᄉᆞ집에 **고용**을 ᄒᆞ엿ᄂᆞᆫᄃᆡ 〈송뢰금2〉

공업 工業【공업】

명 원료를 인력이나 기계력으로 가공하여 유용한 물자를 만드는 산업.

우리나라 농업 **공업** 샹업 즁에 오직 농업에 ᄃᆡᄒᆞ야ᄂᆞᆫ 비록 발달이 되엿다 고 ᄒᆞᆯ 수 업스나 〈대한매일1908/06/05〉

우리나라의 소위 션ᄇᆡ라 칭ᄒᆞᄂᆞᆫ 쟈ᄂᆞᆫ 농업도 아니ᄒᆞ고 **공업**도 아니ᄒᆞ고 샹업도 아니ᄒᆞ고 〈대한매일1908/06/07〉

샹업과 **공업**에 지혜를 쥰비ᄒᆞ고 〈대한매일1909/04/25〉

샹업과 **공업**을 보호ᄒᆞ야써 궁곤ᄒᆞᆫ 쟈를 구졔ᄒᆞ며 〈경향보감4:10〉

공업이나 상업을 ᄒᆞ야 직졉으로 리익을 구ᄒᆞᆯ 터이오 〈빈상설837〉

공장 工場【공쟝, 工場】

명 원료나 재료를 가공하여 물건을 만들어 내는 설비를 갖춘 곳.

금병 ᄒᆞᆫ 쌍을 궁ᄂᆡ부 어용 미슐픔 졔조 **공쟝**에셔 졔조ᄒᆞ엿ᄂᆞᆫᄃᆡ 〈대한매일1909/06/25〉

온갓 **공쟝**에 열심ᄒᆞ야 〈경향신문1907/04/05〉

공쟝의 업은 날노 셩ᄒᆞ고 〈신학월보1:57〉

공쟝은 각식 물건들을 무슴 모양으로든지 긔긔묘묘ᄒᆞ게 ᄆᆞᆫ돌기를 힘스며

〈신학월보2:271〉

각쳐에 소츌로 운슈편리쳐에 졔죠 공장을 셜치ᄒᆞ면 〈송뢰금2〉

汽車와 汽船과 各樣 工場에셔 機械롤 運轉ᄒᆞᄂᆞᆫ 것은 蒸氣力이라 〈국어독본5:57-58〉

광고료 廣告料【광고료】

명 광고를 내는 데 드는 요금.

광고료ᄂᆞᆫ 긔한의 쟝단과 ᄌᆞ힝의 다쇼로 증감ᄒᆞ되 렴가로 밧을 터이오며 〈대한매일1904/08/16:1〉

광고료 언문 ᄒᆞᆫ 줄 ᄒᆞᆫ 번 二十젼 ᄒᆞᆫ 돌 六十젼 일년 六환 〈경향신문1907/07/29〉

광산업 鑛産業【광산업】

명 광산을 경영하는 사업.

우리도 ᄯᅩᄒᆞᆫ 광산업의 필요홈을 알기ᄂᆞᆫ 알지라도 〈대한매일1908/12/05〉

실상은 영국인이 요긴ᄒᆞᆫ 광산업을 ᄎᆞ지ᄒᆞ고 〈경향신문1907/04/19〉

국고금 國庫金【국고금】

명 국고에 속하는 현금.

아마도 국고금만 쓸 ᄃᆡ 업시 허비ᄒᆞ지 〈대한매일1907/08/20〉

대신된 쟈ᄂᆞᆫ 동포의 근로ᄒᆞ여 모집ᄒᆞ엿든 국고금이나 도적ᄒᆞ여 먹고 〈대한매일1908/01/26〉

디방비로만 쓰면 돈이 부족되여 국고금에 보조를 쳥홀 필요가 잇다 ᄒᆞ야 탁지부로 교셥ᄒᆞᆫ다ᄂᆞᆫ 말이 잇다더라 〈대한매일1909/11/25〉

대한 **국고금** 츌납 ᄉᆞ무를 다ᄉᆞ리는 쟈ㅣ 일ᄇᆡᆨ오십팔이라 〈경향신문1907/05/10〉

국고금을 내여 학교를 쳐쳐에 셜립ᄒᆞ고 ᄀᆞᄅᆞ칠시 〈신학월보2:480〉

국채 國債【국채, 국치】

명 국가가 재정상의 필요에 따라 국가의 신용으로 설정하는 금전상의 채무. 또는 그것을 표시하는 채권.

요사이 **국치** 보샹 의연금을 귀샤에셔 밧은 돈은 얼마나 되며 〈대한매일1907/05/23〉

삼화항에 로동쟈 수ᄇᆡᆨ 명이 향일에는 **국채** 보샹과 학교 보조에 열심ᄒᆞ더니 〈대한매일1907/09/27:2〉

평양에셔 모집ᄒᆞᆫ **국채** 보샹금을 됴사ᄒᆞ기 위ᄒᆞ여 〈대한매일1910/05/03〉

근ᄅᆡ **국채** 보상에 ᄃᆡᄒᆞ야 젼국 인민의 ᄋᆡ국심은 막을 이가 업거놀 〈경향신문1907/04/19〉

ᄀᆡ국 오ᄇᆡᆨᄉᆞ 년에 일본 은ᄒᆡᆼ소에 **국채** 삼ᄇᆡᆨ만 원을 엇엇는ᄃᆡ 〈경향신문1907/09/27〉

권업 勸業【권업, 勸業】

명 산업을 권하여 장려함.

각도에셔 뎨츌ᄒᆞᆫ 디방비 예산 졀목은 토목과 **권업**과 보조와 교육의 각비로 는호와 ᄒᆞ엿고 〈대한매일1909/10/15〉

로동 **권업** 회샤라 셜시ᄒᆞ고〈경향보감1:203〉

이는 곳 **勸業** 模範場이오 그 前面 一帶의 田畓은 試作ᄒᆞ는 ᄶᅡ이라 〈국어독본8:18〉

기업 企業【기업】

명 영리를 얻기 위하여 재화나 용역을 생산하고 판매하는 조직체.

ᄋᆞ히들의 공부와 규모는 일취월쟝ᄒᆞ니 **기업** 교육 샹일량계라 〈신학월보 3:211〉

노동자 勞動者【노동자, 노동쟈, 로동ᄌᆞ, 로동쟈】

명 노동력을 제공하고 얻은 임금으로 생활을 유지하는 사람.

청국 **노동쟈**들이 진고기 근쳐에 잇는 쏭과 오예물을 본동으로 갓다 ᄇᆞ리여 산ᄀᆞᆺ치 싸엿스니 〈대한매일1907/08/09〉

젼일에 외국 **로동쟈**를 비쳑ᄒᆞ는 폭동으로 〈대한매일1907/09/18〉

모로코에셔는 구라파의 **로동자**의게 ᄃᆡᄒᆞ여 루루히 습격도 ᄒᆞ고 살해를 ᄒᆞᆫ다 ᄒᆞ더라 〈대한매일1909/07/21〉

일본 **로동쟈** 구십이 명은 카나다 태평양 텰도에 눈 쓰는 일을 죵ᄉᆞᄒᆞ다가 눈이 문허져셔 죽엇다더라 〈대한매일1910/03/09〉

어린아ᄒᆡ 젓봇치 듯ᄒᆞ는 곳은 모다 ᄌᆞ긔의 동류되는 **노동자**뿐이라 〈안의성 15〉

하인들은 비록 **노동쟈**일지라도 종교의 ᄉᆞ샹이 뎌와 ᄀᆞᆺ치 굿셰이니 〈신학월보5:114〉

청인 **로동ᄌᆞ** ᄒᆞᆫ 픠가 지나거날 〈혈의루67〉

농업 農業【농업】

명 땅을 이용하여 인간 생활에 필요한 식물을 가꾸거나, 유용한 동물을 기르거나 하는 산업. 또는 그런 직업.

광산 철도와 **농업** 공업이며 산림 등 〈대한매일1904/11/26〉

그러나 이거슨 학계샹에 나아가 **농업**의 젼톄를 대강 의론홈이어니와 〈대

한매일1907/11/03〉

동양척식쥬식회샤는 한국 농업의 발달ᄒᆞ기를 위ᄒᆞ며 〈대한매일1908/10/17〉

아모리 농업이 발달될지라도 그 나라는 빈약홈을 면치 못홀지니라 〈대한매일1909/03/24〉

농민을 특별히 ᄃᆡ졉ᄒᆞ여써 농업을 권쟝ᄒᆞ엿고 〈대한매일1910/05/29〉

군 ᄂᆡ에 언으 곳이 샹업이 승ᄒᆞ며 언으 곳이 농업에 젹의ᄒᆞ옵닛가 〈송뢰금2〉

비록 공물이라도 우마가 잇셔야 농업과 상업에 탕픠가 업슨즉 〈자유종27〉

뇌물 賂物【뇌물, 뢰물】

명 어떤 직위에 있는 사람을 매수하여 사사로운 일에 이용하기 위하여 넌지시 건네는 부정한 돈이나 물건.

뢰물노 신문을 사려든 일 〈대한매일1907/08/23〉

각 디방 두령의게 뢰물을 밧엇다는 말이 젼파되여 〈대한매일1909/09/ 30〉

이재 정치로 말하면 소김과 쟁투와 뇌물이 나라를 다사럿고 〈신학월보3:521〉

이리뎌리 청촉ᄒᆞ며 혹 뢰물도 써셔 〈경향보감2:165〉

무숨 숑ᄉᆞ에 뢰물노 곡직을 그릇ᄒᆞ며 〈경향신문1907/04/05〉

그 원슈는 뇌물을 널니 ᄒᆞ야 〈신학월보6:284〉

사룸의게 뢰물을 밧지 말고 〈신학월보7:51〉

담보 擔保【담보, 擔保】

명 채무 불이행 때 채무의 변제를 확보하는 수단으로 채권자에게 제공하는 것.

또 공치의 **담보**를 힝ᄒᆞ기 위ᄒᆞ야 〈신학월보1:118〉

農商工部 大臣의 許可가 無ᄒᆞ면 其 權利를 賣買 讓與ᄒᆞ거나 **擔保**에 供홈을 不得홈 〈경향보감1:317〉

노자 勞資【노자, 노ᄌᆞ, 로자, 로ᄌᆞ】

명 먼 길을 떠나 오가는 데 드는 비용.

다만 **로ᄌᆞ**로 변통홀 길이 업ᄉᆞᆫ 텃이오며 〈경향보감2:183〉

로ᄌᆞ 변통ᄒᆞ기 어려움으로 얼마 지톄홈이 되엿다가 〈경향보감2:223〉

김승지가 너의 아바지더러 너를 ᄃᆞ리고 셔울로 오라고 **노자**ᄭᆞ지 보닛ᄃᆞᆫ 딕 〈귀의성96〉

노ᄌᆞ 쓰던 돈은 빅동전 서 푼만 남은 터이라 〈귀의성1947〉

옥남의 남미를 다려올 작명으로 **노자**를 판출ᄒᆞ려는딕 〈은세계596〉

돈은 감추어 두고 **노ᄌᆞ** 돈 써러젓다 핑계ᄒᆞ고 〈치악산上56〉

반은 교군삯을 쥬고 반은 **노자**르 몸에 진히고 나셔셔 〈치악산上171〉

로자는 업고 발은 부릇고 〈치악산上173〉

이력서 履歷書【리력셔】

명 이력을 적은 문서.

함남 관찰ᄉᆞ 한남규 씨가 **리력셔**를 닉부에 보고ᄒᆞ엿는딕 〈대한매일1907/11/12〉

히씨는 시텬교와 일진회를 관직으로 알고 **리력셔**에 올녓는지 〈대한매일1907/11/12〉

그 **리력셔**를 거두어 갓다더라 〈대한매일1908/04/16〉

원ᄒᆞᄂᆞᆫ 쟈 잇거든 **리력셔**ᄅᆞᆯ 보내라 〈대한매일1909/06/05〉

토디 측량을 영업코져 ᄒᆞᄂᆞᆫ 쟈는 청원셔와 **리력셔**를 쳠부ᄒᆞ여 그 도 관찰ᄉᆞ의게 청원ᄒᆞ여 〈경향보감4:100〉

매매 賣買【매매, ᄆᆡᄆᆡ, 賣買】

명 물건을 팔고 사는 일.

노예 **매매**를 금하고 〈신학월보3:535〉

第一條 土地 家屋을 **賣買** 贈與 交換 或 典當ᄒᆞᆫ 時ᄂᆞᆫ 其 契約書에 統首 或 洞長의 認證을 經ᄒᆞᆫ 後에 郡守 或 府尹의 證明을 受ᄒᆞᆷ을 得ᄒᆞᆷ이라 〈경향보감1:35〉

요사이 **ᄆᆡᄆᆡ**가 업셔셔 아모리 됴흔 ᄎᆡᆨ이라도 팔니지 아니ᄒᆞᆫ다 ᄒᆞᆫᄋᆞᆸ더이다 〈설중매4〉

무료 無料【무료】

명 요금이 없음.

작년에 탁지부의셔 젼국ᄂᆡ 토디를 **무료**로 측량ᄒᆞᆫ다 ᄒᆞ엿ᄂᆞᆫᄃᆡ 〈경향보감4:205〉

무역 貿易【무역】

명 나라와 나라 또는 지방과 지방 사이에 서로 물건을 팔고 사거나 교환하는 일.

쏘 ᄌᆞ유 **무역**은 영국을 강대케 ᄒᆞᄂᆞᆫ 쟈ㅣ 요 〈대한매일1910/01/09〉

통상 **무역**을 흥왕ᄒᆞ야 각각 부강ᄒᆞᆫ 나라가 되니 〈신학월보4:529〉

무역상 貿易商【무역샹】

명 외국과 무역을 하는 상인.

만쥬 **무역샹**에 관ᄒᆞ야 미 덕 량국이 균쳠홀 일을 협뎡ᄒᆞ라 ᄒᆞ엿슴으로 〈대한매일1908/04/02〉

북방에 광산과 남장에 삼림이며 연히에 어업이 풍부ᄒᆞ니 실로 **무역샹** 츄요지라 〈송뢰금2〉

무역하다 貿易--【무역ᄒᆞ다】

동 나라와 나라 또는 지방과 지방 사이에 서로 물건을 팔고 사거나 교환하다.

무역ᄒᆞ야 쳔동ᄒᆞᄂᆞᆫ ᄃᆡ 방ᄋᆡ되ᄂᆞᆫ 폐가 잇셔 〈대한매일1904/11/26〉

칙력 슈쳔권을 **무역ᄒᆞ야** 각 면쟝에게 돌나 주고 〈대한매일1909/01/26〉

소의 죵ᄌᆞ 양의 죵ᄌᆞ를 **무역ᄒᆞ여** 온다더라 〈대한매일1909/10/17〉

ᄡᆞᆯ을 **무역ᄒᆞᆫ** 해 대한 사ᄅᆞᆷ 민덕즁과 일인 닉뎐국태랑 둘이 면쳔도호에 와셔 〈경향신문1907/01/18〉

이에 모하못이 물건을 **무역ᄒᆞᄂᆞᆫᄃᆡ** 〈신학월보7:50〉

물산 物産【물산, 物産】

명 그 지방에서 생산되는 물품.

제 나라의 산쳔구역과 셰ᄃᆡᄉᆞ젹과 풍토 **물산**은 저마다 캄캄ᄒᆞ니 〈대한매일1907/05/23〉

한국은 한국 디도와 각항 셜명셔와 각식 **물산**을 츌픔ᄒᆞᆫ다ᄂᆞᆫᄃᆡ 〈대한매일1909/10/03〉

ᄌᆞ긔 나라헤 **물산**과 디방에 경위와 도수 ᄀᆞᆺᄒᆞᆫ 거시며 〈경향신문1907/01/04〉

佛蘭西는 **物産**이 豊富ᄒᆞ며 算術 工藝가 ᄀᆞ장 進步ᄒᆞ고 〈국어독본8:61〉

亞細亞는 面積이 最廣ᄒᆞ고 **物産**이 亦 富ᄒᆞ도다 〈국어독본8:63〉

물장사 【물쟝ᄉᆞ】

명 물을 길어다 파는 일. 또는 집으로 물을 길어다 주는 일.

지작일에 경셩닉에 **물쟝ᄉᆞ** 만여 명이 운동 ᄎᆞ로 새문밧 독립관에 나가셔 쓰름을 ᄒᆞ여 노다가 파ᄒᆞ고 〈대한매일1908/06/05〉

불 ᄭᅳ기로는 병뎡 슌검과 **물쟝ᄉᆞ** 빅삼십 명이로ᄃᆡ 〈경향신문1907/03/08〉

물품 物品 【물픔】

명 일정하게 쓸 만한 값어치가 있는 물건.

신문에 소당ᄒᆞᆫ **물픔**을 일본으로 쥬문ᄒᆞ엿다더라 〈대한매일1905/02/13〉

각식 **물픔**으로 샹급을 주엇다더라 〈대한매일1907/08/16〉

교ᄉᆞ와 셔젹과 각죵 **물픔**을 일층 확쟝ᄒᆞᆫ 후 〈대한매일1910/02/13〉

일젼에 쟝셩 우편 취급소에셔 관유 **물픔**을 태반이나 일허ᄇᆞ린 후 〈경향신문1906/12/14〉

금ᄒᆞ는 **물픔**이 업는 줄노 말ᄒᆞ고 〈경향보감3:102〉

물화 物貨 【물화】

명 물품과 재화를 아울러 이르는 말.

부평군 청진을 기항ᄒᆞ고 외국 **물화**를 통샹ᄒᆞ야 무역에 편리케 ᄒᆞᆫ다는ᄃᆡ 〈대한매일1907/01/10〉

ᄯᅩ **물화**를 슈운ᄒᆞ는ᄃᆡ 〈대한매일1910/02/13〉

구쥬 텰도ᄂᆞᆫ **물화** 슈운을 뎡지ᄒᆞ고 〈경향신문1907/02/21〉

목포항에 사ᄂᆞᆫ 일인 숑영(松永)이ᄂᆞᆫ 화약과 ᄌᆞ긔황과 잡죵 **물화**ᄅᆞᆯ ᄑᆞᄂᆞᆫ 쟝ᄉᆞ인ᄃᆡ 〈경향신문1907/07/29〉

그 쳘도의 편리ᄒᆞᆷ은 **물화**ᄅᆞᆯ 서로 통ᄒᆞ야 운젼ᄒᆞᄂᆞᆫ 거시 샹쾌ᄒᆞ기가 맛치 구람을 헛치고 빗을 마짐과 ᄀᆞᆺᄒᆞ니 〈신학월보1:57〉

타국으로 더브러 **물화** 샹통을 ᄋᆡᆨ의로 못ᄒᆞ엿ᄂᆞᆫ 고로 〈경향보감2:230〉

ᄂᆡ국 **물화**를 수츌식여 지방 각ᄃᆡ에 ᄀᆡ발을 시작ᄒᆞ면 〈송뢰금2〉

박람회 博覽會【박람회】

명 생산물의 개량 · 발전 및 산업의 진흥을 꾀하기 위하여 농업, 상업, 공업 따위에 관한 온갖 물품을 모아 벌여 놓고 판매, 선전, 우열 심사를 하는 전람회.

경셩 **박람회**의 물픔을 간슈ᄒᆞᄂᆞᆫ 사ᄅᆞᆷ을 녀ᄌᆞ로 모집ᄒᆞ는ᄃᆡ 〈대한매일1907/08/16〉

ᄌᆡ작일 **박람회**에셔 모든 물픔을 낸 사ᄅᆞᆷ들의게 샹쟝주ᄂᆞᆫ 례식을 거힝ᄒᆞᄂᆞᆫᄃᆡ 〈대한매일1907/11/12〉

박람회에셔 ᄀᆡ회식을 금월 십오일에 셜힝ᄒᆞ엿다더라 〈경향신문1907/09/20〉

비로소 텰과 류리로 집을 짓고 **박람회**ᄅᆞᆯ 열어 〈신학월보1:154-155〉

배상 賠償【배상, 賠償】

명 남의 권리를 침해한 사람이 그 손해를 물어 주는 일.

所爲의 過失로 因ᄒᆞ야 人을 殺ᄒᆞᆫ 者ᄂᆞᆫ 並히 第百七十四條 一項에 依ᄒᆞ야 **賠償**을 追徵ᄒᆞ야 使者의 家에 給付ᄒᆞᆷ이라 〈경향보감1:291〉

보상 報償【보샹】

명 남에게 진 빚 또는 받은 물건을 갚음.

요사이 국치 **보샹** 의연금을 귀샤에셔 밧은 돈은 얼마나 되며 〈대한매일1907/05/23〉

엇던 사ᄅᆞᆷ들은 국채 **보샹**이나 ᄭᅳᆺ치 나면 일인들이 다 나가고 태평ᄒᆞᆯ 줄노 알앗더니 〈경향신문1907/03/29〉

본국 국채 **보샹** 회쟝 곽태셥을 잡아 위협ᄒᆞ고 〈경향신문1907/07/13〉

보조금 補助金【보조금】

명 정부나 공공 단체가 기업이나 개인에게 교부하는 돈. 특정 산업의 육성이나 특정 시책의 장려 따위와 같이 일정한 행정 목적을 달성하기 위한 것이다.

정부에셔 함흥 농공은힝소에 **보조금** 삼만 일쳔구ᄇᆡᆨ이십오 환을 변리 업시 주고 〈대한매일1907/08/09〉

모든 사ᄅᆞᆷ의 **보조금**이 오쳔 칠ᄇᆡᆨ여 젼에 니르럿ᄂᆞᆫᄃᆡ 〈대한매일1908/12/05〉

권장ᄒᆞᄂᆞᆫ **보조금**을 농샹 광부에셔 작년도에 긔부ᄒᆞ라고 청구ᄒᆞᆫ 고로 지금 협의ᄒᆞᄂᆞᆫ 즁이라더라 〈대한매일1909/06/25〉

정영ᄐᆡᆨ 씨가 젼협관 리봉ᄅᆡ 씨의게 **보조금** ᄇᆡᆨ 환을 청구ᄒᆞ엿더니 〈대한매일1909/07/02〉

그 고ᄋᆞᆯ 군슈가 **보조금**과 량식도 주고 〈경향신문1907/06/07〉

학교 **보조금** 먹은 거시 삼ᄇᆡᆨ여 량이오 〈경향신문1907/06/14〉

ᄯᅩ 엇던 학교에든지 ᄒᆞᆫ 곤ᄃᆡ **보조금**을 내엿스면 〈경향보감3:227〉

우리 교회를 위ᄒᆞ여 **보조금**을 것기 위ᄒᆞ여 미국 각 쳐에 슌힝ᄒᆞ여 〈신학월보7:2〉

보증금 保證金【보증금】

명 입찰 또는 계약을 맺을 때에 계약 이행의 담보로써 납입하는 금전.

보증금 일만 환을 일본 국채 증권으로 ᄃᆡ신 쓰겟다고 통감부에셔 농상공부로 죠회ᄒᆞ엿다더라 〈대한매일1907/09/18〉

죵로 뎐긔챠 운거슈들이 **보증금**과 월급을 지작일에 다 츄심ᄒᆞ엿ᄂᆞᆫᄃᆡ 〈대한매일1909/07/21〉

대동 일보 샤쟝 리쇼죵 씨ᄂᆞᆫ 그 **보증금**을 도로 ᄎᆞᆺ고져 ᄒᆞ야 〈대한매일1910/03/09〉

그러므로 처음 약됴ᄒᆞᆯ ᄯᆡ에 **보증금**을 내ᄂᆞ니라 〈경향보감2:244〉

부비 浮費【부비】

명 일을 하는 데 써서 없어지는 돈.

이 양병ᄒᆞᄂᆞᆫ 큰 **부비**를 누가 ᄑᆞᆫ츌ᄒᆞᄂᆞᆫ가 〈대한매일1907/07/13〉

한셩부민회에셔 관광단을 환영ᄒᆞᄂᆞᆫ **부비**ᄂᆞᆫ ᄂᆡ각과 교셥ᄒᆞ야 지츌ᄒᆞᆫ다ᄂᆞᆫᄃᆡ 〈대한매일1909/06/08〉

그 도 관찰셔리 참셔관이 그 **부비**ᄅᆞᆯ 샹량ᄒᆞ여 츌급ᄒᆞ라고 ᄂᆡ부에 보고 ᄒᆞ엿다더라 〈경향신문1907/05/17〉

부비라 ᄒᆞ야 ᄆᆡ호에 ᄒᆞᆫ 량 ᄒᆞᆫ 돈식 거두며 〈경향보감1:195〉

교우가 ᄌᆡ물을 약간 모ᄒᆞᆫ 거ᄉᆞᆫ 간신히 탁덕과 ᄉᆞ환ᄒᆞᄂᆞᆫ 사ᄅᆞᆷ의 **부비**ᄅᆞᆯ 담당ᄒᆞ엿고 〈경향보감2:87〉

인가ᄒᆞᆫ ᄋᆡᆨ 외에 보슈나 **부비**를 쳥구ᄒᆞᄂᆞᆫ 일 〈경향보감4:109〉

ᄯᅩ 근ᄅᆡᄂᆞᆫ 쳥결 **부비**도 ᄃᆡ단ᄒᆞ야 〈설중매4〉

부동산 不動産【부동산】

명 움직여 옮길 수 없는 재산.

이 졀에 뽈닌 동산 물픔이든지 **부동산** 물픔이든지 〈대한매일1910/08/26〉

부동산을 조사ᄒᆞ야 보ᄒᆞ라 ᄒᆞ엿더니 〈금수회의록62〉

산업 産業【산업】

명 ¹인간의 생활을 경제적으로 풍요롭게 하기 위하여 재화나 서비스를 창출하는 생산적 기업이나 조직.

국가ᄂᆞᆫ 국민의 공공ᄒᆞᆫ **산업**으로 ᄒᆞ고 〈대한매일1908/09/10〉

산업의 진흥ᄒᆞ고 발달홈은 나라를 부자되게 ᄒᆞᄂᆞᆫ 긔초인ᄃᆡ 〈대한매일1908/09/12〉

²재화와 자산을 통틀어 이르는 말.

그런 고로 이런 ᄌᆡ졍의 곤난과 **산업**의 탕진홈은 족히 근심ᄒᆞ고 답답ᄒᆞ다 ᄒᆞᆯ 거시 업다 홈도 가ᄒᆞ거니와 〈대한매일1909/11/18〉

부친이 죽은 후에 **산업**을 다 랑비홈으로 신세 막심ᄒᆞ니 〈경향보감1:73〉

조샹의게 밧은 **산업**을 ᄎᆞᄎᆞ 느리웟다 ᄒᆞᆸ더이다 〈경향보감4:231〉

그 ᄌᆡ산을 다 빗 갑세 쎗겻시면 그 **산업**을 니을 ᄌᆞ손이 ᄌᆞ연 빈한ᄒᆞᆯ 거시요 〈신학월보1:309〉

상고 商賈【샹고, 商賈】

명 장사하는 사람.

샹고ᄭᆞ지도 본군 경ᄂᆡ에 드러오지 안코 〈대한매일1904/08/16〉

ᄉᆞ신과 **샹고**가 왕릭ᄒᆞ며 〈대한매일1907/12/04:1〉

어린ᄋᆞ희와 일군과 **샹고**와 농부와 의원과 법관과 정치가와 방빅들과 황족들과 황뎨들과 황후들이 다 이 회에 참예ᄒᆞ엿ᄂᆞᆫᄃᆡ 〈신학월보2:222〉

영국 **샹고**들이 아편 폴지 못홈으로 손해가 만타 ᄒᆞ야 〈경향신문1906/12/07〉

어ᄂᆞ 싀골 **商賈**가 京城에 와셔 어ᄂᆞ 商廛에셔 絹布랄 貿買ᄒᆞ야 旅館으로 왓더니 〈국어독본3:66〉

상공업 商工業【샹공업】

명 상업과 공업을 아울러 이르는 말.

ᄋᆞ히의 희롱ᄀᆞᆺ치 적은 **샹공업**으로 ᄉᆡᆼ활을 ᄌᆞ유ᄌᆞ락ᄒᆞ던 한국인이 〈대한매일1909/03/24〉

한국사ᄅᆞᆷ은 일층이나 분발ᄒᆞ여 **샹공업**을 더욱 발달ᄒᆞ여 ᄉᆡᆼ존을 보젼홀진ᄃᆡ 〈대한매일1909/03/24〉

그러ᄒᆞᆫ 인물이 ᄇᆡᆨ셩을 다ᄉᆞ리니 **샹공업**이 발달되려니 될 수 잇나 〈송뢰금2〉

상무 商務【샹무】

명 상업상의 업무나 볼일.

샹무 부쟝 리학지ᄂᆞᆫ 젼일도 ᄀᆞ령 방매ᄒᆞ기에 수단이 낫다더니 〈대한매일1910/01/09〉

ᄇᆡᆨ셩들은 어두어 학문이 부죡ᄒᆞ고 **샹무**ᄂᆞᆫ 죠잔ᄒᆞ야 국셰가 빈곤ᄒᆞ더니 〈신학월보4:429〉

ᄯᅩ 일본도 **샹무**를 쥬장ᄒᆞᄂᆞᆫ 나라히니 〈경향신문1907/04/26〉

샹무를 겸ᄒᆞ여야 지텡홀지라 〈경향신문1907/06/07〉

샹무란 거ᄉᆞᆫ 본ᄃᆡ 외국 물건은 적게 사드리고 본국 물건은 만히 내여 폴아야 ᄒᆞᄂᆞᆫ 법인ᄃᆡ 〈경향신문1907/06/07〉

상업 商業【샹업】

명 상품을 사고파는 행위를 통하여 이익을 얻는 일.

샹업 회의소에서 무슴 ᄉᆞ건이 잇던지 〈대한매일1907/07/16〉

수ᄇᆡᆨ년 ᄅᆡ로 **샹업**과 공업의 젼쟝이 공연히 크게 열니여셔 〈대한매일1909/03/24〉

ᄯᅩ 한국인의 **샹업**은 ᄀᆞ쟝 일인과 관계가 긴ᄒᆞᆫ 고로 〈대한매일1909/07/02〉

샹업이나 어업이나 무슴 직업으로 ᄅᆡ왕ᄒᆞᄂᆞᆫ 쟈ᄂᆞᆫ 삼년 동안은 샹관 업고 〈경향보감1:235〉

통샹 항ᄒᆡ 규칙과 및 **샹업** 계획에 편의ᄅᆞᆯ 쇼통코져 〈신학월보1:119-120〉

포ᄃᆡᄅᆞᆯ 뭇고 철로ᄅᆞᆯ 놋코 셩을 짓고 **샹업**을 졈졈 확쟝ᄒᆞ되 〈신학월보2:420〉

혹 돈이 되어 **샹업**을 발달케 ᄒᆞ며 〈신학월보5:109〉

동ᄒᆡ 바다에 ᄇᆡ길은 젼ᄌᆡᆼ 소문에 ᄭᅳᆫ허졋다 이엇다 ᄒᆞ야 **샹업**이 영셩ᄒᆞᆫ데 〈송뢰금4〉

상업가 商業家【샹업가】

명 상업을 전문으로 하는 사람.

샹업가의 ᄌᆞ질노셔 모회두령 쟈세ᄒᆞ고 〈대한매일1908/01/04〉

청국 ᄉᆞᄇᆡᆨ여 쥬의 공업가 **샹업가**의 ᄌᆞ본금을 모다 수합ᄒᆞ면 〈대한매일1908/04/16〉

상업권 商業權【상업권】

명 상업을 전문으로 할 권리.

일엽소주 보이ᄂᆞᆫ 것은 **상업권** 임의 일코 어업ᄭᆞ지 영셩ᄒᆞ니 〈송뢰금2〉

상인 商人【상인】

명 장사를 업으로 하는 사람.

상인이 드러왓다 ᄒᆞ며 〈대한매일1909/10/01〉

술갑 물어쥬든 상인이라 〈빈상설706-707〉

상인이 고기를 숙웃ᄒᆞ고 잇다가 〈빈상설736-737〉

상인들은 요사이 량반이 어디깃셔 〈자유종33〉

상점 商店【샹뎜】

명 일정한 시설을 갖추고 물건을 파는 곳.

근일에 일본인 샹뎜에셔 물가가 고등ᄒᆞ야 〈대한매일1908/03/10〉

일본 사ᄅᆞᆷ의 샹뎜 만히 쳘폐ᄒᆞ엿다더라 〈대한매일1908/11/25〉

엇던 외국인이 그 샹뎜 쥬인ᄋᆞᆯ 면면히 ᄎᆞ자보고 〈경향신문1907/05/17〉

상표 商標【샹표】

명 사업자가 자기 상품에 대하여, 경쟁 업체의 것과 구별하기 위하여 사용하는 기호 · 문자 · 도형 따위의 일정한 표지.

영국 샹표ᄅᆞᆯ 모본ᄒᆞ야 쓰며 〈경향신문1907/05/31〉

세금 稅金【셰금】

명 국가 또는 지방 공공 단체가 필요한 경비로 사용하기 위하여 국민이나 주민으로부터 강제로 거두어들이는 금전.

그 셰금을 물지 아니ᄒᆞ기로 〈대한매일1909/12/25〉

그 관니 담비장ᄉᆞ에게 ᄆᆡ명하에 셰금을 이 환식 밧더니 〈대한매일1910/

04/09〉

각 항 **셰금**을 실시ᄒᆞ기로 닋부에셔 발훈ᄒᆞ엿더니 〈경향신문1907/04/19〉

각 디방에 **셰금** 밧ᄂᆞᆫ 규측이 낫다 ᄒᆞ니 무엇을 위ᄒᆞ야 밧ᄂᆞᆫ뇨 〈경향보감 3:430〉

세납 稅納【셰납】

명 나라에 바치는 세금.

삼샨에 잇ᄂᆞᆫ 의병과 합셰ᄒᆞ야 **셰납**을 만히 거둔다더라 〈대한매일1907/11/16〉

보은군 직무셔 관리가 **셰납**을 밧을 ᄎᆞ로 그 고을 ᄉᆞ각면에 나가셔 독쵹ᄒᆞᄂᆞᆫ딕 〈대한매일1910/02/16〉

젼에 소로문왕이 **셰납**을 과히 ᄒᆞ야 우리들이 살 수 업게 되엿시니 〈신학월보4:403〉

그 실상을 됴사 보고ᄒᆞ면 **셰납**을 감홀 회칙이 잇겟다 ᄒᆞ엿더라 〈경향신문1906/11/16〉

셰납 밧ᄂᆞᆫ 거시 본딕 빅셩의게 극히 어려운 거시나 〈경향신문1907/06/07〉

세무 稅務【셰무】

명 세금을 매기고 거두어들이는 일에 관한 사무.

셰무 견습싱을 일어로 시취혼다ᄂᆞᆫ 말은 이왕 게지ᄒᆞ엿거니와 〈대한매일1908/03/10〉

탁지부에셔 지금 ᄀᆞᄅᆞ친 **셰무** 견습싱은 쟝ᄎᆞᆺ 쓰겟ᄂᆞᆫ 고로 오십여 명을 ᄯᅩ 뽑ᄂᆞᆫ다더라 〈경향신문1907/06/07〉

세무관 稅務官【셰무관】

명 대한 제국 때에, 탁지부에서 세무에 관한 일을 맡아보던 주임관.

> **셰무관**이 신쟝졍으로 ᄒᆞᆫ 량 여ᄃᆞᆲ 돈식 특봉ᄒᆞ다가 〈대한매일1907/07/03〉
>
> 녕변 **셰무관** 권즁환 씨가 탁지부에 보고ᄒᆞ엿다더라 〈경향신문1907/04/12〉
>
> 즉시 각 **셰무관**의게 분표ᄒᆞ야 실시ᄒᆞᄃᆡ 〈경향신문1907/08/16〉

세입 歲入【셰입】

명 한 회계 연도에 있어서의 정브 또는 지방 자치 단체의 모든 수입.

> 그 수익을 드른 즉 **셰입** 경상부가 일쳔ᄉᆞᄇᆡᆨ칠십팔만 이쳔팔ᄇᆡᆨ삼십칠 환이오 〈대한매일1909/12/25〉
>
> 광무 십일년도에 **셰입** 도합계ᄂᆞᆫ 일만 ᄉᆞ쳔오ᄇᆡᆨᄉᆞ십팔 원이오 〈경향신문1906/11/30〉
>
> 셰츌 **셰입** 예산을 ᄭᅮ며 공업 시쟉ᄒᆞ기 젼 ᄉᆞ월에 탁지부의게 졔츌ᄒᆞᆯ 거시라 〈경향신문1906/12/21〉

세전 稅錢【셰젼】

명 국가 또는 지방 공공 단체가 필요한 경비로 사용하기 위하여 국민이나 주민으로부터 강제로 거두어들이는 금전.

> 일본 졍무에서 각항 식물의 **셰젼**을 더 느려 밧ᄂᆞᆫ 고로 〈대한매일1908/03/10〉

세출 歲出【셰츌】

명 국가나 지방 자치 단체의 한 회계 연도에 있어서의 모든 지출.

젼국의 결총과 국고의 **셰출** 셰립이 얼마ᄂᆞ 되ᄂᆞᆫ지 아시오 〈금수회의록62〉

수입 輸入【슈입】

명 돈이나 물품 따위를 거두어들임. 또는 그 돈이나 물품.

미국의 현힝 관셰법은 **슈입** 물픔 즁 미국에 리익되ᄂᆞᆫ 각국 물픔에 ᄃᆡᄒᆞ야 셰를 적게 밧더니 〈대한매일1909/01/26〉

슈츌보다 **슈입**이 부족홈으로 발간을 즁지ᄒᆞᆫ다더라 〈대한매일1909/09/30〉

졍부의 특허를 밧아야 **슈입**을 ᄒᆞ거나 혹 ᄑᆞᄂᆞ니라 〈경향보감3:413〉

슈츌 **슈입**을 ᄌᆞ셰히 긔록ᄒᆞ야 두고 리ᄉᆞ부에 보단ᄒᆞ며 〈신학월보7:6〉

수출 輸出【슈츌】

명 국내의 상품이나 기술을 외국으로 팔아 내보냄.

슈츌 슈입을 ᄌᆞ셰히 긔록ᄒᆞ야 두고 리ᄉᆞ부에 보단ᄒᆞ며 〈신학월보7:6〉

증명셔를 밧고도 부득이 구애ᄒᆞᆫ 일이 잇서 곳 **슈츌**을 못ᄒᆞᄂᆞᆫ 경우에는 엇지 ᄒᆞᄂᆞ뇨 〈경향보감3:373〉

수표 手標【수표】

명 은행에 당좌 예금을 가진 사람이 소지인에게 일정한 금액을 줄 것을 은행 등에 위탁하는 유가 증권.

타인에 일홈을 빌어 위조 **수표**롤 가지고 ᄌᆡ물을 늑탈ᄒᆞᄂᆞᆫ 쟈ᄂᆞᆫ 다 죽을 죄로 다ᄉᆞ려 처교홀시 〈신학월보2:483〉

이쳔이빅 량 **수표**와 군슈의 슈로비 이빅 량과 교군 부비 등 〈경향신문1906/10/26〉

시계사 時計師【시계亽, 時計師】

명 시간을 재거나 시각을 나타내는 기계나 장치를 만들거나 고치는 사람.

시계亽 (時計師)가 시표롤 믄돌고 〈경향보감2:65〉

식비 食費【식비】

명 먹는 데 드는 돈.

그 삭젼이 당일 식비도 못 되는 고로 〈대한매일1904/09/05〉

역군에게 식비롤 亽오쳔 량을 주엇더니 〈경향신문1907/04/26〉

먼져 번에 셔방님게 식비 보닉시던 일홈 업는 편지도 어딕셔 온 것인지 몰낫더니 〈설중매14〉

하숙에 식비는 량삭됴가 그딕로 잇는딕 〈송뢰금4〉

식산 殖産【식산, 殖産】

명 생산물을 늘림.

식산 실업을 ㄱ장 진력ᄒᆞ야 ㄱᄅᆞ친 결과로 인민의 산업이 흥왕ᄒᆞ고 〈대한매일1907/12/04〉

吾兄이 殖産에 有意ᄒᆞ심을 感服ᄒᆞᄋᆞᆸ고 〈국어독본6:49〉

신용 信用【신용, 信用】

명 사람이나 사물이 틀림없다고 믿어 의심하지 아니함. 또는 그런 믿음성의 정도.

공업과 상업상에나 신용이 되여 남의게 일홈을 엇더야 홀 거신지라 〈대한매일1904/11/26〉

그럼으로 그리스도의 완젼ᄒᆞᆫ **신용**은 조곰도 간단이 업ᄂᆞ니〈신학월보7:37〉

그 죵교상 **신용**과 량심의 탁월ᄒᆞᆷ과 외모의 엄슉ᄒᆞᆷ은 보통 인류(人類) 우헤 뛰여나셔 〈신학월보7:42〉

商店의 **信用**이 잇ᄂᆞᆫ고로 漸漸 繁昌ᄒᆞ야 〈국어독본3:69〉

어음 【어음】

명 돈을 주기로 약속한 표 쪽.

은근이 기쳔량 **어음**을 감리ᄉᆞ데로 보ᄂᆡ매 〈대한매일1905/02/13〉

그 회원 졍지쳘 씨의 **어음**을 일인 관뎐에게 뎐당 잡히고 〈대한매일1910/03/20〉

각 디방 **어음**도 형용ᄒᆞ야 통ᄒᆞᄂᆞᆫ 고로 〈경향신문1907/05/10〉

어음표 --表【어음표】

명 돈을 주기로 약속한 표 쪽.

신감리가 대로ᄒᆞ야 김가의 다리에 **어음표**를 붓치고 엄쟝 치벌ᄒᆞ엿다더라 〈대한매일1905/02/13〉

여비 旅費【려비, 旅費】

명 여행하는 데에 드는 비용.

려비를 청구ᄒᆞᆫ 거슨 〈대한매일1907/10/26〉

려비가 ᄯᅥ러져셔 즁로에셔 방황ᄒᆞᆫ다더니 〈대한매일1910/01/09〉

형의 **려비**ᄭᅡ지 담당ᄒᆞ야 준 일을 알고 〈설중매13〉

다만 **려비(旅費)**로 오ᄇᆡᆨ 류만 달나 ᄒᆞ야 가지고 미국을 ᄯᅥ나ᄂᆞᆫᄃᆡ 〈은세계759〉

역둔토 驛屯土【역둔토】

명 역토(驛土)와 둔토(屯土)를 아울러 이르는 말.

디방에 잇ᄂᆞᆫ **역둔토** 말음을 도득ᄒᆞ여 주마 ᄒᆞ니 〈대한매일1907/11/16〉

역둔토 말음과 감관에게 토식ᄒᆞᆫ 일노 츄슈관이 보고ᄒᆞᆫ 거슬 김용졔 씨가 엄치ᄒᆞᆫ 고로 〈대한매일1908/01/04〉

보셩군 **역둔토** 됴사파원 리영진 씨가 의병의게 피해ᄒᆞ엿다ᄂᆞᆫ 뎐보가 일젼에 왓다더라 〈대한매일1908/04/16〉

호남 각군에 잇ᄂᆞᆫ **역둔토** 즁 결복이 잇ᄂᆞᆫ 둔토ᄂᆞᆫ 원릐 민유디로 몃ᄇᆡᆨ년 셔로 매ᄆᆡᄒᆞ던 바인ᄃᆡ 〈대한매일1910/04/01〉

엽전 葉錢【엽젼】

명 예전에 사용하던, 놋쇠로 만든 돈.

매면에 **엽젼** 일백 량식 비렴ᄒᆞ매 〈대한매일1910/05/23〉

당오 마ᄒᆞᆫ 량이나 **엽젼** 여ᄃᆞᆲ 량ᄭᅵ오 〈경향신문1906/10/19〉

갑시 **엽젼** 五萬六千 량이오며 〈신학월보3:343〉

이상 회계는 다 **엽젼**으로 말한 거시오 〈신학월보3:345〉

갑슬 칠 지경이면 **엽젼**으로 여러 ᄇᆡᆨ 냥어치가 될지라 〈귀의성900〉

영수인 領受人【령슈인】

명 돈이나 물품 따위를 받은 사람.

만약 **령슈인**의게 ᄎᆞ자 주지 못ᄒᆞᄂᆞᆫ 경우에 〈경향신문1907/07/29〉

영업 營業【영업】

명 영리를 목적으로 하는 사업. 또는 그런 행위.

대동관 쥬인의 **영업**은 랑패라더라 〈대한매일1907/12/15〉

또 회사에셔 **영업**에 긴요ᄒᆞᆫ 쌍을 빌어 쓰고져 ᄒᆞᆯ ᄶᅢ에도 〈대한매일1908/10/17〉

이 법대로ᄂᆞᆫ 관리〔官吏〕들이 **영업** 회샤의 샤쟝과 또 다른 ᄉᆞ무원이 되지 못ᄒᆞᆯ 거시오 〈경향신문1906/12/21〉

요금 料金【료금】

명 남의 힘을 빌리거나 사물을 사용 · 소비 · 관람한 대가로 치르는 돈.

ᄀᆡ셩과 츈쳔에ᄂᆞᆫ 뎐화 **료금**이 ᄉᆞ십 젼이오 〈대한매일1909/09/02〉

통샹 우편물의 죵류와 그 **료금**이 이러ᄒᆞᆷ 〈경향신문1907/09/06〉

통샹 우편물과 쇼포 우편물의 **료금** 밧게 아래 긔록ᄒᆞᆫ **료금**을 또 더 내면 이런 청구ᄅᆞᆯ 엇ᄂᆞ니 〈경향신문1907/09/27〉

ᄆᆡ양 ᄒᆞᆫ 개에 **료금** 닷 돈식을 더 내고 〈경향신문1907/10/11〉

측량ᄒᆞᄂᆞᆫ 셰측과 **료금**은 각 디방에 지샤 셜시된 후에 일뎡ᄒᆞᆫ 법측이 잇겟고 〈경향보감2:340〉

용비 用費【용비】

명 어떤 일을 하는 데 드는 돈.

용비ᄅᆞᆯ 간략히 ᄒᆞ야 리용후ᄉᆡᆼᄒᆞᄂᆞᆫᄃᆡ 쁨이 지금 급ᄒᆞᆫ지라 〈경향신문1907/08/09〉

젼교ᄒᆞᄂᆞᆫ 신ᄉᆞ들의 **용비**를 넉넉히 보조ᄒᆞᆯ 만ᄒᆞᆫ지라 〈경향보감3:70〉

그 **용비**ᄂᆞᆫ 국고에셔 지츌ᄒᆞᄂᆞᆫ 것이 아니라 〈신학월보6:249〉

월급 月給【월급, 月給】

명 일을 한 대가로 달마다 받는 삯.

십 원 월급이 식비밧긔 되지 못ᄒᆞᄂᆞᆫᄃᆡ 〈대한매일1907/10/26〉

공연히 월급만 먹ᄂᆞᆫ 거시 황송ᄒᆞ오니 〈대한매일1907/12/08〉

귀족은 그 ᄉᆡᆼ활을 ᄉᆞ환 월급으로 쥬샹을 삼으며 〈대한매일1909/07/02〉

월연금으로 전도인 월급을 줄 즐 알앗다가 〈신학월보4:72〉

지판관들이 정부의 월급을 밧ᄂᆞᆫᄃᆡ 〈경향보감3:83〉

강릉 고을 아모 면 면장은 월급을 못 툰다 ᄒᆞ고 〈경향보감4:29〉

덕당ᄒᆞᆫ 월급을 주어 〈경향신문1907/06/07〉

젼도 션ᄉᆡᆼ 월급도 보조ᄒᆞ며 〈신학월보1:6〉

자긔 돈을 일년에 얼마식 월급으로 보내여 전도하는 일을 돕는데 〈신학월보3:256〉

목ᄉᆞ의 월급은 다만 六百五十 원 가량이니 〈신학월보7:20〉

명예를 위홈인지 월급을 위홈인지 〈자유종19〉

월봉 月俸【월봉】

명 일을 한 대가로 달마다 받는 삯.

슌사 월봉을 느려 〈대한매일1907/08/27〉

적은 월봉으로 지츌ᄒᆞ기가 어렵다고 걱정ᄒᆞᆫ다더라 〈대한매일1908/03/03〉

ᄌᆞ긔의 월봉으로 도로와 다리를 슈츅ᄒᆞ며 〈대한매일1909/10/01〉

월봉의 일쥬일을 감ᄒᆞ엿더라 〈경향신문1906/11/30〉

관원〔官員〕은 본 상관의 허락 업시ᄂᆞᆫ 다른 ᄉᆞ무의 월봉 잇ᄂᆞᆫ 거ᄉᆞᆯ 맛타 ᄒᆡᆼᄒᆞ지 못ᄒᆞᆯ 거시라 ᄒᆞ엿더라 〈경향신문1906/12/21〉

은행 銀行 【은ᄒᆡᆼ】

명 예금을 받아 그 돈을 자금으로 하여 대출, 어음 거래 따위를 업무로 하는 금융 기관.

즁앙과 밋 외각 도에 **은ᄒᆡᆼ**을 셜립ᄒᆞ며 〈대한매일1905/01/21〉

집문셔를 뎨일 **은ᄒᆡᆼ**에 잡혓다ᄂᆞᆫ 말은 〈대한매일1908/01/26〉

은ᄒᆡᆼ에 맛겨 식리ᄒᆞᄂᆞᆫ 것만 ᄀᆞᆺ지 못ᄒᆞ야 〈대한매일1908/07/18〉

텬일 **은ᄒᆡᆼ**에셔 명년도 ᄎᆡᆨ력 수만 권을 취리ᄒᆞᆯ ᄎᆞ로 무역ᄒᆞ여 두엇ᄂᆞᆫᄃᆡ 〈대한매일1908/11/25〉

그 각 **은ᄒᆡᆼ**에셔 그 근쳐 뎨일 큰 장터에 츌장소ᄅᆞᆯ 셰우고 〈경향신문1907/01/04〉

은ᄒᆡᆼ 셔장이 리웃 정의ᄅᆞᆯ ᄉᆡᆼ각ᄒᆞ고 〈경향신문1907/01/11〉

슈입ᄒᆞᆫ 금ᄋᆡᆨ을 리ᄉᆞ부에셔 뎡ᄒᆞᆫ **은ᄒᆡᆼ**에 변리로 맛기고 〈신학월보7:6〉

은행소 銀行所 【은ᄒᆡᆼ소】

명 예금을 받아 그 돈을 자금으로 하여 대출, 어음 거래 따위를 업무로 하는 금융 기관.

근일 각 **은ᄒᆡᆼ소**에셔 츌납ᄒᆞᄂᆞᆫ 금ᄋᆡᆨ이 감쇼ᄒᆞ야 〈대한매일1910/04/23〉

일본 홍업 **은ᄒᆡᆼ소**의 ᄌᆞ본금을 대한 각 **은ᄒᆡᆼ소**에 쓰게 ᄒᆞᆫ다ᄂᆞᆫᄃᆡ 〈경향신문1907/01/04〉

그 **은ᄒᆡᆼ소**에셔 ᄌᆡ쵹ᄒᆞᆫ다더라 〈경향신문1907/09/27〉

은ᄒᆡᆼ소에 임치ᄒᆞ야 변이라도 느릴 것이오 〈빈상설837〉

의연금 義捐金 【의연금】

명 사회적 공익이나 자선을 위하여 내는 돈.

의연금을 만이 닌다 ᄒᆞ는 고로 〈대한매일1907/05/23〉

각 학교에셔 의연금 청ᄒᆞᄂᆞᆫᄃᆡ 〈대한매일1909/03/31〉

의연금 삼 환을 긔부ᄒᆞ고 갓다더라 〈대한매일1910/01/23〉

각기 의연금을 다수히 긔부ᄒᆞ엿슴으로 〈대한매일1910/02/16〉

본샤 학쟝ᄒᆞ기 위ᄒᆞ야 의연금을 보내엿기에 감격ᄒᆞᄂᆞᆫ ᄆᆞᄋᆞᆷ을 뵈노라 〈경향신문1907/09/20〉

대한에 거류ᄒᆞᄂᆞᆫ 일본인의게 젼도ᄒᆞᄂᆞᆫ 경비에 의연금을 모집ᄒᆞᆯ 터이니 〈신학월보5:96〉

일비 日費【일비】

명 날마다 쓰는 비용.

일비로 ᄆᆡ일 륙십 젼식 준다고 ᄒᆞ니 〈대한매일1907/07/05〉

ᄆᆡ일 일비ᄂᆞᆫ 일 환 오십 젼식을 주ᄂᆞᆫ지라 〈대한매일1909/10/03〉

일비도 아니 주고 ᄃᆡ토도 아니 주고 〈경향신문1907/05/17〉

자본 資本【자본】

명 장사나 사업 따위의 기본이 되는 돈.

ᄯᅩᄒᆞᆫ 자본을 더 만히 주어 〈신학월보2:195〉

장사[1] 【장사, 쟝사】

명 [1]이익을 얻으려고 물건을 사서 파는 일.

주색잡기를 거절하고 장사를 시작하난대 〈신학월보3:472〉

쳐음에 쟝사 나셜 ᄯᅢᄂᆞᆫ 〈은세계593〉

여간 밋쳔 돈을 주어 **장사**를 식엿ᄂᆞᆫᄃᆡ 〈송뢰금2〉

한 번 **쟝사**에 두 손 톡톡 썰고 도라왓더라 〈은세계592〉

[2]이익을 얻으려고 물건을 사서 파는 일을 하는 사람.

ᄒᆞᆫ **쟝사**가 와셔 당나귀 알을 사라 ᄒᆞ거ᄂᆞᆯ 〈대한매일1907/05/23〉

슈도를 셜시ᄒᆞᄆᆡ 물통 **장사**가 살 수 업고 〈대한매일1907/07/02〉

방물 **장사** 썩 **장사**도 들락날락ᄒᆞᆯ 터인ᄃᆡ 〈혈의루15〉

재정 財政【재정, ᄌᆡ졍】

명 개인, 가계, 기업 따위의 경제 상태.

군부관 졔도 탁지 고문관이 와셔 **ᄌᆡ졍**을 졍리ᄒᆞᆫ 후에야 귀졍이 된다더라 〈대한매일1904/09/05〉

ᄉᆞ십이년도 이후의 **ᄌᆡ졍**을 계획ᄒᆞ야 〈대한매일1907/11/12〉

ᄌᆡ졍은 산외 지츌이 업슬 거시오 〈대한매일1908/06/05〉

지금 **ᄌᆡ졍**이 탕갈ᄒᆞᆫ 시ᄃᆡ에 〈대한매일1909/02/16〉

청국 졍부ᄂᆞᆫ **ᄌᆡ졍**이 업슴으로 〈대한매일1909/05/25〉

인민의 **ᄌᆡ졍**이 일반 곤난ᄒᆞᆷ을 가히 알겟스나 〈대한매일1909/11/18〉

일본인들은 뎌희 나라가 빈한ᄒᆞ여 **ᄌᆡ졍**이 넉넉지 못ᄒᆞ니ᄶᅡ 〈대한매일1910/01/16〉

ᄌᆡ졍을 판쥴ᄒᆞᆯ 방침이 업슴은 불언가샹ᄒᆞᆯ 바ㅣ어니와 〈대한매일1910/04/09〉

우리가 션ᄉᆞᄒᆞ랴고 거둔 돈으로 **ᄌᆡ졍**을 ᄉᆞᆷ고 〈신학월보1:345〉

북방 교회 교우 수효와 **재정** 경비의 수효와 회당 수효를 〈신학월보3:252-253〉

교회에 **재정**이 유여한 후에 〈신학월보4:67〉

교회 **재정**을 거두고 맛고 쓰는 직분이니 〈신학월보4:71〉

재정에 분명하게 하는 거시 조타 하고 〈신학월보4:130〉

이십오만 원의 **ᄌᆡ졍**이 필요ᄒᆞ도다 〈신학월보6:53〉

제조 製造【졔조, 製造】

명 공장에서 큰 규모로 물건을 만듦.

물건의 **졔조**를 금ᄒᆞ며 〈대한매일1907/08/07〉

젼투함 **졔조**를 연구ᄒᆞ기 위ᄒᆞ여 〈대한매일1910/01/09〉

각죵 물품에 **졔조**를 능히 ᄒᆞᆯ ᄃᆡ이오 〈신학월보6:152〉

第三條 酒類 **製造**의 免許를 與ᄒᆞᆫ 時는 〈경향보감3:196〉

지방비 地方費【디방비】

명 지방 자치 단체의 경비.

디방비 듕으로 셜치ᄒᆞᄂᆞᆫ 〈대한매일1909/01/26〉

디방에 잇ᄂᆞᆫ 각 보통학교ᄅᆞᆯ **디방비**로 유지ᄒᆞᆯ 방침을 의론ᄒᆞ엿다더라 〈대한매일1909/06/10〉

젼라남도에셔ᄂᆞᆫ **디방비**로써 공립 농림학교를 셜립ᄒᆞ엿ᄂᆞᆫᄃᆡ 〈대한매일1910/04/23〉

디방비 듕 삼ᄇᆡᆨᄉᆞ십 환으로 각죵 나무를 사다가 〈대한매일1910/05/13〉

국고금이나 **디방비**로 ᄆᆡ삭 얼마ᄉᆞ식 뎡ᄒᆞ여 줄 터이오 〈경향보감4:189〉

지방세 地方稅【디방셰】

명 지방 자치 단체가 그 주민에게 물리는 세금.

소위 **디방셰**를 실시훈 이후로 〈대한매일1909/01/26〉

릭년도 **디방셰** 예산은 〈대한매일1909/07/21〉

탁지부령 뎨십호에 **디방셰** 밧는 규식을 반포ᄒᆞ엿더라 〈경향신문1907/04/05〉

디방셰 회계롤 어ᄂᆞ 째에 ᄒᆞᄂᆞ뇨 〈경향보감1:114〉

새로 난 **디방셰**뿐이오 〈경향보감1:187〉

지금은 **디방셰**도 명지되엿ᄂᆞᆫ딕 〈경향보감1:219〉

지전 紙錢【지전】

명 종이에 인쇄를 하여 만든 화폐.

첫재는 가량 여긔 千원자리 **지전** 한 푼이 잇는데 〈신학월보3:279〉

지주 地主【디쥬】

명 토지의 소유자. 또는 자신이 소유한 토지를 남에게 빌려 주고 지대(地代)를 받는 사람.

혹 아모 짜흘 **디쥬**가 신고치 아니ᄒᆞ면 〈경향보감4:292〉

디쥬 총딕는 ᄒᆞᆫ 동리에 몃 명ᄉᆞ식 쎱ᄂᆞ뇨 〈경향보감4:292〉

신고셔에 셩명을 쓰ᄂᆞᆫ 웃ᄉᆞ 간에 **디쥬**의 쥬소 셩명을 쓰고 〈경향보감4:309〉

지폐 紙幣【지폐】

명 종이에 인쇄를 하여 만든 화폐. 일반적으로 정부 지폐와 은행권을 이른다.

위조 **지폐**를 쓰던 최한광 씨는 〈대한매일1909/01/17〉

대륙 련합 의회는 이억만원 **지폐**를 발힝ᄒᆞ더니 〈대한매일1910/02/13〉

부족 **지폐**가 업게 홈이나 〈경향신문1907/01/04〉

금은젼과 **지폐**와 빅동 젹동 엽젼ᄭᆞ지 〈경향신문1907/02/21〉

ᄒᆞ로는 ᄌᆞ경이나 칠 ᄯᅢ에 와셔 **지폐** 십 원을 쥬며 〈빈상설745〉

별봉을 ᄯᅦ여보니 과연 **지폐** 삼십 원이 들엇거놀 〈설중매4〉

직업 職業【직업】

명 생계를 유지하기 위하여 자신의 적성과 능력에 따라 일정한 기간 동안 계속하여 종사하는 일.

직업과 년긔와 거쥬와 보증인 친속과 동임ᄭᆞ지 쓰고 〈대한매일1907/11/03〉

여러 관리의 **직업**과 셩명을 긔록ᄒᆞ여 갓다는ᄃᆡ 〈대한매일1908/09/10〉

각기 제 **직업**을 평안무ᄉᆞᄒᆞᆫ ᄯᅢ와 ᄀᆞᆺ치 직희여 가며 〈경향신문1906/12/21〉

젼도 목ᄉᆞ **직업**으로 하ᄂᆞ님의 션턱을 닙은 사ᄅᆞᆷ이 一百七十八 인이러라 〈신학월보5:4〉

사ᄅᆞᆷ이 능히 그 **직업**을 닥지 못ᄒᆞ겟스니 〈신학월보5:35〉

다 각각 **직업**을 직혀 〈금수회의록77〉

량친이 나의 **직업** 업습을 걱정ᄒᆞ야 〈설중매3〉

그 문벌 **직업**과 평싱 교졔ᄒᆞ던 친구의 셩명을 자셰히 무르며 〈설중매5〉

채권 債權【채권, ᄎᆡ권】

명 국가, 지방 자치 단체, 은행, 회사 따위가 사업에 필요한 자금을 차입하기 위하여 발행하는 유가 증권.

외국에셔 **ᄎᆡ권**을 발ᄒᆡᆼᄒᆞ야 이쳔만 원을 위한ᄒᆞ고 모집ᄒᆞ기로 ᄒᆞ엿ᄂᆞᆫᄃᆡ 〈대한매일1908/03/24〉

그 **ᄎᆡ권**의 본젼과 리젼을 갑ᄂᆞᆫ 거슬 경부에셔 보증ᄒᆞ기로 ᄒᆞ엿다더라 〈대한매일1908/03/24〉

토디와 가옥을 매ᄆᆡᄒᆞᆷ과 **채권**을 세움과 인ᄉᆞ에 주션ᄒᆞᆷ에 관ᄒᆞᆫ 일 〈경향보감4:325〉

척식회사 拓植會社【쳑식회샤】

명 국내나 식민지 또는 외국에서 개척과 식민 사업을 하는 회사.

즁츄원 고문 민영긔 씨가 **쳑식회샤**의 부총ᄌᆡᄅᆞᆯ 운동ᄒᆞᄂᆞᆫ 즁인ᄃᆡ 〈대한매일1908/09/17〉

동양 **쳑식회샤** 총ᄌᆡ 우좌쳔은 〈대한매일1909/06/08〉

쳑식회샤 리ᄉᆞ 한ᄉᆡᆼ룡 씨의 집에셔 〈대한매일1909/07/02〉

동양 **쳑식회샤**에셔 ᄉᆞ무원을 한셩 오부 ᄌᆞᄂᆡ에 파송ᄒᆞ여 〈대한매일1910/06/01〉

화폐 貨幣【화폐】

명 상품 교환 가치의 척도가 되며 그것의 교환을 매개하는 일반화된 수단.

세무와 **화폐**와 금융 등 ᄉᆞ건에 ᄃᆡᄒᆞ야 〈대한매일1907/10/01〉

ᄌᆡ정을 정리ᄒᆞᆫ다 ᄒᆞ고 **화폐**를 제조ᄒᆞ엿스되 〈대한매일1907/12/10〉

신화롤 짓고 구화롤 밧고아 거두는 거슨 **화폐**롤 졍리홈이여놀 〈경향신문 1907/04/26〉

회계 會計【회계】

명 개인이나 기업 따위의 경제 활동 상황을 일정한 계산 방법으로 기록하고 정보화함.

회계에 부족익을 보츙ᄒᆞ기 위ᄒᆞ야 〈대한매일1907/12/08〉

각 관쳥의 **회계**를 검ᄉᆞᄒᆞ기 위ᄒᆞ야 〈대한매일1908/06/11〉

이상 **회계**는 다 엽전으로 말한 거시오 〈신학월보3:345〉

반년간 **회계**도 계산ᄒᆞ기 어려워셔 〈설중매11〉

하숙 **회계** 썀은 죠희는 칙상 우헤 노엿는ᄃᆡ 〈송뢰금4〉

회사 會社【회샤】

명 상행위 또는 그 밖의 영리 행위를 목적으로 하는 사단 법인.

물쟝ᄉᆞ **회샤**에셔 뎐긔회샤로 공합을 보내여 〈대한매일1908/09/10〉

뎡관 뎨오십이됴에 구뎡ᄒᆞᆫ 그 **회샤**의 영업ᄒᆞᄂᆞᆫ 쯧은 별지와 ᄀᆞᆺᄒᆞ니 참고ᄒᆞ기 위ᄒᆞ여 통지홈 〈대한매일1908/10/17〉

회샤에셔 이런 법에 어긔는 힝위를 ᄒᆞ면 〈대한매일1908/10/17〉

뎐긔 **회샤**에셔 외국인 륙 명이 나아가 〈대한매일1909/08/11〉

쳥국 호븍 텰도 **회샤** 조직홈을 허가ᄒᆞᆫ 후로 〈대한매일1910/04/01〉

일한와샤 **회샤**에셔는 오는 이십구일에 쥬쥬총회를 ᄒᆞ고 〈대한매일1910/08/26〉

새 **회샤**와 새 학교 셜시ᄒᆞᆫ 거시 만커니와 〈경향신문1907/03/15〉

각 **회샤** 즁에 명예 잇ᄂᆞᆫ 이로 몰수히 셔임ᄒᆞᆫ다ᄂᆞᆫ 말이 잇다더라 〈경향신문 1907/05/10〉

이 슈젼은 ᄒᆡ교회 목ᄉᆞ의게 드려 셩셔 **회샤**에 보내게 ᄒᆞ고 〈신학월보 2:196〉

억지로 **회샤**ᄅᆞᆯ ᄆᆞᆫ돌려 ᄒᆞ며 〈경향보감1:260〉

아프리가 노례 매ᄆᆡ 반ᄃᆡ **회샤**에 새로 션건된 샤쟝의게 칙셔를 ᄂᆞ려 닐ᄋᆞ시ᄃᆡ 〈경향보감4:51〉

ᄯᅩ 부산 **회샤**에도 부탁ᄒᆞ엿스나 〈송뢰금2〉

警察

경관 警官【경관】

명 경찰 업무에 종사하는 공무원을 이르는 말.

군딕와 경관을 파송ᄒᆞ야 근근히 진압ᄒᆞ엿다더라 〈경향신문1907/02/21〉

이 편지는 분명히 자긔가 문존철에게 붓친 편지라 ᄒᆞ고 경관에게 도로 쥬니 〈설중매6〉

경무 警務【경무】

명 경찰에 관한 사무.

일본 경관을 고빙 우리 나라 경무를 확장ᄒᆞ기로 〈경향신문1907/06/14〉

경무관 警務官【경무관】

명 1894년(고종 31)에 포도청(捕盜廳)을 폐지하고 새로 설치한 경무청(警務廳)의 관직으로, 경무사(警務使)에 이은 제2 직급이다.

현금 원산 경무관 박기호는 경찰 ᄉᆞ무에 셩젹이 만이 잇셔 〈대한매일1905/01/26〉

경무관은 경상남도에만 업고 다른 도에는 ᄒᆞ나식이니 〈경향신문1906/10/26〉

경샹북도 **경무관** 박쥰효 씨가 ᄂᆡ부에 보고ᄒᆞ엿더라 〈경향신문1907/04/19〉

그 변사 엽헤는 두 **경무관**이 복장에 칼을 집고 엄연히 교의에 거러 안졋스며 〈설중매2〉

경무국 警務局【경무국】

명 대한 제국 때에, 내무 행정을 담당한 내부(內部)에 속하여 경찰 사무를 총괄하여 맡아보던 관청.

ᄂᆡ부 **경무국**에서 탁지부로 예산금을 청구ᄒᆞ엿더니 〈대한매일1907/ 08/20〉

ᄂᆡ부 **경무국**에서 각도 경찰부쟝회의를 ᄒᆞᆫ다더라 〈대한매일1909/07/02〉

ᄂᆡ부 **경무국**에서 직작일에 고등졍탐 윤병회 씨를 파송ᄒᆞ야 〈대한매일1910/01/26〉

경무청 警務廳【경무청, 경무텽】

명 조선 고종 31년(1894)의 갑오개혁 이후에 한성부 안의 경찰 업무와 감옥의 일을 맡아보던 관청.

경무청에서 산림동 큰무당의 집을 슈탐ᄒᆞ야 〈대한매일1904/09/05〉

경무청에서 경부와 보좌관 등을 파송ᄒᆞᆫ지라 〈대한매일1907/07/21〉

경무청으로 잡아 가둔다고 셩화ᄀᆞᆺ치 독촉ᄒᆞ는 고로 〈대한매일1908/09/15〉

경무청에서 잠간 물어 볼 일 잇다고 불으시니 갑시다 〈빈상설814〉

그릇씀을 말미암아 **경무청**에 잡힌 바 되야 〈설중매7〉

금년에 다시 궁감이 청쥬 **경무텽**으로 훈령을 붓치고 〈경향신문1906/12/14〉

그 힝패훈 일인을 잡아 **경무텽**에 가도앗다더라 〈경향신문1907/04/12〉

경무텽의셔 긔시ᄒᆞ라고 닐너도 도모지 듯지 안코 〈경향신문1907/07/26〉

경무텽 관제 기졍ᄒᆞᄂᆞᆫ 네 됴목을 반포ᄒᆞ엿ᄂᆞᆫᄃᆡ 〈경향신문1907/08/09〉

경시청 警視廳【경시쳥】

명 대한 제국 때에, 한성부와 경기도의 경찰 및 소방 업무를 맡아보던 관청.

경시쳥을 독립 아문으로 기뎡ᄒᆞ야 〈대한매일1907/08/07〉

쟉작일에 **경시쳥**에셔 괴질을 예방ᄒᆞ기 위ᄒᆞ여 〈대한매일1907/10/01〉

경시쳥에셔 쓰럭이 살나 ᄇᆞ리ᄂᆞᆫ 쳐소를 셜치ᄒᆞ기 위ᄒᆞ야 〈대한매일1908/02/09〉

혜쳔탕 쥬인 윤계환 씨가 **경시쳥**에 잡혀 갓첫더니 〈대한매일1908/12/05〉

쟉작일 오후 일시에 **경시쳥**에셔 각셔 셔쟝회의를 ᄒᆞ엿ᄂᆞᆫᄃᆡ 〈대한매일1909/12/25〉

경시쳥에셔 괴질 예방ᄒᆞ기로 식물 즁 위험훈 것과 익지 아닌 실과 ᄑᆞᄂᆞᆫ 쟈면 벌금 십원에 십일을 구류훈다더라 〈경향신문1907/10/11〉

경시총감 警視總監【경시총감】

명 대한 제국 때에, 경시청의 우두머리.

작일에 이등통감이 **경시총감** 환산 씨를 불너 명령ᄒᆞ되 〈대한매일1907/10/06〉

ᄉᆡ로 피임ᄒᆞᆫ **경시총감** 약림뢰쟝은 〈대한매일1908/10/09〉

경무ᄉᆞᄂᆞᆫ **경시총감**이라 ᄒᆞ고 〈경향신문1907/08/09〉

경찰 警察 【경찰】

명 [1]사회의 질서를 유지하고 국민의 안전과 재산을 보호하는 임무나 그러한 임무를 수행하는 공무원.

셩피득보에셔 **경찰** 관리가 혁명당회를 구축ᄒᆞ고 방포ᄒᆞ야 〈대한매일1905/02/13〉

평챵은 일본 **경찰**이 ᄒᆞ나도 업고 〈경향신문1907/08/16〉

[2]국가 사회의 공공질서와 안녕을 보장하고 국민의 안전과 재산을 보호하는 일. 또는 그 일을 하는 조직.

청국 외무부에셔 근일에 온 나라 **경찰**이 정돈됨을 인ᄒᆞ야 〈대한매일1908/01/14〉

경찰 월보 발간 〈대한매일1908/09/15〉

한국 **경찰**은 젼수히 통감부 관할이 되여 〈대한매일1910/06/28〉

경찰관 警察官 【경찰관】

명 경찰 업무에 종사하는 공무원.

셩년 남ᄌᆞᄂᆞᆫ 현직 혹 **경찰관**을 지ᄂᆡ지 못ᄒᆞᆫ 쟈는 선거권과 밋 피션거권을 잇고 〈대한매일1905/01/21〉

픔 속에 픔엇던 칼을 내여 **경찰관** 압헤 던지며 말ᄒᆞ기를 〈대한매일1909/12/25〉

그 ᄯᅢ에 마참 **경찰관**이 보고 〈대한매일1908/06/07〉

안쥬군 어ᄂᆞ 학교에셔ᄂᆞᆫ 학도가 샹봉가를 부른다고 **경찰관**이 금지ᄒᆞ더라

〈대한매일1909/11/25〉

그 고을 **경찰관**이 군도를 휘두르며 〈대한매일1910/01/23〉

금ᄉᆞ(檢事)의 ᄌᆡ무는 **경찰관**이 나셔긔로 ᄒᆡᆼ케 ᄒᆞᆷ 〈경향보감2:102〉

경찰관 수 명이 〈경향신문1907/06/07〉

또 연셜장에 **경찰관**이 출장ᄒᆞ야 언론의 과격ᄒᆞᆷ이 잇스면 즁지식히고 〈설중매2〉

경찰서 警察署【경찰셔】

명 경찰 사무를 맡아보는 관청.

음력 셰젼에 남부 **경찰셔**에셔 일인 진뎐이라ᄂᆞᆫ 대적을 잡앗ᄂᆞᆫᄃᆡ 〈대한매일1908/02/09〉

ᄀᆡ셩 사ᄂᆞᆫ 박졔운이가 일젼에 졀도죄인으로 븍부 **경찰셔**에 피착ᄒᆞ엿다더라 〈대한매일1908/02/11〉

경븍 관찰도 ᄉᆞ무관 셔샹규 씨ᄂᆞᆫ ᄒᆡ도 **경찰셔**에 피슈되엿ᄂᆞᆫᄃᆡ 〈대한매일1908/09/10〉

동부 **경찰셔**에셔 ᄒᆡ셔를 훼쳘ᄒᆞ고 〈대한매일1909/06/25〉

그 동리 사ᄅᆞᆷ들이 **경찰셔**에 호소ᄒᆞ야 김 가ᄅᆞᆯ 잡아 가두엇다더라 〈대한매일1909/05/16〉

그런 ᄯᆡ에는 오일 안에 소관 **경찰셔**에 신고ᄒᆞᆯ 것이오 〈경향보감4:333〉

경찰하다 警察--【경찰ᄒᆞ다】

동 국가 사회의 공공질서와 안녕을 보장하고 국민의 안전과 재산을 보호하다.

ᄒᆡ방곡의 **경찰ᄒᆞᄂᆞᆫ** 관리들은 이런 ᄀᆡ명ᄒᆞᆫ 시ᄃᆡ를 당ᄒᆞ야 무뢰비의 불량ᄒᆞᆫ

픽습을 금단치 아니ᄒᆞᄂᆞᆫ지 알 수 업ᄂᆞᆫ 일이로고 〈대한매일1907/10/26〉

분파소 分派所【분파소】

명 경찰서의 관할 지역 안에 있는 동(洞)이나 읍면마다 경찰관을 파견하여 경찰 업무를 일차적으로 처리하도록 만든 곳.

우편국과 **분파소**ᄂᆞᆫ 상쥬군으로 도피ᄒᆞ엿고 〈대한매일1907/09/10〉

우편 취급소장이 고급ᄒᆞ기 위ᄒᆞ야 경부 **분파소**에 왓더니 〈대한매일1907/09/18〉

의병 일ᄇᆡᆨ삼십 명이 영덕군 **분파소**를 습격ᄒᆞ엿다 ᄒᆞ고 〈대한매일1907/12/15〉

청하읍에 돌입ᄒᆞ야 경무 **분파소**를 불지르고 〈경향신문1907/07/13〉

순사 巡査【순사, 슌사, 巡査】

명 일제 강점기에, 경찰관의 가장 낮은 계급. 또는 그 계급의 사람.

지작일에 죵로에셔 일본 **순사**와 한국 병뎡이 졉젼ᄒᆞ야 〈대한매일1907/07/21〉

운현궁은 리쥰용 씨가 나온 후로 **순사**가 둘식 보호ᄒᆞ더니 〈대한매일1907/08/09〉

의병 일ᄇᆡᆨ오십 명이 함평군에 잇ᄂᆞᆫ **순사**의 쳐소를 습격ᄒᆞ야 〈대한매일1908/02/09〉

그 곳 지소 **슌사**가 삭젼은 주어 보내고 〈대한매일1908/09/10〉

슌사가 가셔 본즉 〈대한매일1909/03/31〉

파출소 근쳐에 잇ᄂᆞᆫ 쓰레기통에 ᄇᆞ린 것을 그 쟝ᄂᆡ **슌사**가 보고 〈대한매일1908/09/17〉

한억 씨가 **슌사**로 피임홈은 이믜 게지ᄒᆞ엿거니와 〈대한매일1909/12/25〉

각 대신의 집에 더 파송되엿든 **슌사**들은 지작일브터 도로 철환ᄒᆞ엿스나 〈대한매일1909/09/10〉

그 일본 **슌사**의 말이 〈경향신문1907/08/23〉

今番 **巡査**가 우리 고을에 온 後로브터 火災오 賊患의 所聞은 듯지 못 ᄒᆞ얏도다 〈국어독본2:57-58〉

치안 治安【치안】

명 국가 사회의 안녕과 질서를 유지 · 보전함.

빅일지하에 횡힝ᄒᆞ면셔 **치안**을 방해ᄒᆞᆫ다 ᄒᆞ고 〈대한매일1908/05/07〉

신문지ᄂᆞᆫ **치안**의 방해됨으로〈대한매일1908/05/07〉

대동회ᄂᆞᆫ **치안**에 방해가 불쇼ᄒᆞ다 ᄒᆞ야 〈대한매일1908/10/09〉

포박하다 捕縛--【포박ᄒᆞ다】

동 잡아서 묶다.

촌민이 의병 이 명을 **포박ᄒᆞ야** 〈대한매일1907/12/08〉

슌사 일 명이 힘을 다ᄒᆞ야 **포박ᄒᆞ엿ᄂᆞᆫ듸** 〈대한매일1909/05/25〉

일병들은 원쥬 진위딕 병뎡인가 ᄒᆞ고 **포박ᄒᆞ려** ᄒᆞᄂᆞᆫ 고로 〈경향신문1907/08/23〉

포졸 捕卒【포졸】

명 조선 시대에, 포도청에 속한 군졸.

포졸들의 가산을 탈취ᄒᆞᄂᆞᆫ 연고ㅣ러라 〈기해일기2b〉

문젼에 니른 즉 **포졸**이 니ᄅ러 유동ᄭ지 다 잡아가는지라 〈기해일기51b〉

나무 사려 갓다가 **포졸**의게 잡혀 〈경향보감1:333〉

포졸들이 즉시 비론에로 가 〈경향보감2:80〉

포청 捕廳【포텽】

명 조선 시대에, 범죄자를 잡거나 다스리는 일을 맡아보던 관아.

온 집이 다 잡히여 **포텽**에 들어가니 〈기해일기18b〉

이십팔일 져녁에 젼쥬 **포텽**에 드러가 〈경향보감2:382〉

위의 름름ᄒᆞᆫ 거동이 **포텽**보다 몃 ᄇᆡ나 더ᄒᆞ더라 〈경향보감2:383〉

김골놈바 형뎨와 ᄒᆞᆫ 가지로 **포텽**에 가도니 이샹ᄒᆞ도다 〈경향보감3:319〉

科學

공기 空氣【공긔】

명 지구를 둘러싼 대기의 하층부를 구성하는 무색, 무취의 투명한 기체.

일노븟터 문명의 **공긔**를 흡슈하겟ᄉᆞ오니 〈대한매일1907/05/23〉

ᄌᆞ유 **공긔**가 동셔에 미만ᄒᆞ야 〈대한매일1910/02/23〉

공긔가 늘 우리 귀에 맛침으로 듯고 **공긔**에 내암ᄉᆡ가 코에 맛침으로 알고 〈신학월보6:36〉

가령 **공긔**로 인ᄒᆞ야 셩음을 일우나 〈경향보감2:105-106〉

二三層 집은 **공긔**가 됴타 〈국어독본1:33〉

소릐는 **공긔**가 울리는 파동이 퍼져 나가셔 〈대한국어문법02〉

오고 가ᄂᆞᆫ **공긔**가 마주쳐셔 〈구 의성1607〉

공긔ᄂᆞᆫ 청량ᄒᆞ여 심신이 상쾌ᄒᆞ나 〈송뢰금5〉

그 됴흔 **공긔**에셔 활동을 ᄒᆞ고 〈치악산下95〉

과학 科學【과학】

명 보편적인 진리나 법칙의 발견을 목적으로 한 체계적인 지식.

령혼론은 리론ᄒᆞᄂᆞᆫ 리학과 ᄀᆞᆺ지 안코 분명ᄒᆞᆫ **과학**이니 〈신학월보2:264〉

집에 두고 여러 가지 **과학**을 교육ᄒᆞ니 〈철세계11〉

광물 鑛物【광물】

명 천연으로 나며 질이 고르고 화학적 조성(組成)이 일정한 물질.

광물은 식물을 위ᄒᆞ야 잇고 〈경향보감2:99〉

기관[1] 機關【긔관】

명 일정한 모양과 생리 기능을 가지고 있는 생물체의 부분.

ᄯᅩ 감각 **긔관** 되고 감각으로ᄡᅥ 명오를 도아주나 〈경향보감2:18〉

육신과 그 **긔관** 되ᄂᆞᆫ 오관으로ᄡᅥ 〈경향보감2:162〉

기하학 幾何學【긔하학】

명 도형 및 공간의 성질에 대하여 연구하는 학문.

三학년 과졍은 셩경 영어 물리학 ᄃᆡ수학 **긔하학** 법학 영어 만국 디지 영어 만국 력ᄉᆞ 슈신학이더라 〈신학월보5:116〉

동물 動物【동물】

명 생물계의 두 갈래 가운데 하나.

ᄯᅩ **동물** 즁에 십분에 팔구ᄂᆞᆫ 농ᄉᆞ가 아니면 살 수가 업고 〈대한매일1907/12/04〉

수풀 속에 각식 **동물**의 각기 텬셩ᄃᆡ로 노ᄂᆞᆫ 거시 가히 볼 만ᄒᆞᆫ지라 〈대한매

일1908/05/07〉

디구상에 잇는 인류와 각식 **동물**은 긔운이 막혀 젼혀 멸망이 될 터이며 〈대한매일1910/01/11〉

동물과 식물도 만히 변기훈 거시 분명ᄒᆞ고 〈경향보감2:98〉

식물은 **동물**을 위ᄒᆞ야 잇고 〈경향보감2:99〉

당신 영광을 위ᄒᆞ야 감각ᄒᆞ는 **동물**을 내실 뿐 아니라 〈경향보감2:289〉

또 무삼 **동물**이던지 자식이 아비 닮는 거슨 하나님의 뎡ᄒᆞ신 뜻이라 〈금수회의록67〉

텬디간 만물 즁에 **동물** 되기 희한ᄒᆞ고 〈자유종1〉

모맥 牟麥/麰麥【모ᄆᆡᆨ】

명 볏과의 두해살이풀. 줄기는 높이가 1미터 정도이고 곧고 속이 비었으며, 마디가 길다.

동젹뎐에 **모ᄆᆡᆨ**을 타작훌 ᄯᆡ가 되엿슴으로 〈대한매일1909/07/02〉

우박이 쏘다져 청쥬 됴치원 등디에 **모ᄆᆡᆨ** 손해가 대단ᄒᆞ다더라 〈경향신문1907/06/07〉

유독 북일면은 **모ᄆᆡᆨ**이 몰수히 업서지고 〈경향신문1907/06/07〉

물리 物理【물리】

명 1사물에 대한 이해나 판단의 힘.

성경을 **물리**대로 잘 닑는 거슬 보앗고 〈신학월보3:433〉

ᄯᅩ한 초목금수와 곤충어별의 **물리**를 다 ᄭᆡ다라 알앗시며 〈신학월보4:94〉

2물질의 물리적 성질과 그것이 나타내는 모든 현상, 그리고 그들 사이의 관계나 법칙을 연구하는 학문.

물리 화학가가 아닌 쟈가 〈대한매일1909/09/30〉

산술, 물리, 화학, 농학, 공학 〈자유종37〉

물리학 物理學【물리학】

명 물질의 물리적 성질과 그것이 나타내는 모든 현상, 그리고 그들 사이의 관계나 법칙을 연구하는 학문.

외국 사룸에 물리학을 누가 알 수 잇나 ᄒᆞ며 〈대한매일1907/01/10〉

그 쥬의는 시ᄃᆡ에 발달ᄒᆞᆫ 대쇼 물리학과 졍교회의 긴요ᄒᆞᆫ 도리롤 학습ᄒᆞ야 〈경향신문1907/03/08〉

사룸들은 학문을 이용ᄒᆞ야 화학이니 물리학이니 비화셔 〈금수회의록105〉

지금 갓흔 문명ᄒᆞᆫ 셰샹에 물리학으로 볼진ᄃᆡ 〈은세계697〉

또 물리학이니 화학이니 뎡치학이니 법률학이니 다 무엇에 쓰는 것인가 〈자유종35〉

반도 半島【반도】

명 삼면이 바다로 둘러싸이고 한 면은 육지에 이어진 땅.

열심ᄒᆞ는 ᄉᆞ업으로 반도 강산 빗낸 후에 〈대한매일1909/09/30〉

죠션 반도를 일본 관할권에 쇽ᄒᆞ게 ᄒᆞ지 아니ᄒᆞ면 〈대한매일1910/03/10〉

멕스고 유가단 반도가 크게 가믈어 〈경향신문1907/05/31〉

군의는 료동 반도 함락될 ᄯᅢ에 쥭엇다지 〈혈의루48〉

발명[1] 發明【발명】

명 아직까지 없던 기술이나 물건을 새로 생각하여 만들어 냄.

새 긔계 **발명** 〈대한매일1908/01/04〉

보리【보리】

명 볏과의 두해살이풀. 줄기는 높이가 1미터 정도이고 곧고 속이 비었으며, 마디가 길다.

미호에 **보리** 혼 말식 벼 혼 말식 히마다 밧치라 흐엿더니 〈대한매일1907/08/07〉

미호에 집 서 뭇과 **보리** 닛 되식 셩화굿치 밧치라 흐는 고로 〈대한매일1908/01/04〉

경비는 일면에셔 미호에 녀름에는 **보리** 혼 말식 가을에는 베 혼 말식이오 〈대한매일1908/10/17〉

食用에 適當훈 植物의 第一은 五穀이오 其次에 野菜, 果物, 海草 等이니 쌀, **보리**, 콩, 팟, 무, 가지, 파, 감, 파리, 昆布 等이오 〈국어독본4:36〉

밀 **보리** 타쟉을 못 다흐고 모심씨 시작이 되얏는대 〈은세계248〉

산술 算術【산술】

명 일상생활에 실지로 응용할 수 있는, 수와 양의 간단한 성질 및 셈을 다루는 수학적 계산 방법.

산술이나 톄조이나 시간이 얼마던지 〈대한매일1908/01/04〉

국문 한문 **산술** 디리 력ㅅ 각 과졍을 교슈훈다더라 〈대한매일1909/01/26〉

국한문의 각식 글과 **산술** 디지 등으로 지식을 발달흐고 〈경향신문1907/05/10〉

ᄯᅩ 북경셔 가져온 격물학과 산슐과 셩교 도리칙을 ᄌᆞ세히 풀어 ᄇᆞᆰ히더라 〈경향보감1:32〉

텬문 디리와 물리학과 산슐과 불경ᄭᆞ지 무불통달ᄒᆞ매 〈경향보감3:46〉

산슐 리치에 구구법 대로 모든 거슬 혜아렷ᄂᆞ니라 〈신학월보6:96〉

석유 石油 【석유, 셕유】

명 땅 속에서 천연으로 나는, 탄화수소를 주성분으로 하는 가연성 기름.

청인의 ᄇᆡ에 셕유를 부어 불ᄉᆞ로기를 시작ᄒᆞ며 〈대한매일1904/10/06〉

셕유 ᄒᆞᆫ 통 샹픔 갑시 一百七十二 량 五 젼 〈경향신문1906/10/19〉

ᄯᅩ 셕유와 소쥬롤 도매ᄒᆞ쟈 ᄒᆞ엿다더라 〈경향신문1906/11/19〉

한 녀인이 밤의 셕유 등잔을 엽헤 노코 소젓슬 ᄶᅡ다가 〈신학월보3:426〉

디리를 잘 ᄉᆞᆯ펴 셕유를 취용ᄒᆞ고 〈신학월보5:222〉

너ᄂᆞᆫ 셕유 ᄒᆞᆫ 통만 가져다가 안방에 드러부어라 〈귀의성1574〉

등피 업ᄂᆞᆫ 셕유 등불이 툭 ᄭᅥ젓더라 〈귀의성2102〉

석탄 石炭 【석탄, 셕탄】

명 태고 때의 식물질이 땅속 깊이 묻히어 오랫동안 지압과 지열을 받아 차츰 분해하여 생긴, 타기 쉬운 퇴적암.

항구에셔 셕탄을 실ᄂᆞᆫ 즁이라더라 〈대한매일1908/09/15〉

셕탄 불노 덥게 하네 〈신학월보3:481〉

속력 速力 【속녁, 속력】

명 속도의 크기. 또는 속도를 이루는 힘.

그 속력이 이십ᄉᆞ 졀이오 〈대한개일1908/01/26〉

쳘환보다 ᄲᆞᆯ리 가는 속녁으로 〈귀의성1590〉

「쑤루루쇄-」ᄒᆞ는 것은 륜션 속력을 주리너라고 김 ᄲᅦ는 것이라 〈송뢰금3〉

수학 數學【수학】

명 수량 및 공간의 성질에 관하여 연구하는 학문.

당시 수학(數學)과 형이상학(形而上學, Metaphyica) 증명에 슉독ᄒᆞᆫ 쳥년들이 〈경향보감3:321〉

식물 植物【식물】

명 생물계의 두 갈래 가운데 하나. 일생 동안 배 조직이 존재하므로 계속 성장할 수 있으며, 대체로 이동력이 없고 체제가 비교적 간단하여 신경과 감각이 없고 셀룰로오스를 포함한 세포벽과 세포막이 있다.

만일 샹고에 식물이 그 ᄉᆡᆼ명을 ᄇᆞ리고 ᄯᅡᆼ에 뭇치지 아니ᄒᆞ엿더면 〈대한매일1907/10/18〉

뎌 식물의 초목과 〈대한매일1910/02/16〉

ᄉᆡᆼ력(生力)으로는 식물(植物)과 ᄀᆞᆺ고 〈경향보감3:49〉

쌀【쌀】

명 벼에서 껍질을 벗겨 낸 알맹이.

지금은 쌀 ᄒᆞᆫ 되에 갑시 일 원이라도 엇기가 어려운 고로 〈대한매일1907/09/10〉

윤 부인을 ᄒᆡ마다 쌀을 주어 복호ᄒᆞ게 ᄒᆞ시니 〈대한매일1908/03/24〉

외국인들이 쌀을 만히 무역ᄒᆞ는 고로 〈대한매일1909/07/02〉

재상댁과 부민들이 쌀과 돈을 자원하난 마암으로 더럭더럭 갓다 주니 〈신학월보3:471〉

이 공덕을 싱각ᄒᆞ면 쌀 ᄒᆞᆫ 톨을 누구를 쥬며 볍 ᄒᆞᆫ 술을 누구를 쥴가 〈은세계256〉

싀양쥐 불가승홀 쌀 ᄒᆞᆫ 톨 업ᄂᆞᆫ 가난뱅이 집도 잇ᄂᆞᆫᄃᆡ 〈치악산上167〉

양력 陽曆【양력】

명 지구가 태양의 둘레를 한 바퀴 도는 데 걸리는 시간을 1년으로 정한 역법.

금년브터 양력 팔월 십ᄉᆞ일노 시힝ᄒᆞᄂᆞᆫ 거슬 알지 못ᄒᆞ고 〈대한매일1908/08/13〉

그 칙력은 젼칙력과 ᄀᆞᆺᄒᆞ나 양력을 더 ᄌᆞ세히 발간ᄒᆞ엿ᄂᆞᆫᄃᆡ 〈대한매일1908/11/15〉

서양에 양력은 그럿치 아니하야 〈신학월보4:1〉

양력 십월 이십칠일 오후 〈신학월보4:18〉

뎌들이 양력을 쓰ᄂᆞᆫ 고로 〈경향보감1:171〉

ᄶᆡᄂᆞᆫ 강싱 후 일쳔팔빅일년 양력 ᄉᆞ월 초팔일이오 〈경향보감1:286〉

이등 통감 후쟉이 양력 십이월 이십일에 본국으로 회환ᄒᆞ야 〈경향신문1906/10/26〉

육지 陸地【륙디, 陸地】

명 땅.

ᄒᆞ믈며 대한 ᄶᅡ는 큰 륙디에 ᄒᆞᆫ편 ᄭᅳᆺ을 졈령ᄒᆞ고 〈신학월보1:57〉

셋지날에 흙과 물을 분변ᄒᆞ샤 륙디와 바다를 내시고 〈신학월보1:362〉

바울이 두로셩 륙디에 ᄂᆞ리니 〈신학월보2:167〉

깁흔 바다는 피ᄒᆞ고 륙디를 노고 돌아가니 〈경향보감3:96〉

바다와 륙디에 ᄒᆞᆼ샹 유람ᄒᆞ며 〈경향보감3:215〉

륙디나 ᄒᆡ변 바회에 그물 널어 몰닐 곳도 일뎡ᄒᆞᄂᆞ니라 〈경향보감3:235〉

그 우흐로 사ᄅᆞᆷ과 거마가 륙디 ᄀᆞᆺ치 ᄃᆞᆫ닌다 ᄒᆞ니 〈신학월보5:229〉

쓰러지며 업드러지며 륙디로 ᄂᆡ려오니 〈빈상설994〉

륙디에 나아와 안즈니 그졔야 숨이 휘-나가며 〈빈상설1008〉

바다가 陸地에 亘入ᄒᆞᆫ 곳을 彎이라 稱ᄒᆞ고 〈국어독본4:13〉

陸地가 海中에 突出ᄒᆞᆫ 것을 岬이라 稱ᄒᆞ며 또 串이라 稱ᄒᆞᄂᆞ니 〈국어독본4:15〉

그러나 陸地에ᄂᆞᆫ 麻, 紬, 牛 等의 産出이 甚殷ᄒᆞ고 〈국어독본5:45〉

음력 陰曆【음력】

명 달이 지구를 한 바퀴 도는 시간을 기준으로 만든 역법.

탁지부 문셔과쟝 길숑 씨ᄂᆞᆫ 음력 ᄅᆡ월에 혼인을 지닌다ᄂᆞᆫᄃᆡ 〈대한매일 1909/11/11〉

예수 탄일이 양력 십이월 이십오일인ᄃᆡ 음력으로ᄂᆞᆫ 동지ᄃᆞᆯ 초ᄉᆞ일이니라 〈신학월보1:15〉

대한 음력으로 말하면 달빗이 차고 이즈러짐을 좃처 일 년에 열두 달을 정한 고로 〈신학월보4:1〉

그 날은 음력 사월 보룸ᄂᆞᆯ 밤이라 〈귀의성2580〉

전기 電氣【뎐긔】

명 물질 안에 있는 전자 또는 공간에 있는 자유 전자나 이온들의 움직임 때문에 생기는 에너지의 한 형태.

ᄋᆡ오기 **뎐긔** 회샤 ᄉᆞ무원 미국사ᄅᆞᆷ ᄆᆡ길ᄂᆞᆫ 씨 집에 드러가셔 〈대한매일1907/08/23〉

물장ᄉᆞ 회샤에셔 **뎐긔** 회샤로 공합을 보내여 〈대한매일1908/09/10〉

명월의 빗과 **뎐긔**의 빗치 족히 어둔 거슬 파ᄒᆞ지 못ᄒᆞ되 〈대한매일1910/05/13〉

사ᄅᆞᆷ이 **뎐긔**(電氣)의 잇슴을 알고 〈경향보감3:90〉

깁흔 숭골 사ᄅᆞᆷ이 뎐보나 **뎐긔**나 뎐화 ᄀᆞᆺ흔 그런 것을 말만 듯고 〈경향보감3:355〉

지구 地球【디구】

명 태양에서 세 번째로 가까운 행성. 인류가 사는 천체.

ᄒᆞᆫ 시조의 ᄌᆞ손이 **디구**에 편만ᄒᆞ리라 ᄒᆞ니 〈대한매일1910/01/09〉

지금에 온 **디구**를 상통ᄒᆞ여 륙대쥬가 ᄒᆞᆫ 집안 ᄀᆞᆺ고 〈대한매일1910/08/26〉

우리 거쳐ᄒᆞᄂᆞᆫ **디구**가 ᄃᆞᆫᄃᆞᆫᄒᆞᆫ 모양이나 〈경향신문1907/02/08〉

우리가 사ᄂᆞᆫ **디구**도 무시로브터 잇ᄂᆞᆫ 거시 아니라 〈경향보감2:34〉

텬디 창조ᄒᆞ신 후에 무어시 **디구**에 몬져 낫ᄂᆞ뇨 〈신학월보1:364〉

쥬는 하놀과 별과 **디구**의 심히 크고 심히 무거온 거슬 ᄡᅵ고 운동ᄒᆞ야 〈신학월보6:8〉

지동 地動【디동】

명 오랫동안 누적된 변형 에너지가 갑자기 방출되면서 지각이 흔들리는 일.

디동으로 무숨 일이 싱겻ᄂᆞ뇨 〈신학월보3:121〉

홀연히 **디동** ᄀᆞᄐᆞᆫ 소릐나며 유리챵이 ᄭᅢ여지고 〈경향신문1907/07/29〉

태양력 太陽曆【태양력】

명 지구가 태양의 둘레를 한 바퀴 도는 데 걸리는 시간을 1년으로 정한 역법.

ㅡ 쥬일은 태음력(太陰曆)이나 **태양력**(太陽曆)으로 ᄯᅢ를 논ᄒᆞᆫ 거시 아니니 〈신학월보7:14〉

그러나 창조ᄒᆞ시든 날들을 **태양력**에 날노 싱각홀진ᄃᆡ 〈신학월보7:15〉

태음력 太陰曆【태음력】

명 달이 지구를 한 바퀴 도는 시간을 기준으로 만든 역법. 1년을 열두 달로 하고, 열두 달은 29일의 작은달과 30일의 큰달로 만들었다. 회귀년에 관계없이 30년에 11일의 윤일을 두었다.

ㅡ 쥬일은 **태음력**(太陰曆)이나 태양력(太陽曆)으로 ᄯᅢ를 논ᄒᆞᆫ 거시 아니니 〈신학월보7:14〉

官職

공작 公爵 【공작】

명 다섯 등급으로 나눈 귀족의 작위 가운데 첫째 작위. 후작의 위이다.

ᄃᆡᄒᆞᆫ 이등 **공작**의 ᄐᆡ도를 인ᄒᆞ야 〈대한매일1908/02/06〉

이등 **공작**이 지금 이러케 급속히 ᄒᆞᄂᆞᆫ ᄐᆡ도ᄂᆞᆫ 〈대한매일1908/02/06〉

송병쥰은 일본 졍부에셔 **공작**을 봉ᄒᆞ고 〈대한매일1910/06/28〉

과장 課長 【과쟝】

명 관청이나 회사 따위에서, 한 과(課)의 업무나 직원을 감독하는 직책. 또는 그 직책을 맡고 있는 책임자.

회계국 **과쟝**과 밋 쥬사가 탁지부에 회동ᄒᆞᆫ지라 〈대한매일1905/01/21〉

법부 문셔 **과쟝** 김희슈 씨와 ᄀᆞᆺ치 〈대한매일1907/08/27〉

ᄂᆡ부ᄎᆞ관 목ᄂᆡ 씨가 각국 **과쟝**을 회동ᄒᆞ야 의뎡ᄒᆞ기로 〈대한매일1908/03/03〉

김 판셔 ᄃᆡᆨ 묘소로 리 **과쟝** 집 산소로 골고로 구경을 식이리라 〈구마검3〉

남작 男爵【남작】

명 다섯 등급으로 나눈 귀족의 ᄌᆞ위 가운데 맨 마지막 작위. 자작의 아래이다.

덕국 공ᄉᆞ **남작** 켓틀너 씨ᄭᅴ셔 그 직무를 좃차 힝ᄒᆞᄂᆞᆫᄃᆡ 〈신학월보1:115〉

디방 쟝관도 식히며 **남작**의 직픔ᄭᆞ지 주엇고 〈신학월보1:154〉

대신 大臣【대신】

명 조선 고종 31년(1894) 이후에 둔 내각 각부의 으뜸 벼슬.

일본을 시참ᄒᆞᆯ 학부 **대신** 리ᄌᆡ극 씨ᄂᆞᆫ 〈대한매일1904/10/06〉

대신 한 분이 발이 커셔 큰 신을 신고 친구집에 갓더니 〈대한매일1907/07/02〉

법국 륙군 **대신** 비칼 씨ᄂᆞᆫ 의회에 보고ᄒᆞᄃᆡ 〈대한매일1907/12/08〉

리ᄌᆡ극(李載克) 씨가 궁ᄂᆡ부 **대신**이 되엿더라 〈경향신문1907/04/19〉

대신도 협판이 잇고 대쟝도 부관이 잇ᄂᆞᆫ 것 ᄀᆞᆺ치 〈신학월보6:61〉

서기 書記【셔긔】

명 일반직 국가 공무원의 직급 명칭. 주사보(主事補)의 아래, 서기보의 위로 8급임.

일본 **셔긔** 신장무평 씨를 ᄯᅩ 고빙ᄒᆞ엿ᄂᆞᆫᄃᆡ 〈대한매일1907/07/16〉

령변 관찰도 **셔긔** 전홍긔 씨가 〈대한매일1907/08/27〉

동헌과 분파소 쥬ᄉᆞ와 **셔긔**의 집을 불살낫다 ᄒᆞ엿고 〈대한매일1907/11/16〉

집힝 위원장과 **셔긔**와 간ᄉᆞ 몃 사ᄅᆞᆷ식을 ᄲᅩᆸ아셔 시무케 ᄒᆞᆫ다더라 〈대한매일1909/09/30〉

셔긔 일 인은 손에 연필을 가지고 자조 연설의 대의를 필긔ᄒᆞ고 〈설중매2〉

서기관 書記官【셔긔관】

명 대한 제국 때에, 각 관청에서 기록 따위를 맡아보던 주임관.

탁지부에ᄂᆞᆫ 지금 **셔긔관**이 아홉인ᄃᆡ 〈대한매일1907/12/10〉

평안남도 **셔긔관** 일인 대목이ᄂᆞᆫ 〈대한매일1909/01/26〉

ᄂᆡ부에셔 **셔긔관** 삼 인 셔긔랑 칠 인 〈경향신문1907/08/09〉

서기랑 書記郞【셔긔랑】

명 대한 제국 때에, 각 관청에서 기록 따위를 맡아보던 판임관.

셔긔관이나 **셔긔랑** 즁에 나히 만흔 사ᄅᆞᆷ은 〈대한매일1907/07/16〉

셔긔관 삼 인 **셔긔랑** 칠 인 총슌 삼 인 〈경향신문1907/08/09〉

상무국장 뎡대유 관상관쟝 리문히 **셔긔랑** 방대영 삼 씨를 보내여 시찰ᄒᆞ엿다더라 〈경향신문1907/10/04〉

외교가 外交家【외교가】

명 외교를 직업으로 하는 사람.

청국 졍부를 위로ᄒᆞᆯ 만ᄒᆞᆫ **외교가**ᄂᆞᆫ 대외즁신 씨라 〈대한매일1907/10/06〉

그 외교ᄂᆞᆫ 구미 각국 **외교가**도 당치 못ᄒᆞᆯ 외교일세 〈대한매일1909/10/03〉

종사관 從事官【죵ᄉᆞ관】

명 조선 시대에, 각 군영의 주장(主將)을 보좌하던 종육품 벼슬.

죵ᄉᆞ관이 이 문목ᄒᆞ고 결박ᄒᆞ야 포쟝끠 올니매 〈기해일기35a〉

좀ᄉᆞ관이 이 말을 듯고 놀나 〈경향보감3:335〉

주임 主任【주임】

명 직장, 단체 따위에서 어떤 일을 주로 담당함. 또는 그런 사람.

정삼픔 송진옥은 평리원 판ᄉᆞ 주임 삼등을 임ᄒᆞ고 〈대한매일1907/08/16〉

각 관청 친임 칙임 주임 판임 여러 관인의게 공합ᄒᆞ여 슈합ᄒᆞᄂᆞᆫᄃᆡ 〈대한매일1907/10/15〉

ᄉᆞ 년 이상을 임의 주임 문관으로 잇서 지조가 츌즁ᄒᆞ고 〈경향보감2:373〉

주임관 奏任官【주임관】

명 갑오개혁 이후, 대신의 주천(奏薦)으로 내각의 도장이 찍힌 사령서로 임명되던 관원.

한국 정부에 주임관을 한인으로는 셔임치 아니ᄒᆞ고 〈대한매일1907/12/08〉

주임관이 오ᄇᆡㄱ 명이라더라 〈대한매일1908/02/06〉

주임관의 일봉은 이 원이오 〈대한매일1908/04/24〉

ᄯᅩ 젼형 위원의 시험을 지낸 자는 주임관으로 임용홈이라 〈경향보감2:373〉

총무 總務【총무】

명 어떤 기관이나 단체의 전체적이며 일반적인 사무. 또는 그 일을 맡아보는 사람.

희회 총무 최영년 씨를 ᄃᆞ리고 지작일에 발졍ᄒᆞ엿다더라 〈대한매일1908/09/12〉

로동회 총무 리보현 씨는 〈대한매일1908/09/17〉

일진회 **총무** 윤길병 씨가 일진회에 ᄃᆡᄒᆞ여 퇴회 쳥원셔를 뎨츌ᄒᆞ엿ᄂᆞᆫᄃᆡ 〈대한매일1909/12/08〉

그 신문샤 **총무** 리모ᄭᆞ지 구타ᄒᆞ야 〈대한매일1910/04/01〉

총재 總裁【총ᄌᆡ】

[명] 어떤 기관이나 단체에서 모든 사무를 관리 · 감독하며 결재함. 또는 그렇게 하는 사람.

졔도국 **총ᄌᆡ** 김윤식 씨가 기로소에 입참ᄒᆞᆫ 고로 〈대한매일1907/08/27〉

ᄒᆡ원 **총ᄌᆡ** 김윤식 씨가 츌셕지 아니홈으로 〈대한매일1908/10/20〉

표훈원 **총ᄌᆡ** 죠희연 씨가 이 일을 경영ᄒᆞ기 위ᄒᆞ여 〈대한매일1909/11/11〉

총ᄌᆡᄂᆞᆫ 민영린 씨로 부총ᄌᆡᄂᆞᆫ 리긔동 씨로 션뎡ᄒᆞ고 〈대한매일1910/05/03〉

토디 됴사국 **총ᄌᆡ**가 디방 토디 됴사 위원회에 무러 사실ᄒᆞ여 뎡ᄒᆞ고 〈경향보감4:284〉

판서 判書【판셔】

[명] 조선 시대에 둔, 육조의 으뜸 벼슬.

젼 **판셔** 리용직 씨 집에ᄂᆞᆫ 〈대한매일1909/01/17〉

형조 **판셔**ᄂᆞᆫ 친쳑인 고로 친히 형벌ᄒᆞ지 아니ᄒᆞ고 〈기해일기83a〉

소안동 셔 **판셔** 집으로 쑥 들어가 〈빈상설101〉

셔 **판셔** ᄂᆡ외가 작고ᄒᆞ기 젼에 〈빈상설172〉

리 **판셔**가 그 부인의 모냥을 보더니 〈치악산上38〉

후작 侯爵【후작, 후쟉】

명 다섯 등급으로 나눈 귀족의 작위 가운데 둘째 작위. 또는 그 작위에 있는 사람. 공작의 아래, 백작의 위이다.

통감부에셔 이등 **후쟉**과 참졍 대신 박졔슌 씨와 〈경향신문1906/11/02〉

작일 오후에 이등 **후쟉**이 환임ᄒᆞ엿고 〈경향신문1907/03/22〉

教育

강습하다 講習-- 【강습ᄒᆞ다】

동 일정 기간 동안 학문, 기예, 실무 따위를 배우고 익히도록 지도하다.

쟝군이라 ᄒᆞᄂᆞᆫ 사ᄅᆞᆷ이 이 굴에셔 병법을 **강습ᄒᆞ다가** 〈대한매일1908/02/26〉

지원쟈를 모집ᄒᆞ야 **강습케** ᄒᆞ라 ᄒᆞ엿다더라 〈대한매일1910/06/28〉

내가 다만 ᄌᆞ긔의 지혜만 밋고 셩경을 **강습ᄒᆞ엿ᄉᆞ오니** 〈신학월보7:72〉

강습소 講習所 【강습소】

명 일정 기간 동안 학문, 기예, 실무 따위를 배우고 익히도록 지도하는 곳.

황후폐하ᄭᅴ셔 **강습소**에 쓰실 일어독본 〈대한매일1908/04/16〉

ᄉᆞ범 **강습소**ᄅᆞᆯ 셜립ᄒᆞ고 〈대한매일1908/12/10〉

별슌사가 지작일에 공업 **강습소** 정황을 시찰ᄒᆞ엿다더라 〈대한매일1909/07/02〉

한어와 일어 **강습소**를 셜시ᄒᆞ고 〈대한매일1909/11/25〉

그 고을 안에 법률 **강습소**를 셜립ᄒᆞ고 〈대한매일1910/01/26〉

대셩학교 안에 하긔 **강습소**를 셜립ᄒᆞᆫ다 ᄒᆞᆷ은 〈대한매일1910/06/01〉

졍리ᄉᆞ 하긔 **강습소**를 함흥군에 셜시ᄒᆞᆫ다더니 〈대한매일1910/06/28〉

격물학 格物學【격물학】

명 주자학에서, 사물의 이치를 연구하여 끝까지 따지고 파고들어 궁극에 도달함을 이르는 말.

평양서 **격물학** 학당을 설시하기 원한 자들에 〈신학월보3:242〉

셩리학과 **격물학**과 텬문과 디리는 〈신학월보7:87〉

또 북경셔 가져온 **격물학**과 산슐과 〈경향보감1:32〉

격물학과 박물학과 텬쥬학이 〈경향보감1:395〉

고등학교 高等學校【고등학교】

명 중학교를 졸업한 사람에게 고등 보통 교육과 실업 교육을 베푸는 학교.

관립 한셩 **고등학교** 〈대한매일1907/07/02〉

본월 구일에 **고등학교**의 졸업식을 거힝ᄒᆞᆫ다더라 〈대한매일1907/07/05〉

관립 한셩 ᄉᆞ범학교와 **고등학교**와 외국어학교와 〈대한매일1909/10/15〉

심상학교와 즁학교와 **고등학고**와 대학교ㅣ라 〈경향신문1907/01/04〉

학교로 말ᄒᆞ면 교회 대학교나 **고등학교**라는 뜻은 아니라 〈신학월보5:6〉

공부 工夫【공부】

명 학문이나 기술을 배우고 익힘.

신문이라는 것이 새로 알고져 ᄒᆞ는 공부에 ᄒᆞᆫ 가지가 되ᄂᆞ이다 〈대한매일 1908/03/10〉

아ᄃᆞᆯ을 글방에 보내여 공부ᄅᆞᆯ 식힐 제 〈대한매일1908/06/05〉

변변찬은 더 공부로 졸업힛소 〈대한매일1909/07/02〉

션ᄇᆡ 공부에만 골몰ᄒᆞ더니 〈경향보감1:367〉

너희 모든 공부ㅣ 다 무익ᄒᆞ게 되리라 ᄒᆞ시고 〈경향보감2:123〉

아모조록 남보다 공부를 잘ᄒᆞ야 〈은세계615〉

남의 자식을 길러 공부를 시키려고 〈혈의루48〉

몃 ᄒᆡ든지 공부를 더 심써 ᄒᆞ야 〈혈의루85〉

교감 校監【교감】

명 학교장을 도와서 학교의 일을 관리하거나 수행하는 직책. 또는 그런 사람.

교감 박진원 씨와 〈대한매일1908/08/05〉

그 학교 교감 김언승 씨는 답ᄉᆞ를 ᄒᆞ엿다더라 〈대한매일1910/04/09〉

교감 엄관셥 씨는 십 환식 긔부ᄒᆞ고 〈대한매일1910/05/29〉

쥬일 학교부에셔 션뎡ᄒᆞᆫ 교감을 가랍ᄒᆞ거나 부랍ᄒᆞ며 〈신학월보6:28〉

쥬일 학교 훈쟝(교감)을 계삭회에셔 턱뎡ᄒᆞ는 권리가 업고 〈신학월보6:75〉

교과 教科【교과】

명 학교에서 교육의 목적에 맞게 가르쳐야 할 내용을 계통적으로 짜 놓은 일정한 분야.

교과가 완젼치 못ᄒᆞ야 〈대한매일1908/01/14〉

교과ᄂᆞᆫ 한문과 일어요 〈경향신문1907/05/03〉

불가불 ᄌᆞ국 **교과**를 힘써야 되겟다 ᄒᆞᆸ니다 〈자유종10〉

초등 **교과**가 ᄉᆡ부랑 호미와 낫이오 〈자유종31〉

교과서 敎科書【교과셔】

명 학교에서 교육 과정에 따라 주된 교재로 사용하기 위하여 편찬한 책.

지금 시ᄃᆡ에 뎍당한 **교과셔**를 졔술ᄒᆞ야 검뎡ᄒᆞᆯ ᄎᆞ로 〈대한매일1909/01/17〉

학부에셔 새로 발간ᄒᆞᆫ **교과셔**에 쓸 모든 새 ᄎᆡᆨ을 참고ᄒᆞᆯ ᄎᆞ로 〈대한매일1909/06/10〉

기외에 각죵 **교과셔**가 모다 이 모양이어ᄂᆞᆯ 〈대한매일1910/01/11〉

아모 완젼히 뎡ᄒᆞᆫ **교과셔**가 업고 〈대한매일1910/01/11〉

교회의 확뎡ᄒᆞᆫ **교과셔**를 쓰ᄂᆞ뇨 〈신학월보6:32〉

어셔어셔 잡지도 발간 **교과셔**도 지어셔 〈자유종22〉

교육 敎育【교육】

명 지식과 기술 따위를 가르치며 인격을 길러 줌.

녀ᄌᆞ **교육**을 일신 확쟝케 ᄒᆞᆫ다더라 〈대한매일1907/08/20〉

죵현텬쥬교당에셔 학교를 셜립ᄒᆞ고 **교육**을 발달ᄒᆞᆫ 터인ᄃᆡ 〈대한매일1908/01/04〉

영유군슈 박용관 씨가 **교육**에 열심ᄒᆞᄂᆞᆫ 고로 〈대한매일1908/01/14〉

그 **교육**을 밧은 ᄌᆞ식 완젼ᄒᆞᆯ 리 만무ᄒᆞ다 〈대한매일1909/03/24〉

농리학 農理學【농리학】

명 농사짓는 이치를 연구하는 학문.

농리학 샹무학을 젼문과로 ᄇᆡ호게 ᄒᆞ면 〈신학월보2:322〉

농학 農學【농학】

명 농업에 관한 생산 기술, 경제의 원리 및 그 실제적인 응용에 대하여 연구하는 학문.

샹학 의학 **농학** 등 각 과졍을 셜치ᄒᆞ고 〈대한매일1910/01/09〉

박물학과 화학과 **농학**과 긔계학과 력ᄉᆞ에 련숙ᄒᆞᆫ 박ᄉᆞㅣ니 〈신학월보1:155〉

담임 擔任【담임】

명 어떤 학급이나 학년 따위를 책임지고 맡아봄. 또는 그런 사람.

각 디방 쥬학 학당 **담임**은 노불 쟝로ᄉᆞ 부인이오 〈신학월보5:103〉

평양 셔쪽 구역 젼도 ᄉᆞ무 **담임**은 무어 목ᄉᆞ 부인이오 〈신학월보5:104〉

대학교 大學校【대학교, ᄃᆡ학교】

명 고등 교육을 베푸는 교육 기관.

광동에 ᄒᆞᆫ 쳐소를 엇어셔 **대학교**를 지으며 〈대한매일1905/01/21〉

쇼학교 즁학교 **대학교**를 셜립코져 ᄒᆞ리니 〈대한매일1908/04/24〉

일본 경도 **대학교** 츌신 이십 명은 〈대한매일1910/05/29〉

대학교를 평양에 셜립홀 뜻스르 진슐ᄒᆞ매 〈신학월보5:99〉

법국 파리 대학교에셔 토론회를 열믜 〈자유종5〉

도서관 圖書館【도셔관】

명 온갖 종류의 도서, 문서, 기록, 출판물 따위의 자료를 모아 두고 일반이 볼 수 있도록 한 시설.

일본 민단에셔는 도셔관을 셜립홀 계획으로 〈대한매일1910/02/23〉

무관학교 武官學校【무관학교】

명 대한 제국 때에, 육군의 사관을 양성하던 학교. 건양 1년(1896)에 설치하여 융희 3년(1909)에 없앴다.

일젼 토요일에 무관학교에셔 학도시험을 지낸 후에 〈대한매일1908/05/12〉

무관학교 싱도 ᄉᆞ십 명을 류학홀 ᄎᆞ로 일본에 파송홀 터인딕 〈대한매일1909/09/02〉

젼 무관학교에셔 쓰던 긔계 표본을 학부에셔 인계홈은 이믜 게직ᄒᆞ엿거니와 〈대한매일1909/10/15〉

닉부 위싱국 시험실은 이젼 무관학교로 이ᄉᆞ혼다는딕 〈대한매일1910/03/10〉

문법 文法【문법, 文法】

명 말의 구성 및 운용상의 규칙. 또는 그것을 연구하는 학문.

문법이 틀니고 〈신학월보1:304〉

죠선 문법으로 나타내여 붉ᄒᆡ 뵈인 연고ㅣ니라 〈경향보감1:85〉

문법에 맛지 아니ᄒᆞᄂᆞᆫ 구절이 만소이다 〈朝鮮文典27〉

그 人民을 어릴 ᄯᅢ붙어 發音홈을 바르게 ᄒᆞ며 國語를 가ᄅᆞ치되 讀本 · 文法 · 字學 · 音韻 · 解式 · 作文 等科를 二三十ᄭᅡ지 줄곳 가ᄅᆞ치며 〈대한국어문법부록 03〉

박물학 博物學【박물ᄒᆞᆨ】

명 동물학, 식물학, 광물학, 지질학을 통틀어 이르는 말. 본디 천연물 전체에 걸친 지식의 기재를 목적으로 하는 학문을 이른다.

박물학과 화학과 농학과 긔계학과 력ᄉᆞ에 련슉ᄒᆞᆫ 박ᄉᆞㅣ니 〈신학월보1:155〉

지금 대한과 ᄀᆞᆺ치 박물학(博物學)이 널니 열지 못ᄒᆞ엿던 고로 〈경향보감1:361〉

박물학과 텬쥬학에 어긋나게 그릇침을 혁파ᄒᆞ기 위ᄒᆞ야 〈경향보감1:379〉

이ᄂᆞᆫ 곳 박물학 ᄯᅳᆺ치 됨이니 〈경향보감1:401〉

우쥬 창조긔와 박물학이 서로 합ᄒᆞ야 맛ᄂᆞᆫ 줄을 ᄇᆞᆰ히 말ᄒᆞᆯ 거시오 〈경향보감2:194-195〉

박사 博士【박ᄉᆞ】

명 대학에서 수여하는 가장 높은 학위. 또는 그 학위를 딴 사람.

의학 박ᄉᆞ 임능쥰 씨가 교육에 열심ᄒᆞᄂᆞᆫᄃᆡ 〈대한매일1907/07/03〉

ᄯᅩ 금년에 문학 박ᄉᆞ가 되엿ᄂᆞᆫᄃᆡ 〈경향보감3:298〉

죵교 박ᄉᆞ들이 하ᄂᆞᆯ을 상고ᄒᆞᆫ 즉 텬문이 ᄉᆡᆼ겨나고 〈신학월보5:9〉

쳘학 박ᄉᆞ의 말에 ᄎᆞ라리 제 나라 민족에 노례가 세세로 될지언뎡 〈자유종31〉

보통학교 普通學校【보통학교】

명 일제 강점기에, 우리나라 사람들에게 초등 교육을 하던 학교.

장련군 공립 **보통학교** 부교원 죠용구 씨가 〈대한매일1907/12/08〉

공립 울산 **보통학교**에셔는 〈대한매일1908/03/19〉

홍쥬군 **보통학교**를 시찰ᄒᆞᆯ ᄎᆞ로 ᄌᆡ작일에 발졍ᄒᆞ엿다더라 〈대한매일1908/09/10〉

디방에 잇ᄂᆞᆫ 각 **보통학교**를 디방비로 유지ᄒᆞᆯ 방침을 의론ᄒᆞ엿다더라 〈대한매일1909/06/10〉

사립학교 私立學校【ᄉᆞ립학교】

명 개인이나 민간 단체가 설립하여 관리하고 운영하는 학교.

공덕리 **ᄉᆞ립학교**에셔 보통과 뎨일 회 하긔시험을 ᄒᆞ엿ᄂᆞᆫᄃᆡ 〈대한매일1907/08/16〉

각 **ᄉᆞ립학교** 임원들을 쳥ᄒᆞ야 〈대한매일1908/06/11〉

오ᄂᆞᆯ날 **ᄉᆞ립학교**를 간셥ᄒᆞᄂᆞᆫ 즁의를 볼지어다 〈대한매일1909/06/10〉

ᄉᆞ방에셔 관장들이 **ᄉᆞ립학교**에 여러 가지 일을 뭇ᄂᆞᆫ 것이 무ᄉᆞᆷ ᄭᅡᄃᆞᆰ이냐 〈경향보감2:305〉

이 ᄎᆡᆨ들은 일반 **ᄉᆞ립학교**에셔도 당연히 쓸 것이며 〈경향보감3:244〉

ᄉᆞ립학교에 쓸 만ᄒᆞᆫ ᄎᆡᆨ 〈경향브감3:260〉

산학 算學【산학】

명 셈에 관하여 연구하는 학문.

一은 격치학(格致學)과 **ᄉᆞᆫ학**(算學)과 졔조학(制造學)이오 〈신학월보2:377〉

산학은 가감승제를 매우 잘하며 〈신학월보3:185〉

산학 화학 텬문 디리학을 ᄀᆞ라쳐셔 〈신학월보4:494〉

생도 生徒【ᄉᆡᆼ도, 生徒】

명 중등학교 이하의 학생을 이르던 말.

ᄉᆡᆼ도 수십 인을 모집ᄒᆞ여 열심 교육ᄒᆞ더니 〈대한매일1908/02/26〉

각 관립학교 ᄉᆡᆼ도들은 남대문 밧 뎡거장에 가셔 환영ᄒᆞ라고 지휘ᄒᆞ엿다더라 〈대한매일1908/04/16〉

일반 ᄉᆡᆼ도가 실심 진취ᄒᆞᆯ ᄲᅮᆫ더러 〈대한매일1910/01/23〉

복음셩셔 공부ᄒᆞᄂᆞᆫ 학교 ᄉᆡᆼ도들 즁에도 안찰ᄒᆞᄂᆞ니 〈경향보감2:403〉

生徒의 勇武敏活ᄒᆞᆫ 手段을 莫不嘆賞이라 〈경향신문1907/05/24〉

수업 授業【슈업】

명 교사가 학생에게 지식이나 기능을 가르쳐 줌. 또는 그런 일.

동경 조도젼 학교에셔 슈업을 ᄒᆞᄂᆞᆫᄃᆡ 〈치악산下91〉

심상소학교 尋常小學校【심상소학교】

명 일제 강점기에, 초등 교육을 행하던 학교.

옥년이ᄂᆞᆫ 심상소학교 입학ᄒᆞᆫ 지 사 년이라 〈혈의루47〉

그 후에 일본 가셔 심상소학교 졸업ᄶᆞ지 ᄒᆞ얏ᄉᆞᄂᆞ 〈혈의루92〉

여학교 女學校【녀학교】

명 여자만을 가르치는 학교를 통틀어 이르는 말.

실업 학교와 고등 **녀학교**에 시ᄒᆡᆼᄒᆞᆯ 규측은 새로 낫ᄂᆞᆫᄃᆡ 〈경향보감3:324〉

이곳에셔 집을 사고 **녀학교**ᄅᆞᆯ 셜시ᄒᆞ엿ᄂᆞᆫᄃᆡ 〈신학월보1:71〉

회당 압흐로 **녀학교**ᄅᆞᆯ 셜립ᄒᆞᆯ ᄎᆞ로 륙 간을 지엿ᄂᆞ이다 〈신학월보1:351〉

대한 전국에 **녀학교**가 졈졈 발달ᄒᆞ여 가위 문명국이라 닐ᄏᆞᄅᆞᆯ지니 〈신학월보2:490〉

평양 남산현 회당에 쇽ᄒᆞᆫ **녀학교**ᄂᆞᆫ 학도가 四十 명이요 〈신학월보3:210〉

녀학교를 셜시ᄒᆞ야 학도가 십ᄋᆢ 명인대 〈신학월보3:440〉

외국어학교 外國語學校【외국어학교】

명 외국어를 전문으로 가르치는 학교.

외국어학교ᄅᆞᆯ 명년도에ᄂᆞᆫ 일ᄎᆞᆼ 확쟝ᄒᆞᆯ 계획이라ᄂᆞᆫᄃᆡ 〈대한매일1908/07/23〉

고등학교와 **외국어학교**의 졸업ᄉᆡᆼ은 시험을 아니ᄒᆞ고 〈대한매일1910/04/09〉

우등생 優等生【우등ᄉᆡᆼ】

명 성적이 우수한 학생.

갑반 **우등ᄉᆡᆼ**에 ᄇᆡᆨ경샹 쟝문화 등 십ᄉᆞ 인은 졸업증셔를 주고 〈대한매일1908/01/04〉

우등ᄉᆡᆼ 림하영이오 〈대한매일1909/01/17〉

졸업식을 지ᄂᆡ엿ᄂᆞᆫᄃᆡ **우등ᄉᆡᆼ**은 쟝진원이오 〈대한매일1910/04/01〉

학교에셔 옥년이가 **우등ᄉᆡᆼ**이 ᄃᆡᆫ 고로 〈혈의루47-48〉

유치원 幼稚園【유치원】

명 학령이 안 된 어린이의 심신 발달을 위한 교육 시설.

밀양군 시의소 안에 **유치원**을 셜립ᄒᆞ고 〈대한매일1910/04/01〉

유치원과 쇼학교 十 좌와 신픔학교 二 좌와 〈경향보감4:155〉

유학 留學【류학】

명 외국에 머물면서 공부함.

황태ᄌᆞ의 **류학** 〈대한매일1907/08/09〉

미국 **류학** 졸업ᄉᆡᆼ 왕춍혜와 엄금영과 〈경향신문1907/03/29〉

학ᄉᆡᆼ으로 **류학** 가는 사람이요 〈송뢰금2〉

유학생 留學生【류학ᄉᆡᆼ, 留學生】

명 외국에 머물면서 공부하는 학생.

일본 **류학ᄉᆡᆼ**을 감독ᄒᆞ던 한치유 씨가 〈대한매일1907/07/16〉

일본 **류학ᄉᆡᆼ** 제씨가 하긔 휴학ᄒᆞᆫ 후에 귀국ᄒᆞ엿다가 〈대한매일1907/09/01〉

류학ᄉᆡᆼ 즁에 박용태 박졔근 진지믁 쟝연쥰 졔씨 등을 ᄃᆞ리고 갓다더라 〈대한매일1907/12/15〉

일본 **류학ᄉᆡᆼ** 농학 졸업ᄉᆡᆼ 심샹쥰 씨 등 ᄉᆞ 인을 강ᄉᆞ로 고빙ᄒᆞ고 〈대한매일1908/09/15〉

일본 **류학ᄉᆡᆼ** 윤우병 씨가 입셩ᄒᆞ엿다는 말이 잇다는ᄃᆡ 〈대한매일1910/01/09〉

敬啓者ㅣ 近閱京鄕新聞則論日本 **留學生** 斷指情境이온 바 一則驚矣慘矣오 二則奇哉偉哉ᄒᆞ야 擎讀未半에 感淚迸出이라 〈경향신문1907/03/15〉

지금 청국 물론이 일본 **류학싱**브다 셔양과 미국 **류학싱**을 더 됴케 넉이는 ᄆᆞ음이라더라 〈경향신문1907/03/29〉

유학하다 留學-- 【류학ᄒᆞ다】

동 외국에 머물면서 공부하다.

면면히를 히외에셔 **류학ᄒᆞ**는 뎌 동포는 〈대한매일1908/05/16〉

일본 동경에 **류학ᄒᆞ다**가 근친 ᄎᆞ로 환국ᄒᆞ야 〈대한매일1908/09/17〉

젼군슈 채범셕 씨는 히삼위에 **류학ᄒᆞᆯ** ᄎᆞ로 갓다가 〈대한매일1909/07/21〉

외국에 **류학ᄒᆞᆫ** 디 디ᄒᆞ야 〈경향보감3:12〉

너의 아바지가 일본 **류학ᄒᆞ실** 새에 〈송뢰금3〉

남편 김씨가 외국으로 **류학ᄒᆞ러** 갓다는 말을 듯고 〈혈의루31〉

입학 入學 【입학】

명 학교에 들어가 학생이 됨.

작일 상오 십시에 **입학** 시험을 지닉엿는딕 〈대한매일1910/04/09〉

입학을 허락ᄒᆞ엿더라 〈경향신문1907/03/29〉

入學 **입학**을 連讀ᄒᆞ면 이팍이요 〈대한국어문법58〉

제조학 製造學 【졔조학】

명 원료에 인공을 가해 제품을 만드는 데 관한 학문.

一은 격치학(格致學)과 산학(算學)과 **제조학**(制造學)이오 〈신학월보2:377〉

장식가의 **제조학**과 도화학이며 〈신학월보2:322〉

졸업 卒業【졸업】

명 학생이 규정에 따라 소정의 교과 과정을 마침.

그 학도의 졸업은 일개월노 뎡ᄒᆞ야 〈대한매일1908/03/01〉

뎨일회 이회 졸업 시험을 거힝ᄒᆞ엿는ᄃᆡ 〈대한매일1908/06/05〉

졔씨는 거번 졸업 시험에 졸업ᄒᆞ고 〈대한매일1910/03/20〉

대학교 졸업 증셔가 잇스면 일졀 슈용ᄒᆞ기로 ᄒᆞ엿스니 〈경향보감3:11〉

졸업 긔한이 ᄎᆞ기로 십월 륙일 그 학교에셔 시험ᄒᆞ고 〈경향신문1906/10/19〉

졸업생 卒業生【졸업ᄉᆡᆼ】

명 규정에 따라 소정의 교과 과정을 마친 사람.

보셩젼문학교의 경제과 졸업ᄉᆡᆼ 신규션 씨가 탁지부 쥬ᄉᆞ를 셔임ᄒᆞ엿다더라 〈대한매일1907/09/01〉

법관 양셩소 졸업ᄉᆡᆼ들만 방텽ᄒᆞ기를 허락ᄒᆞ엿다더라 〈대한매일1908/04/16〉

변호ᄉᆞ 시험을 법률 졸업ᄉᆡᆼ으로 시취ᄒᆞᆫ다더니 〈대한매일1908/06/07〉

각 학교 졸업ᄉᆡᆼ을 볼진ᄃᆡ 〈대한매일1908/09/10〉

외국인이나 본국 공ᄉᆞ립 측량 학교 졸업ᄉᆡᆼ이면 다 ᄒᆞᄂᆞ니라 〈경향보감2:340〉

일쳔 구ᄇᆡᆨ 오십 삼명의 대학 졸업ᄉᆡᆼ이 그 번화ᄒᆞ고 살기 됴ᄒᆞᆫ 곳을 ᄯᅥ나 〈신학월보2:251〉

졸업식 卒業式【졸업식】

명 졸업장을 수여하는 의식.

ᄉᆞ립 필운학교에셔 일어 야학과 **졸업식**을 지ᄂᆡ엿ᄂᆞᆫᄃᆡ 〈대한매일1910/04/01〉

그 학교 **졸업식**에 참례ᄒᆞᆫ 제씨의게 ᄒᆞᆫ 벌식 주엇다더라 〈대한매일1910/04/01〉

옥년의 **졸업식**을 당ᄒᆞ야 〈혈의루47〉

졸업식에 모인 사ᄅᆞᆷ들이 옥년이 ᄌᆡ죠 잇ᄂᆞᆫ 것을 추다가 〈혈의루48〉

심상소학교에셔 공부ᄒᆞ고 어제가 **졸업식** ᄒᆞ던 ᄂᆞᆯ이오 〈혈의루60〉

학과 學科 【학과】

명 교수 또는 연구의 편의를 위하여 구분한 학술의 분과.

스사로 **학과**를 마련하야 수학을 공부하며 〈신학월보3:530〉

홍뎡식은 **학과**를 졸업ᄒᆞ고 〈치악산下91〉

학원 學員 【학원】

명 공부하는 인원.

대동긔슉관에셔 류슉ᄒᆞᄂᆞᆫ **학운**들이 방이 치워 견딜 수 업다 ᄒᆞ야 〈대한매일1907/12/15〉

학원이 륙십여 명에 달ᄒᆞ야 〈대한매일1908/08/05〉

측량학교를 셜립ᄒᆞ고 **학원** ᄉᆞ십 명을 모집ᄒᆞ야 〈대한매일1908/10/17〉

삼락 학교를 셜시ᄒᆞ고 로동 **학원**을 모집ᄒᆞ여 열심 교육ᄒᆞᄂᆞᆫᄃᆡ 〈대한매일1909/02/07〉

ᄌᆡ작일 만슈셩절에 각 남녀학교 **학원**들이 대한문 압헤 나아가 만셰를 불넛다더라 〈대한매일1909/09/10〉

화학 化學 【화학】

명 자연 과학의 한 분야. 물질의 조성과 구조, 성질 및 변화, 제법, 응용 따위를 연구한다. 무기 화학, 유기 화학, 생물 화학, 물리 화학, 분석 화학, 이론 화학, 응용 화학 따위의 갈래가 있다.

물리학 **화학**을 졸업ᄒᆞ고 와셔 ᄀᆞᄅᆞ칠 뜻으로 일간 일본에 간다더라 〈대한매일1908/07/23〉

박물학과 **화학**과 농학과 긔계학과 력ᄉᆞ에 련슉ᄒᆞᆫ 박ᄉᆞㅣ니 〈신학월보1:155〉

리학가의 격치학과 **화학**이며 〈신학월보2:322〉

텬문 디리 격물 **화학** 등 여러 가지 학문을 ᄇᆡ화 〈경향보감1:1〉

한문이며 신학이며 **화학**이며 물리학이며 텬문이며 타국어학이며 각식 학문을 다 공부ᄒᆞᄂᆞᆫ지라 〈경향신문1907/06/07〉

졍치, 법률, 경졔, 산슐, 물리, **화학**, 농학, 공학, 상학 〈자유종37〉

交 通

교통 交通【교통】

명 탈것을 이용하여 사람이 오고 가는 일이나 짐을 실어 나르는 일.

텰도션이 증가ᄒᆞ여 **교통** 편리ᄒᆞᆫ 듯ᄒᆞ나 〈대한매일1910/03/20〉

이 **교통**은 날마다 번셩ᄒᆞ고 〈대한매일1910/05/29〉

뎐보 우톄 텰도 등 **교통**은 온젼히 군ᄉᆞ상 일이니 〈경향신문1907/06/07〉

ᄌᆞ유 **교통**을 방해ᄒᆞᄂᆞᆫ 모든 포ᄃᆡᄅᆞᆯ 부시고 〈신학월보1:118〉

기선 汽船【긔션】

명 증기 기관의 동력으로 움직이는 배를 통틀어 이르는 말.

시이틀 디방에서 ᄯᅥ나ᄂᆞᆫ **긔션**ᄃᆞᆯ ᄐᆞ고 발졍ᄒᆞᆫ다더라 〈대한매일1907/09/10〉

오ᄇᆡᆨ 돈 이샹 되ᄂᆞᆫ **긔션** 일 쳑ᄋᆞᆯ 준다ᄂᆞᆫᄃᆡ 〈대한매일1909/02/07〉

뉴가쓴에 가ᄂᆞᆫ **긔션** 우쓰트반 호가 잘못 마져 〈대한매일1909/06/25〉

일본 북히도 탄광 **긔션** 회샤에셔 〈경향신문1907/05/10〉

쥬야 운힝ᄒᆞᄂᆞᆫ 긔션과 기타 수다ᄒᆞᆫ 긔계를 ᄉᆡ로 발명ᄒᆞ야 〈신학월보1:154〉

기차 汽車【긔차】

명 기관차에 객차나 화물차를 연결하여 궤도 위를 운행하는 차량.

각쳐 **긔차**에셔 슈비병이 톨 ᄯᅢ에ᄂᆞᆫ 〈대한매일1907/08/16〉

경부텰도 **긔차**가 평턱역에셔 ᄯᅥ나 ᄉᆞ십 간을 지날 ᄯᅢ에 〈대한매일1907/09/10〉

초량셔 발ᄒᆞᆫ **긔차**가 태뎐 뎡거쟝 십리허에 잣바졋ᄂᆞᆫᄃᆡ 〈대한매일1907/10/01〉

소를 ᄭᅳ을고 지나가다가 **긔차**에 치여 샹ᄒᆞ엿ᄂᆞᆫᄃᆡ 〈대한매일1907/10/18〉

텰로가 ᄭᅳᆫ허져셔 **긔차**가 통치 못 ᄒᆞᆫ다더라 〈대한매일1908/07/23〉

치카고로브터 태평양 연안에 니르ᄂᆞᆫ **긔차**가 모다 뎡지되ᄆᆡ 〈대한매일1910/03/20〉

남대문 밧 뎡거쟝에셔 **긔차**를 ᄐᆞ고 슈원에 ᄂᆞ려가 〈대한매일1910/07/22〉

수만 리 장로를 순식간에 왕래하는 **긔차**의 힘이 적다할 수 업사나 〈신학월보4:21〉

오ᄂᆞᆯ 식젼 일곱시 십분에 ᄯᅥᄂᆞᄂᆞᆫ **긔차**에 림 공사가 일본 간다고 〈귀의성624〉

긔차 텰로로 향ᄒᆞ야 가ᄂᆞᆫᄃᆡ 〈은세계619〉

ᄯᅩ 일본ᄆᆞᆯ로 작별인ᄉᆞᄒᆞ면셔 **긔차**에 ᄂᆞ려가니 〈혈의루63〉

ᄑᆞᆯᄆᆡ질ᄒᆞ다가 **긔차** 창문을 ᄆᆞᆺ초아 ᄭᅢ쳣다고 〈경향신문1906/12/21〉

긔차가 온다 〈국어독본39〉

마차 馬車【마챠】

명 말이 끄는 수레.

교주와 **마챠**가 쌍쌍히 늘어씨셔 젼후좌우에 호위ᄒᆞ고 〈신학월보3:101〉

비행선 飛行船【비ᄒᆡᆼ션】

명 큰 기구 속에 공기보다 가벼운 헬륨이나 수소 따위의 기체를 넣고 그 뜨는 힘을 이용하여 기관의 조종으로 공중을 날아다니도록 만든 항공기.

법국에셔 ᄂᆞ라간 **비ᄒᆡᆼ션**은 영국 스코트란드 히변으로 ᄂᆞ라간 거슬 알앗다더라 〈대한매일1907/12/08〉

비ᄒᆡᆼ션을 졔조ᄒᆞ야 향쟈에 비ᄒᆡᆼ션 긔사식을 거ᄒᆡᆼᄒᆞ고 〈대한매일1910/06/28〉

빙표 憑票【빙표】

명 여행 허가증.

빙표를 방매ᄒᆞᆫ 갑시 이쳔오ᄇᆡᆨ십일 원이 되엿다더라 〈대한매일1908/04/09〉

예수 밋ᄂᆞᆫ ᄋᆞ히 **빙표** 하나 엇어 달나ᄒᆞ야 가지고 〈신학월보1:400〉

선장 船長【션쟝】

명 배의 항해와 배 안의 모든 사무를 책임지고 선원들을 통솔하는 최고 책임자.

션쟝이 ᄲᅡ져 죽고 그 외에 알 수 업다더라 〈대한매일1910/05/13〉

새 신부 안드릐아가 ᄇᆡ에 닉지 못ᄒᆞ나 **션쟝**이 되고 〈경향보감4:287〉

슈ᄇᆡᆨ 명 즁에 삼사 명이 겨오 살고 션장 이하가 다 물귀신이 되엿다 〈빈상설965〉

윤거 輪車【륜거】

명 바퀴 달린 수레라는 뜻으로, 자동차나 기차를 이르는 말.

륜션과 **륜거**들이 파쇄ᄒᆞ여지고 〈경향신문1906/11/02〉

ᄒᆞᆫ 사ᄅᆞᆷ은 **륜거**에 치여 죽엇다더라 〈경향신문1907/06/07〉

륜션과 **륜거**ᄂᆞᆫ ᄆᆡ우 무거온 거시로되 〈신학월보1:491〉

륜션 **륜거**를 통용ᄒᆞ고 디리를 잘 ᄉᆞᆯ펴 셕유를 치용ᄒᆞ고 〈신학월보5:222〉

윤선 輪船【륜션】

명 증기 기관의 동력으로 움직이는 배를 통틀어 이르는 말.

이십일 졍오에 인쳔항에셔 **륜션**을 ᄐᆞ시고 〈대한매일1907/10/20〉

이제 긔챠와 **륜션**이 그 졔도의 굉장ᄒᆞᆷ과 〈대한매일1907/11/16〉

륜션을 일본 대판 조션소로 구ᄒᆞ야 〈대한매일1909/02/07〉

륜션에 폭발약이 터져셔 그 ᄇᆡᄂᆞᆫ 침몰되고 〈대한매일1910/04/09〉

륜션이 서로 부딋침 〈경향신문1907/01/25〉

륜션이 자죠 드러오니 〈송뢰금1〉

죠션환이란 **륜션**이 신호항에 도착ᄒᆞ야 〈송뢰금3〉

인쳔셔 **륜션**을 타니 〈혈의루34〉

인력거 人力車【인력거】

명 사람이 끄는, 바퀴가 두 개 달린 수레.

인력거 삭은 리수와 거리를 좇ᄎ 균일ᄒ게 일정ᄒ엿스면 〈대한매일1907/05/23〉

인력거에 놉히 안져 〈대한매일1908/09/17〉

소관 쟝닉에 잇ᄂ 인력거롤 모ᄒ고 〈대한매일1909/10/03〉

인력거의셔 써러진 녀편네의거 불안ᄒ고 가이업ᄂ 마음이 싱겨셔 〈귀의성559〉

인력거를 타고 은져서 셔으로 기운 히를 처어다보며 〈귀의성1362〉

살죽경 쓰고 인력거나 자힝거 ᄐ고 〈금수회의록64〉

하로는 대문 밧게셔 인력거 소리가 뚤뚤 나며 〈치악산下94〉

자행거 自行車【자힝거】

명 사람이 타고 앉아 두 다리의 힘으로 바퀴를 돌려서 가게 된 탈것.

살죽경 쓰고 인력거나 자힝거 타고 〈금수회의록64〉

전선 全線【뎐션】

명 철도 따위의 모든 선로(線路).

쳘령과 원산간에 뎐션을 셜시 ᄒ로 뎐한목홀 나무를 작벌ᄒ기를 독촉ᄒ기에 외부로 뎐보ᄒ엿더니 〈대한매일1904/09/05〉

ᄯ 뎐션을 가셜ᄒ며 도로를 슈츅ᄒ야 〈대한매일1904/09/05〉

태뎐 뎡거장에서 은진 강경포ᄭ지 뎐션을 셜치ᄒᄂ딕 〈대한매일1908/11/25〉

정거장 停車場【뎡거쟝】

명 버스나 열차가 일정하게 머무르도록 정하여진 장소.

슈원군 남방 썩젼거리 **뎡거쟝** 근쳐에 한인 수뵉 명이 모혓는뒤 〈대한매일1907/09/06〉

그 **뎡거쟝** 근쳐에 잇는 부녀들은 만히 피란ᄒᆞ엿고 〈대한매일1907/09/18〉

남문 밧 **뎡거쟝**에셔 텰로로 인쳔에 ᄂᆞ려가 〈경향신문1907/08/16〉

찬목 **뎡거쟝**ᄭᆞ지 가는 긔차표를 사셔 〈혈의루5〉

철도 鐵道【텰도, 쳘도, 쳘도, 鐵道】

명 침목 위에 철제의 궤도를 설치하고, 그 위로 차량을 운전하여 여객과 화물을 운송하는 시설.

경부 **텰도**로 발힝ᄒᆞ여 귀국ᄒᆞ는뒤 〈대한매일1907/09/18〉

본일에 경인 **텰도**로 샹경ᄒᆞ엿다더라 〈대한매일1907/09/27〉

작일에 경인 **텰도**를 ᄐᆞ고 다수히 ᄂᆞ려갓다더라 〈대한매일1908/04/16〉

호남 **텰도** 회사 ᄉᆞ건을 지금 됴사ᄒᆞ는 즁이라더라 〈대한매일1909/05/25〉

텰도 관리국에셔는 신의쥬ᄭᆞ지 졉뒤위원을 파송ᄒᆞᆫ다더라 〈대한매일1910/04/09〉

구쥬 **텰도**는 물화 슈운을 뎡지ᄒᆞ고 〈경향신문1907/02/21〉

눈을 ᄶᅡᆨ 감고 **텰도**로 내리쒸니 〈은세계629〉

젼긔 **철도**에 가셔 치여 쥭을 작정으로 경셩창고 회사 압헤 나아가셔 〈귀의성555〉

이 **철도**는 다힝이 대한 국닉에 이러ᄒᆞᆫ 업에 웃듬되는 영광을 가졋는뒤 〈신학월보1:57〉

철도 셜시홈은 ᄒᆡ마다 진보가 되겟ᄉᆞ니 〈신학월보1:58〉

鐵道는 漢城을 中心으로 定ᄒᆞ고 三路로 通ᄒᆞ얏스며 〈국어독본6:41〉

該地는 鐵道 沿邊에 잇고 〈국어독본8:16〉

철로 鐵路【텰로】

명 침목 위에 철제의 궤도를 설치하고, 그 위로 차량을 운전하여 여객과 화물을 운송하는 시설.

도독부에셔 만쥬 **텰로**의 청구홈을 밧은 고로 〈대한매일1907/08/16〉

ᄌ작일에 인쳔 **텰로**로 ᄂ려가셔 륜션을 ᄐ고 발힝ᄒ엿다더라 〈대한매일1907/12/08〉

경의 **텰로**에 든 뎐답 〈경향신문1906/11/19〉

풍범선 風帆船【풍범션】

명 돛을 달고 바람을 받아서 가는 배.

ᄇ 탓든 사ᄅᆷ들은 청국 **풍범션** 삼 쳑에 분ᄇᄒ야 옴겨 ᄐ우고 ᄒ방식혓다 ᄒ엿더라 〈대한매일1904/09/C5〉

그 ᄶᅢ의 배는 **풍범션**이니 〈신학월보4:186〉

화륜거 火輪車【화륜거】

명 기관차에 객차나 화물차를 연결하여 궤도 위를 운행하는 차량.

화륜거에 치여 죽음 〈경향신문1907/07/29〉

즉금에 텰도가 잇셔 **화륜거**로 왕ᄅᄒᄂ니라 〈신학월보2:162〉

바울이 뒤에 **화륜거**와 ᄀ흔 권능이 잇서 힘써 젼도ᄒ엿ᄂ니라 〈신학월보5:203〉

화륜선 火輪船【화륜션】

명 증기 기관의 동력으로 움직이는 배를 통틀어 이르는 말.

> **화륜션** 한 척이 쳔셩면 군긔고 압헤 도박ᄒᆞ고 〈대한매일1905/02/13〉
>
> 젹은 **화륜션**을 타고 가다가 파션ᄒᆞ야 〈경향신문1906/12/14〉
>
> ᄐᆡ평양 너른 물에 크고 큰 **화륜션**이 살가듯 써나가ᄂᆞᆫᄃᆡ 〈은세계554〉
>
> 활살갓치 밤낫업시 다라ᄂᆞᆫ **화륜션**이 ᄉᆞᆷ 쥬일문에 상항에 이르러 닷출 쥬니 이곳부터 미국이라 〈혈의루65〉

軍事

결사대 決死隊 【결ᄉᆞᄃᆡ】

명 죽기를 각오하고 있는 힘을 다할 것을 결심한 사람으로 이루어진 부대나 무리.

약현에 잇던 집은 결ᄉᆞᄃᆡ의게 츙화를 당ᄒᆞ고 〈대한매일1907/09/18〉

결ᄉᆞᄃᆡ야 결ᄉᆞᄃᆡ야 〈대한매일1908/07/09〉

일견에 결ᄉᆞᄃᆡ 평의회에셔 리 씨의게 정부대신 총ᄉᆞ직 ᄉᆞ건을 질문ᄒᆞ고 〈대한매일1908/09/12〉

또 결ᄉᆞᄃᆡ를 모화 그 ᄃᆡ방에 잇ᄂᆞᆫ 일인을 쳐 죽이려 ᄒᆞ니 〈경향신문1907/08/02〉

군대 軍隊 【군대, 군ᄃᆡ】

명 일정한 규율과 질서를 가지고 조직된 군인의 집단.

군ᄃᆡ와 밋 함ᄃᆡ에 ᄃᆡᄒᆞ야 〈대한매일1905/01/26〉

수다ᄒᆞᆫ 군대를 쥬둔ᄒᆞ야 전국의 수족을 더욱 결박ᄒᆞ고 〈대한매일1907/07/02〉

후일 일본이 다른 나라ᄒᆞ고 ᄊᆞ호ᄂᆞᆫ ᄃᆡ 유조ᄒᆞᆯ **군ᄃᆡ**를 이루고져 ᄒᆞᆷ이로다 〈대한매일1907/07/13〉

군ᄃᆡ가 려쥬군으로 향ᄒᆞ다가 〈대한매일1907/10/01〉

인ᄒᆞ여 아라ᄉᆞ **군ᄃᆡ**의 렬립ᄒᆞᆫ 뒤흐로 나가셔 〈대한매일1910/02/13〉

영국 대쟝 ᄶᅡ덴을 고용ᄒᆞ야 **군ᄃᆡ**ᄅᆞᆯ 편졔ᄒᆞ고 〈신학월보1:19〉

군ᄃᆡ ᄒᆡ산과 한국 관리ᄅᆞᆯ 일인으로셔 임ᄒᆞᄂᆞᆫ ᄃᆡ ᄃᆡᄒᆞ야 〈경향신문1907/10/11〉

군대를 니라키며 병선을 파송하야 〈신학월보4:107〉

군부 軍部【군부】

명 군사에 관한 일을 총괄하여 맡아보는 군의 수뇌부. 또는 그것을 중심으로 한 세력.

군부에셔 군ᄋᆡᆨ은 졈 줄이면셔 〈대한매일1907/07/02〉

위관 중에 십륙인은 **군부**에셔 면관주본ᄒᆞ기로 ᄂᆡ국에 청의ᄒᆞ엿ᄂᆞᆫᄃᆡ 〈대한매일1907/08/16〉

올나와셔 군물 ᄲᆡ앗긴 ᄉᆞ건을 **군부**에 보고ᄒᆞ엿다더라 〈대한매일1907/08/27〉

군부와 한셩부를 폐지ᄒᆞᆫ다ᄂᆞᆫ 말도 랑쟈ᄒᆞ다 ᄒᆞ니 〈대한매일1907/10/15〉

훈련원을 삼일 동안만 빌니라고 **군부**에 청원ᄒᆞ엿다더라 〈대한매일1909/03/24〉

그 ᄯᅢ 미국 **군부** 셔긔관 다프드 씨가 일본에 유람ᄒᆞ며 〈경향신문1907/08/09〉

군부에 대포가 가득ᄒᆞ고 탁지에 금젼이 가득ᄒᆞ고 〈자유종15〉

군용지 軍用地【군용디】

명 군사적 목적으로 쓰는 땅.

인민의 분묘와 가옥과 뎐토가 일제히 **군용디**에 드러간 일에 ᄃᆡᄒᆞ야 〈대한매일1907/07/16〉

토디가 몰수히 **군용디**로 드러가셔 건츅ᄒᆞᆯ 긔디가 업ᄂᆞᆫ지라 〈대한매일1907/09/01〉

진힘만 **군용디** 됴사ᄒᆞᆯ ᄯᅢ에 공로가 잇다 ᄒᆞ야 〈대한매일1908/04/02〉

군용디는 무슨 ᄯᅡ흘 닐ᄋᆞᆷ이뇨 〈경향보감4:37〉

이번에 **군용디** 텰도디를 됴사ᄒᆞ야 디경을 뎡ᄒᆞᆫ 외에 〈경향신문1907/04/26〉

ᄇᆡᆨ셩의 ᄯᅡ히나 집이나 **군용디**라 텰도라 ᄒᆞ며 ᄉᆞᄉᆞ리를 위ᄒᆞ야 ᄲᅢ앗고 〈경향신문1907/08/23〉

군함 軍艦【군함】

명 해군에 소속하여 군사 목적으로 사용하는 배.

일본인 ᄉᆞ원ᄉᆞ령관이 립치 **군함**을 거ᄂᆞ리고 셩진항에 도챡ᄒᆞ엿다 ᄒᆞ고 〈대한매일1907/08/20〉

대황뎨 폐하ᄭᅴ셔 일본 **군함**으로 드러가시ᄂᆞᆫ 거슬 보고 〈대한매일1909/01/17〉

북미국 가나다에셔ᄂᆞᆫ **군함**을 만히 졔조ᄒᆞ려 ᄒᆞᆫ다더라 〈대한매일1909/10/15〉

이제 미국 **군함**의 군박ᄒᆞᆫ ᄇᆡ 되여 감히 횡횡치 못ᄒᆞ더라 〈대한매일1910/02/13〉

바회에 걸닌 **군함**은 아조 침몰ᄒᆞ여 돗ᄃᆡ만 물 우헤 뵈이고 〈대한매일1910/08/26〉

일본 군함이 미구에 법국 모든 항구를 륜시ᄒᆞ겟다더라 〈경향신문1907/03/15〉

ᄌᆞ긔는 군함의 웃듬 신부인 즉 〈경향보감2:283〉

방포 放砲【방포】

명 군중(軍中)의 호령으로 포나 총을 쏘는 일.

연긔 업ᄂᆞᆫ 화약으로 방포를 시험ᄒᆞᄂᆞᆫᄃᆡ 〈대한매일1908/03/19〉

남산 ᄭᅩᆨ닥이에다 대포를 옴겨 오시 방포를 ᄒᆞ겟다더라〈경향신문1907/01/11〉

병부 兵簿【병부】

명 병사의 이름, 주소 따위를 적어 넣은 명부(名簿).

몸에 병부를 가지고 도주ᄒᆞ엿스니 〈대한매일1908/11/25〉

샹뎨ᄭᅴ셔 주시던 하ᄂᆞᆯ 병부와 칼이라도 〈대한매일1910/01/23〉

병선 兵船【병선, 병션】

명 전쟁에 필요한 장비를 갖춘 배.

군대를 니라키며 병선을 파송하야 〈신학월보4:107〉

법국 병션과 이스바니아 병션이 마로고로 향ᄒᆞ야 가니 〈경향신문1906/12/14〉

병뎡들이 병션 대포의 두호ᄒᆞᆷ을 인ᄒᆞ야 하륙ᄒᆞ엿시나 〈경향신문1907/01/04〉

죠션에로 타국 병션을 불너다가 〈경향보감2:7〉

법국 병션이 이왕에는 동편에로 영화롭게 ᄃᆞ니다가 〈경향보감4:176〉

일아 병션은 영흥만 부근으로 왕릭ᄒᆞ야 원산이 포격된다 〈송뢰금3〉

병정 兵丁【병뎡】

명 병역에 복무하는 장정.

나죵에 일본 병뎡이 와셔 〈대한매일1907/09/01〉

강화군셔 히디ᄒᆞᆫ 병뎡들이 오쳔군 록도에 돌입ᄒᆞ여 〈대한매일1907/09/27〉

근위디 병뎡 이빅명을 파송ᄒᆞ엿다ᄂᆞᆫ디 〈대한매일1907/11/12〉

일본 헌병 분견소쟝이 병뎡 몃십 명을 거ᄂᆞ리고 〈대한매일1907/11/16〉

쟝ᄎᆺ 다수ᄒᆞᆫ 일본 병뎡이 릭도ᄒᆞ야 류쥬ᄒᆞᆯ 터이니 〈경향신문1906/12/21〉

그 병뎡이 발노 차고 손으로 ᄯᅡ려셔 힝악이 무쌍ᄒᆞᆫ지라 〈금수회의록90〉

병졸 兵卒【병졸】

명 하사관 이하의 군인.

한국 쟝교가 칼을 둘너 병졸을 지휘ᄒᆞ미 〈대한매일1907/09/01〉

친위디 병졸 ᄉᆞ 명이 이십칠일브터 괴질을 알ᄂᆞᆫ다더라 〈대한매일1909/09/30〉

일본 쟝교 오 인과 병졸 륙십오 명이 광쥬에 니ᄅᆞ러 〈경향신문1907/08/16〉

병참소 兵站所【병참소】

명 작전에 필요한 인원이나 물자를 수송, 보급, 지원하는 시설이 있는 곳.

쥭산군에 잇ᄂᆞᆫ 일본 병참소에셔 〈대한매일1908/01/04〉

긔어히 각군에 잇는 일 헌병 **병참소**를 습격ᄒᆞ기로 발분ᄒᆞ엿다더라 〈대한매일1909/06/08〉

일본 **병참소**에셔 몰먹이 집과 곡식을 억지로 면ᄂᆡ에 펴노코 〈경향신문1906/10/26〉

보병 步兵【보병】

명 육군의 주력을 이루는 전투 병과.

일본 **보병** 이 명이 〈대한매일1907/09/27〉

당신이 일본 **보병** ᄒᆞ나와 일본 마병 ᄒᆞ나와 아병 ᄒᆞ나흘 보셧더면 〈경향보감3:436〉

경부 슌사 이빅여 명과 **보병** 이 즁ᄃᆡ를 보내여 ᄎᆞᄎᆞ 진뎡이 된다ᄂᆞᆫᄃᆡ 〈경향신문1907/06/07〉

분견소 分遣所【분견소】

명 본래의 소속 부대에서 갈라져 나온 부대.

의병 륙십여 명이 그 곳 헌병 **분견소** 일 헌병과 헌병 보조원으로 더브러 졉전ᄒᆞ엿다 ᄒᆞ고 〈대한매일1909/01/17〉

그 고을 헌병 **분견소**에셔 무솜 ᄉᆞ건을 인홈인지 고 씨를 불너 갓다더라 〈대한매일1910/04/01〉

사령부 司令部【ᄉᆞ령부】

명 임무를 수행하는 데 있어서 지휘를 맡은 기관.

ᄉᆞ령부에 잡혀 갓쳣다더라 〈대한매일1907/08/07〉

일 헌병 **ᄉᆞ령부**에 잡혀 갓다더라 〈대한매일1908/04/16〉

의병장 허위 씨가 헌병 ᄉᆞ령부데 피슈ᄒᆞ엿슬 ᄯᅢ에 〈대한매일1908/07/09〉

일본군 ᄉᆞ령부에셔 뎡심 ᄯᅢ 대포를 놋난ᄃᆡ 〈경향신문1907/01/11〉

상등병 上等兵【상등병, 샹등병】

명 사병 계급의 하나.

의병 ᄉᆞ십 명 가량이 그 고을 일헌병 분견소 **상등병** 일 명과 헌병 보조원 ᄉᆞ 명으로 더브러 졉젼ᄒᆞ엿다 ᄒᆞ고 〈대한매일1909/09/10〉

소위 少尉【쇼위】

명 위관 장교의 세 계급 가운데 맨 아래 계급. 준위의 위, 중위의 아래이다.

의병이 일본 **쇼위**를 포살ᄒᆞ엿는ᄃᆡ 〈대한매일1907/12/08〉

의병 칠ᄇᆡᆨ여 명이 안동군 일 슈비병 **쇼위**의 거ᄂᆞ린 토벌ᄃᆡ와 졉젼ᄒᆞ엿다 ᄒᆞ고 〈대한매일1908/04/16〉

육군 陸軍【륙군】

명 땅 위에서의 공격과 방어 임무를 맡은 군대.

일전에 헌병 ᄉᆞ령부에셔 **륙군** 법원으로 이슈ᄒᆞᆫ 위관 중에 〈대한매일1907/08/16〉

륙군 보병부위 류치만 씨는 작일에 황쥬군으로 츌장ᄒᆞ얏다더라 〈대한매일1908/03/03〉

덕국 **륙군** 포병 대위 스뎃헵 씨는 〈대한매일1909/05/25〉

륙군 부쟝 윤텩영 부원군 봉흠을 의례 거힝홈이 엇더ᄒᆞ올지 〈경향신문1907/08/02〉

일본 **륙군** 일 즁딕가 〈경향신문1907/08/23〉

장교 將校【쟝교】

명 육해공군의 소위 이상의 군인.

쟝교에 합당흔 학력이 잇는 쟈만 한홈이라 〈대한매일1904/11/26〉

근위딕 **쟝교** 일 명이 하亽 수삼십 명을 거ᄂ리고 〈대한매일1909/06/05〉

구셰군 **쟝교**의 영문을 亽령관 허가두 씨의 집안에 시로 건츅ᄒ기로 결뎡ᄒ고 역亽를 시작ᄒ엿다더라 〈대한매일1909/08/21〉

로국 히군 **쟝교**로 단결된 위원은 젼투함 졔조를 연구ᄒ기 위ᄒ여 미국에 간다더라 〈대한매일1910/01/09〉

대딕장이하 **쟝교**의게는 몃칠 동안이면 다시 무숨 쳐분이 계시겟다 ᄒ고 〈경향신문1907/08/09〉

일병은 **쟝교** 이하가 이십삼 명이라 ᄒ고 〈경향신문1907/08/09〉

쟝교와 차사들은 조흔 세월을 만ᄂ 신이 나는 판이라 〈은세계38〉

쟝교가 불미흔 소리로 왼 亽롬이 어딕를 와서 함부루 그리ᄒᄂ냐 〈은세계77-78〉

전투함 戰鬪艦【젼투함】

명 수송함, 병원선, 급유함 따위의 지원함과 달리 전투에 사용할 용도로 제작한 군용 선박을 통틀어 이르는 말.

뎨일 큰 **젼투함**을 졔조홀 계획을 뎨츌홀 터이라더라 〈대한매일1907/10/06〉

젼투함 사드리는 것과 〈대한매일1908/06/07〉

점령하다 占領-- 【뎜령ᄒᆞ다】

동 교전국의 군대가 적국의 영토에 들어가 그 지역을 군사적 지배하에 두다.

청국 혁명당 즁에 일더는 운남셩 하구를 **뎜령ᄒᆞ고** 〈대한매일1908/05/12〉

동으로 아셰아를 침로ᄒᆞ며 대양쥬를 **뎜령ᄒᆞ고** 〈대한매일1910/02/23〉

긔ᄌᆞ 이후로 지나 민족이 락랑 등 디방을 잠ᄉᆞ간 **뎜령ᄒᆞ엿스나** 〈대한매일1910/04/23〉

주둔 駐屯 【쥬둔】

명 군대가 임무 수행을 위하여 일정한 곳에 집단적으로 얼마 동안 머무르는 일.

약간 디방에 군ᄃᆡ **쥬둔**을 힝홀 권리를 허락ᄒᆞ여 줄 일 〈신학월보1:119〉

참모 參謀 【참모】

명 1윗사람을 도와 어떤 일을 꾀하고 꾸미는 데에 참여함. 또는 그런 사람.

권동진 씨로 **참모**를 숨아 〈대한매일1908/02/06:3〉

2지휘관을 도와서 인사, 정보, 작전, 군수 따위의 업무를 맡아보는 장교.

ᄉᆞ령관과 **참모**와 부관과 분ᄃᆡ쟝과 긔관쟝과 구의쟝과 쥬계쟝이오 〈대한매일1907/10/06〉

헌병 憲兵 【헌병】

명 군사 경찰의 구실을 하는 병과. 또는 그런 군인.

여간 병정 몃 소딕와 헌병 순검 약간만 두드러도 〈대한매일1904/08/16〉

일본 헌병과 소방죠 등이 와셔 진력ᄒᆞ야 불을 구원ᄒᆞ엿는딕 〈대한매일 1905/01/21〉

츙쥬에 잇는 슈비딕와 헌병은 수효가 만치 못ᄒᆞ야 〈대한매일1907/08/16〉

일본 헌병 분견소쟝이 병뎡 몃십 명을 거ᄂᆞ리고 〈대한매일1907/11/16〉

의병 오 명이 ᄒᆡ디 분견딕 이 명과 헌병과 츙돌ᄒᆞ엿다 ᄒᆞ고 〈대한매일 1908/04/16〉

보조원들이 헌병 소쟝의게 말ᄒᆞ되 〈대한매일1908/12/05〉

경시쳥을 헌병 분견소라 ᄀᆡ칭ᄒᆞ고 〈대한매일1910/06/28〉

일본 헌병이 셔촌에 가셔 〈경향신문1907/01/25〉

김관일은 그 부인이 헌병의게 붓들려 가난 쥴은 ᄉᆡᆼ각 밧기오 〈혈의루11〉

法 律

감옥서 監獄署【감옥서, 감옥셔】

명 죄인을 가두어 두는 곳.

숑ᄉᆞᄒᆞᄂᆞᆫ 날에ᄂᆞᆫ **감옥셔**에 잡아가두고 집힝ᄒᆞᆯ 터이오 〈대한매일1908/01/26〉

의례히 **감옥셔**에 와셔 죄인들의게 ᄃᆡᄒᆞ야 셜법ᄒᆞ고 간다더라 〈대한매일1908/09/15〉

죠웅필 씨가 아편을 먹다가 졍젹이 탄로되야 **감옥셔**에 가쳣더니 〈대한매일1909/01/17〉

그 고을 헌병 분견소에셔 잡아 사실ᄒᆞ고 ᄒᆡ도 **감옥셔**로 보내엿더니 〈대한매일1909/02/16〉

본월 이십삼일에 경셩 **감옥셔**에셔 집힝ᄒᆞ엿다더라 〈대한매일1909/09/30〉

리지명과 김뎡익은 ᄌᆡ작일 하오 륙시에 **감옥셔**로 옮겨 가두엇ᄂᆞᆫᄃᆡ 〈대한매일1909/12/25〉

감옥셔 밧게 가도ᄂᆞᆫ 거ᄉᆞᆫ 법에 업ᄂᆞᆫ 바ㅣ니 〈경향신문1907/07/29〉

감옥셔와 각 학당 젼도 ᄉᆞ무 ᄃᆞᆫ임은 쌩커 목ᄉᆞ 부인이오 〈신학월보5:104〉

만리타국 감옥셔에셔 열두 히 증역하고 잇는 고영근의 뫌은 못 듯고 〈귀의성1280〉

죵닉 감옥셔에나 경무쳥에 드러가 고초 격는 것을 디옥이라 홀 만흔지라 〈빈상설829〉

경셩에 미결수 죄인 가두는 감옥셔가 셔소문 안에 잇스니 〈설중매6〉

그 즁에도 남슌이 단쇽ᄒᆞ기를 감옥셔에셔 사형션고 바든 죄인 간슈ᄒᆞ듯 〈치악산下72〉

강도 强盜【강도, 强盜】

명 폭행이나 협박 따위의 수단으로 남의 재물을 빼앗는 도둑. 또는 그런 행위.

강도 죄인 김샹희 챠창실 김슌억 등 십인을 쳐교ᄒᆞ기로 법부대신이 샹주ᄒᆞ고 〈대한매일1909/09/30〉

신은샹은 강도 혐의로 지작일 즁셔에 피착ᄒᆞ엿다더라 〈대한매일1910/01/16〉

젼라북도 지판소 강도 죄인 십명 〈경향신문1907/05/24〉

일젼에 태뎐 마달령에셔 일인 뎨뎐부를 강도가 총노하 죽이고 〈경향신문1907/07/29〉

强盜나 竊盜를 行홀 時에 人을 殺흔 者는 首從을 不分ᄒᆞ고 並히 絞에 處홈이라 〈경향보감1:225〉

이 강도들이 이 ᄣᅢ를 타셔 서로 샹통ᄒᆞ고 친합ᄒᆞ며 〈경향보감2:93〉

공소원 公訴院【공소원, 公訴院】

명 항소 사건을 심리하는 상급 법원.

영국 령디 콜넘비야 공소원에셔 일본인을 구류흔 일에 디ᄒᆞ야 보통지판소

판결을 가결ᄒᆞ엿다더라 〈대한매일1908/03/03〉

디방 지판소와 **공소원**에셔 지판ᄒᆞ다가 민 씨가 락과되엿다더라 〈대한매일1910/03/20〉

대심원과 **공소원**과 디방지판ᄉᆞ 〈경향보감2:115〉

공판 公判【공판】

명 기소된 형사 사건을 법원이 심리하는 일. 또는 그런 절차.

안 씨의 **공판**은 그날 오후 ᄒᆞᆫ시 반에 다시 기뎡ᄒᆞ고 〈대한매일1910/02/13〉

본년 이월 칠일에 안즁근 등의 **공판**을 일본 관동 도독부 이방 법원에셔 ᄒᆞ엿ᄂᆞᆫᄃᆡ 〈대한매일1910/02/23〉

의쥬 디방지판소에셔 뎨일회 **공판**을 ᄒᆞ엿ᄂᆞᆫᄃᆡ 〈대한매일1910/04/01〉

국사범 國事犯【국사범】

명 국가나 국가 권력을 침해함으로써 성립하는 범죄. 또는 그런 죄를 저지른 사람.

소식을 드른즉 **국사범**에 참여ᄒᆞ야 피신ᄒᆞ다ᄂᆞᆫ 풍셜이 잇기로 락담ᄒᆞ엿스나 〈설중매1〉

이ᄂᆞᆫ **국사범**에 경력잇ᄂᆞᆫ 경관이라 〈설중매6〉

규정 規定【규정】

명 규칙으로 정함. 또는 그 정하여 놓은 것.

규뎡을 긔초ᄒᆞ야 통감부 동의로 지낸 후에 시힝ᄒᆞᆫ다더라 〈대한매일1908/03/10〉

결세 슈쇄ᄒᆞᄂᆞᆫ **규뎡**에 팔월 그믐이 한뎡이니 〈경향신문1907/06/14〉

디방문 뎨이류 향약 판무 **규졍** 뎨ᄉᆞ됴에 존위가 각기 동리에 젼브터 잇던 무명잡셰 수렴을 금지ᄒᆞ라 ᄒᆞ엿ᄉᆞ니 〈경향보감1:155〉

면허 免許【면허】

명 일반인에게는 허가되지 않는 특수한 행위를 특정한 사람에게만 허가하는 행정 처분.

강원도 인민 일ᄇᆡᆨ오십여 명이 그도 슈산 **면허** 쳥원셔를 농샹공부에 뎨졍ᄒᆞ엿는ᄃᆡ 〈대한매일1910/02/20〉

농샹공부에 쳥원ᄒᆞ여 **면허**를 엇지 아니면 못ᄒᆞᄂᆞ니라 〈경향보감3:235〉

무고 誣告【무고】

명 사실이 아닌 일을 거짓으로 꾸미어 해당 기관에 고소하거나 고발하는 일.

요셥의 샹뎐은 포티버니 그 안ᄒᆡ의 **무고**를 드ᄃᆡ여 힐문도 ᄒᆞ지 안코 요셥을 옥에 가두엇ᄂᆞ니라 〈신학월보1:501〉

민사 民事【민ᄉᆞ】

명 사법적인 법률 관계에서 일어나는 일.

작일브터 **민ᄉᆞ** 형ᄉᆞ를 졉슈ᄒᆞ야 슈리ᄒᆞᆫ다더라 〈대한매일1908/01/04〉

민ᄉᆞ의 ᄃᆡ리와 형ᄉᆞ의 변호를 일졀 쳐리케 ᄒᆞᆯ 터인ᄃᆡ 〈대한매일1908/03/19〉

ᄌᆞ릐로 젼례나 므롯 **민ᄉᆞ** ᄉᆞ숑을 금년 칠월 초팔일브터 팔월 이십일ᄭᆞ지 새로 숑ᄉᆞᄒᆞᄂᆞᆫ ᄉᆞ졍은 뎡지ᄒᆞ라 ᄒᆞ엿더라 〈경향신문1907/05/10〉

방송 放送【방송】

명 죄인을 감옥에서 나가도록 풀어 주던 일.

송 씨가 ᄌᆞ긔 원통ᄒᆞᆫ ᄉᆞ샹을 일일히 셜명ᄒᆞ매 곳 **방송**이 되엿ᄂᆞᆫᄃᆡ 〈대한매일1908/02/06〉

죽을 문안도 뎡치 아니코 **방송**도 아니ᄒᆞ고 결단홈이 쟝황ᄒᆞ야 〈경향보감2:228〉

방송은 아니ᄒᆞ고 즉금ᄭᆞ지 옥에 가쳐 잇도다 〈경향보감3:199〉

방송하다 放送--【방송ᄒᆞ다】

동 죄인을 감옥에서 나가도록 풀어주다.

일ᄎᆞ 심문ᄒᆞ고 즉시 **방송ᄒᆞ엿다**더라 〈대한매일1907/09/18〉

금릉위 박영효 씨를 **방송홀** 뜻으로 〈대한매일1907/12/10〉

돈 빅 량을 밧고 **방송ᄒᆞᆫ지라** 〈대한매일1909/01/28〉

즉시 그 사ᄅᆞᆷ을 **방송ᄒᆞ더라** 〈대한매일1909/09/30〉

항태ᄌᆞ 가례시에 샤뎐으로 륙범 ᄂᆡ외 죄인 등을 **방송ᄒᆞ라** ᄒᆞ읍셧ᄂᆞᆫᄃᆡ 〈경향신문1907/03/08〉

죽이지 아니ᄒᆞ고 **방송ᄒᆞ거놀** 〈경향보감1:165〉

혹독ᄒᆞᆫ 형벌과 주림을 이긔지 못ᄒᆞ야 비교ᄒᆞᄂᆞᆫ 쟈는 즉시 **방송ᄒᆞ고** 〈경향보감2:231〉

벌금 罰金【벌금】

명 규약을 위반했을 때에 벌로 내게 하는 돈.

ᄆᆡ량에 ᄒᆞᆫ 돈식 **벌금**을 밧으며 〈대한매일1908/01/24〉

먹으랴면 **벌금**이 잇다 ᄒᆞ니 〈경향신문1907/03/22〉

익지 아닌 실과 ᄑᆞᄂᆞᆫ 쟈면 **벌금** 십 원에 십 일을 구류ᄒᆞᆫ다더라 〈경향신문1907/10/11〉

려권은 관몰ᄒᆞ고 **벌금**이 십오 환이오 이십오 일을 금고ᄒᆞᆯ 거시오 〈경향보감1:235〉

엇더튼지 그 **벌금**은 낼 것이 아니니라 〈경향보감3:5〉

법부 法部【법부】

명 사법 행정 · 사면 · 복권 따위의 일과 각 재판소를 감독하는 일을 맡아보던 관아.

법부와 평리원과 한셩 ᄌᆡ판소에서 쳐셔가 지난 고로 작일브터 민ᄉᆞ 숑ᄉᆞ를 슈리ᄒᆞᆫ다더라 〈대한매일1907/08/27〉

덕국 은ᄒᆡᆼ에 위조ᄒᆞᆫ 일이 탄로ᄒᆞ야 **법부**에셔 구라징판ᄒᆞᆫ다더라 〈대한매일1907/11/12〉

ᄌᆡ작일에 **법부**에셔 ᄒᆡ군으로 뎐훈ᄒᆞ엿다더라 〈대한매일1907/12/08〉

ᄯᅩ **법부**로 보고ᄒᆞ엿다더라 〈경향신문1907/04/26〉

법부의셔 각 도 각 항구 ᄌᆡ판소에 훈령ᄒᆞᄃᆡ 〈경향신문1907/07/29〉

법원 法院【법원】

명 사법권을 행사하는 국가 기관.

일전에 헌병 ᄉᆞ령부에셔 륙군 **법원**으로 이슈ᄒᆞᆫ 위관 즁에 〈대한매일1907/08/16〉

지금 **법원**에셔 외국인의 변호ᄉᆞᄂᆞᆫ 허가ᄒᆞ지 아니ᄒᆞ기로 ᄒᆞ고 〈대한매일1910/02/08〉

본년 이월 칠일에 안즁근 등의 공판을 일본 관동 도독부 이방 **법원**에셔 ᄒᆞ엿ᄂᆞᆫᄃᆡ 〈대한매일1910/02/23〉

육군 **법원**에 잡아 가도앗다더라 〈경향신문1907/07/26〉

법장 法場【법장, 법쟝】

명 사형을 집행하는 장소.

법장에 나아가 칼을 밧아 치명ᄒᆞ시니 나히 이십칠 셰라 ᄒᆞ더라 〈경향보감1:302〉

옥에 잇슨 지 구삭 만에 **법쟝**으로 나갈 때가 당ᄒᆞ매 〈기해일기88a〉

얼골을 단졍이 ᄒᆞ고 깃븐 ᄆᆞᄋᆞᆷ으로 **법쟝**에 나아가 〈경향보감4:80〉

법정 法廷/法庭【법졍】

명 법원이 소송 절차에 따라 송사를 심리하고 판결하는 곳.

복단의 부모가 **법졍**에셔 두 년의 ᄌᆞ초 힝실을 력력히 고히 노으니 모함죄 투기죄가 셜상가상이 되야 〈빈상설972〉

변론[1] 辯論【변론】

명 소송 당사자나 변호인이 법정에서 주장하거나 진술함. 또는 그런 주장이나 진술.

소위 관인이라 ᄒᆞ는 쟈가 **변른**을 ᄒᆞ엿다 홈을 듯지 못ᄒᆞ엿더니 〈대한매일1908/01/26〉

론고ᄒᆞᆫ 후에 두 변호ᄉᆞ의 **변론**이 잇스나 〈대한매일1910/02/13〉

변호ᄉᆞ의 **변론**을 시작ᄒᆞ엿ᄂᆞᆫᄃᆡ 〈대한매일1910/02/20〉

변호ᄉᆞ의 **변론**이 긋치미 〈대한매일1910/02/20〉

변호 辯護【변호】

명 법정에서, 검사의 공격으로부터 피고인의 이익을 옹호하는 일.

지금 법원에셔 **변호**를 허가치 아니홈으로 나의 목뎍을 도달치 못ᄒᆞ니 〈대한매일1910/02/08〉

변호사 辯護士【변호ᄉᆞ】

명 법률에 규정된 자격을 가지고 소송 당사자나 관계인의 의뢰 또는 법원의 명령에 따라 피고나 원고를 변론하며 그 밖의 법률에 관한 업무에 종사하는 사람.

변호ᄉᆞ 뎡명셥 씨가 ᄉᆞ무원을 경샹남북도에 파송ᄒᆞ야 〈대한매일1908/03/19〉

변호ᄉᆞ 김정목 씨로 한셩 ᄌᆡ판소에 ᄌᆡ판을 ᄒᆞᆫ다 ᄒᆞ니 〈대한매일1908/03/19〉

경 씨가 경시쳥과 각 **변호ᄉᆞ**에게 ᄇᆡᆨ 가지로 운동ᄒᆞ야 그 돈을 죵시 내여 주지 아니ᄒᆞᄂᆞᆫ 고로 〈대한매일1910/02/13〉

변호ᄉᆞ 안병찬 씨의게 변호ᄒᆞ기를 위탁ᄒᆞ엿다더라 〈대한매일1910/04/01〉

ᄌᆡ작일 져녁에 김션규 씨와 **변호ᄉᆞ** 리면우 씨가 리동신원 집에 와셔 녯졍을 담화ᄒᆞ더니 〈대한매일1910/05/23〉

이러므로 그 죄를 ᄀᆞᄅᆞ치ᄂᆞᆫ 사ᄅᆞᆷ과 증인과 **변호ᄉᆞ**가 죄인이 겸ᄒᆞ여 되지오 〈경향보감4:124〉

불법 不法【불법】

명 법에 어긋남.

이런 **불법** ᄒᆡᆼ위를 즁지ᄒᆞ라고 항의ᄒᆞ고 〈대한매일1907/10/20〉

불법으로 문구만 희롱ᄒᆞ야 종샤를 위ᄐᆡᆨ케 ᄒᆞ며 〈대한매일1908/01/26〉

가도고 ᄯᅡ려 **불법** 힝위가 무수ᄒᆞᆫ 고로 〈경향신문1907/04/05〉

결젼 슈쇄ᄒᆞ는ᄃᆡ **불법** 힝위가 만하셔 〈경향신문1907/04/26〉

사법권 司法權【ᄉᆞ법권】

명 국가의 기본적인 작용의 하나. 어떤 문제에 대하여 법을 적용하여 그 적법성과 위법성, 권리 관계 따위를 확정하여 선언하는 일이다.

ᄉᆞ법권을 위임ᄒᆞᄂᆞᆫ ᄃᆡ 관ᄒᆞᆫ 한일 신협약은 〈대한매일1909/07/21〉

금번 **ᄉᆞ법권** 위임에 ᄃᆡᄒᆞ야 분긔를 이긔지 못ᄒᆞ고 〈대한매일1909/08/21〉

한국이 일본에 **ᄉᆞ법권**을 위임ᄒᆞᆫ 거슨 〈대한매일1909/10/17〉

군ᄃᆡ를 ᄒᆡ산ᄒᆞ든지 **ᄉᆞ법권**을 ᄲᅦ아셔 가든지 〈대한매일1909/12/08〉

태황뎨 폐하를 폐위ᄒᆞ고 **ᄉᆞ법권**을 위임ᄒᆞ엿다 칭ᄒᆞ고 ᄲᅦ앗셔 갈 ᄲᅮᆫ더러 〈대한매일1910/02/23〉

즁츄원에셔ᄂᆞᆫ **ᄉᆞ법권**이 업다 ᄒᆞ여 그 헌의셰를 밧지 아니ᄒᆞᆷ으로 〈대한매일1910/05/13〉

선고 宣告【션고, 宣告】

명 공판정에서 재판장이 판결을 알리는 일. 이로써 재판의 효력이 생기며 판결 원본을 낭독하고 필요한 경우에는 이유의 요지를 설명하여야 한다.

풍화소관에 법을 알리깃다 ᄒᆞᄂᆞᆫ **션고**(宣告)이라 〈은세계231-232〉

선고하다 宣告--【션고ᄒᆞ다】

동 공판정에서 재판장이 판결을 알리다.

민 씨를 징역 일 년에 **션고ᄒᆞ엿다더라** 〈대한매일1908/11/25〉

ᄌᆡ작일 디방 ᄌᆡ판소에셔 징역 일년 반에 **션고ᄒᆞ엿다더라** 〈대한매일1909/12/25〉

판결을 **션고ᄒᆞ기**ᄂᆞᆫ 십ᄉᆞ 일 오젼 십 시에 ᄒᆞ기로 ᄒᆞ고 폐뎡ᄒᆞ엿더라 〈대한매일1910/02/20〉

림병찬은 류 죵신으로 평리원에셔 **션고ᄒᆞᆫ다더라** 〈경향신문1907/05/24〉

소송 訴訟【소송, 訴訟】

명 재판에 의하여 원고와 피고 사이의 권리나 의무 따위의 법률관계를 확정하여 줄 것을 법원에 요구함. 또는 그런 절차.

一은 민ᄉᆞ, 형ᄉᆞ, 인ᄉᆞ **소송**이나 〈경향보감4:325〉

第八條 民事와 刑事의 **訴訟** 節次ᄂᆞᆫ 本 法律 外에 開國 五百四年 法部令 第三號 民刑事 **訴訟**에 關ᄒᆞᆫ 規定에 依ᄒᆞᆷ 〈경향보감1:309〉

신고 申告【신고】

명 국민이나 주민이 법령의 규정에 따라 행정 관청에 일정한 사실을 진술 · 보고함. 또는 그런 일.

청원이나 **신고** ᄀᆞᆺᄒᆞᆫ 것을 무ᄉᆞᆫ 조회에 쓰ᄂᆞ뇨 〈경향보감3:235〉

본 법에 의ᄒᆞᆫ **신고**는 면쟝이 업ᄂᆞᆫ ᄃᆡ에는 면쟝으로 치ᄂᆞᆫ 쟈의게 ᄒᆞ고 〈경향보감3:317〉

신고하다 申告--【신고ᄒᆞ다】

동 국민이나 주민이 행정 관청에 일정한 사실을 진술 · 보고하다.

문셔에 면젹과 모양을 대개 그려셔 농샹공부 대신의게 **신고(申告)ᄒᆞᆯ** 것이오 〈경향보감3:93〉

신문[1] 訊問【訊問】

명 법원이나 기타 국가 기관이 어떤 사건에 관하여 증인, 당사자, 피고인 등에게 말로 물어 조사함. 또는 그런 일.

財務官吏는 家屋稅의 調査上 必要가 有혼 時는 納稅義務者로 認ᄒᆞᄂᆞᆫ 者 對ᄒᆞ야 **訊問**을 ᄒᆞ고 〈경향보감3:173〉

심사 審査【심사】

명 자세하게 조사하여 등급이나 당락 따위를 결정함. 또는 그런 일.

경시청에 갓친 죠남승 남뎡규 량 씨ᄂᆞᆫ **심사**를 맛친 고로 일간 경셩 디방 지판소로 넘길 예뎡이라더라 〈대한매일1910/05/03〉

조례 條例【됴례】

명 조목조목 적어 놓은 규칙이나 명령.

비궁홍셔ᄂᆞᆫ **됴례**를 의지ᄒᆞ야 아라사 공관에 셩명ᄒᆞ엿고 〈대한매일1904/11/26〉

그 명년에 인지 **됴례**를 반포ᄒᆞ거ᄂᆞᆯ 〈대한매일1907/08/07〉

됴례를 반포ᄒᆞ고 십일월 초샹에 파송ᄒᆞ야 〈대한매일1907/10/06〉

ᄌᆞ졍원에셔 히군 **됴례**를 긔초ᄒᆞᆫ 후 히군셩을 조직ᄒᆞᆫ다더라 〈대한매일1908/06/07〉

아울나 가ᄉᆞ득의 **됴례**를 셜립ᄒᆞ야 온 나라 사ᄅᆞᆷ을 구쇽ᄒᆞ고 〈신학월보7:42〉

이거슨 다 구약의 **됴례**어니와 신약에ᄂᆞᆫ 더옥 분명ᄒᆞ니 〈신학월보7:75〉

四ᄂᆞᆫ 유교의 **됴례**가 심히 붉어 률법과 규모와 졔도가 일호 흠뎜이 업스니 〈신학월보7:83〉

조세 租稅【조셰, 租稅】

명 국가 또는 지방 공공 단체가 필요한 경비로 사용하기 위하여 국민이나 주민으로부터 강제로 거두어들이는 금전.

조셰를 여러 번 탕감ᄒᆞ며 〈대한매일1908/11/25〉

졍부에셔는 임의로 법률을 지으며 임의로 조셰를 밧고 〈설중매3〉

財政門 第二類 租稅에 各 營 各 邑 官用 物價 支定之例를 一並 革罷ᄒᆞ고 〈경향보감1:155〉

지방재판소 地方裁判所【디방ᄌᆡ판소】

명 민사 및 형사 소송을 처리하는 제일심(第一審)의 법원.

그 셔에셔 신문ᄒᆞᆫ 후에 디방ᄌᆡ판소로 넘겻다더라 〈대한매일1909/03/24〉

일간에 경셩 디방ᄌᆡ판소에셔 쳐교에 션고ᄒᆞ기로 작뎡ᄒᆞ엿다더라 〈대한매일1909/05/16〉

한국닉에 ᄌᆡ판소 수효는 고등법원이 ᄒᆞᆫ나이오 공소원이 셋이오 디방ᄌᆡ판소가 여ᄃᆞᆲ이오 디방ᄌᆡ판소 지부가 아홉이오 구ᄌᆡ판소가 팔십인ᄃᆡ 〈대한매일1910/04/09〉

고등법원과 공소원과 디방ᄌᆡ판소 〈경향보감4:341〉

징역 懲役【징역】

명 죄인을 교도소에 가두어 노동을 시키는 형벌.

김졔휘 씨를 무소ᄒᆞᆫ 법률노 징역 일 년에 션고ᄒᆞᄆᆡ 〈대한매일1908/07/18〉

최한광 씨는 징역 이 년으로 션고ᄒᆞ엿다더라 〈대한매일1909/01/17〉

다음으로 손을 대인 쟈는 징역 일 년이오 〈경향보감1:236〉

ᄌᆞ손을 죽인 쟈는 징역 죵신이며 쳐쳡이나 이외에 아래 어린이를 죽인 쟈

ᄂᆞᆫ 교ᄒᆞᄂᆞ니라 〈경향보감2:20〉

긔어히 징역에 쳐ᄒᆞᆫ다고 위협ᄒᆞᆷ으로 〈경향신문1907/08/02〉

착수 捉囚【챡슈】

명 죄인을 잡아서 가둠.

무죄 인민을 **착슈** 디형에 쎠가 부러진 쟈ㅣ 몃치라고 인민의 원셩이 오오ᄒᆞ다더라 〈경향신문1907/04/19〉

착수하다 捉囚--【챡슈ᄒᆞ다】

동 죄인을 잡아서 가두다.

그 호원ᄒᆞᄂᆞᆫ 강화 ᄇᆡᆨ셩들을 억지로 **착슈ᄒᆞᆫ** 고로 〈대한매일1905/01/26〉

본 군슈가 교인 셋슬 **착슈ᄒᆞ고** 지판도 업다가 오륙일 후에 방숑ᄒᆞ고 또 관찰부에 무고(誣告)ᄒᆞ야 교인 둘을 **착슈ᄒᆞ엿더니** 관찰ᄉᆞ가 그 본군슈의 허망ᄒᆞᆷ을 알고 훈령ᄒᆞ여 즉디에 교인 둘을 방숑ᄒᆞ게 ᄒᆞ엿더라 〈신학월보1:450〉

판사 判事【판ᄉᆞ】

명 대법원을 제외한 각급 법원의 법관.

여러 **판ᄉᆞ**가 도쟝을 찍지 아니ᄒᆞᆫ 리유를 ᄌᆞ셰히 보ᄒᆞ라 ᄒᆞ엿ᄂᆞᆫᄃᆡ 〈대한매일1907/08/23〉

판ᄉᆞ가 불공ᄒᆞ게 지판ᄒᆞ고 〈경향신문1907/07/29〉

판ᄉᆞㅣ 뎌들의 증거를 물니치지 아님이 업ᄂᆞ뇨 〈경향보감4:385-386〉

평리원 平理院 【평리원】

[명] 대한 제국 때에, 재판을 맡아보던 중앙 관청. 최고 법원에 해당하는 것으로, 광무 3년(1899)에 고등 재판소를 고쳐 두었다가 융희 1년(1907)에 없앴다.

> **평리원**에셔 죄슈안을 ᄌᆡ결ᄒᆞ엿는ᄃᆡ 〈대한매일1907/07/05〉
>
> 법부에셔 **평리원**으로 지령ᄒᆞ되 〈대한매일1907/08/23〉
>
> 작일 **평리원**에셔 관ᄉᆞᆷ ᄉᆞ건으로 공ᄀᆡ ᄌᆡ판을 ᄒᆞ엿는ᄃᆡ 〈대한매일1908/04/16〉
>
> ᄯᅩ 잘 아니되거든 셔울 **평리원**에ᄭᅡ지 졍ᄒᆞᆯ 거시오 〈경향신문1907/03/29〉
>
> 이는 젼 **평리원** 검ᄉᆞ 리쥰 씨 ᄉᆞ건으로 인ᄒᆞ야 법부 대신 리하영 씨와 갈등이 난 ᄭᆞ닭이라 〈경향신문1907/03/29〉

피고 被告 【피고】

[명] 민사 소송에서, 소송을 당한 측의 당사자.

> **피고**가 원치 안는 일본 변호ᄉᆞ를 관션ᄒᆞ엿ᄂᆞ뇨 〈대한매일1910/02/08〉
>
> **피고**는 김 대쟝의 특파 독립ᄃᆡ쟝이라 〈대한매일1910/02/13〉

형법 刑法 【형법】

[명] 범죄와 형벌에 관한 법률 체계.

> 그런 고로 한국 **형법**을 쓰는 거시 가ᄒᆞᆫ 줄노 쥬쟝ᄒᆞᆫ다 ᄒᆞ엿고 〈대한매일1910/02/20〉
>
> 법부에셔 **형법**을 다시 곳쳐 반포ᄒᆞ겟다더라 〈경향신문1906/10/19〉
>
> 다섯 가지 **형법**에 죄가 불효보다 더 큰 거시 업다 ᄒᆞ얏스니 〈은세계234〉

社會

계급 階級【계급, 階級】

명 사회나 일정한 조직 내에서의 지위, 관직 따위의 단계.

첫재는 **계급**의 ᄉᆞ샹을 타파ᄒᆞᆯ지니 〈대한매일1909/01/17〉

감독교(監督教)에셔는 교회 **계급**(階級) 두목을 엇더케 낼 것인지 ᄉᆡᆼ각ᄒᆞ다가 〈경향보감3:354〉

府郡을 勿論ᄒᆞ고 面及里或洞의 二 **階級**이 잇ᄂᆞᆫ지라. 〈국어독본5:23〉

고아원 孤兒院【고ᄋᆞ원】

명 고아를 거두어 기르는 사회사업 기관.

경셩 **고ᄋᆞ원**에셔 ᄌᆞ션 연쥬회를 동문 안 광무ᄃᆡ에셔 셜힝ᄒᆞ고 〈대한매일1907/12/08〉

고ᄋᆞ원에셔 연주ᄒᆞᆯ ᄣᆡ에 〈대한대일1907/12/10〉

하동군에 사ᄂᆞᆫ 리긔용 씨가 돈 륙 환을 경셩 **고ᄋᆞ원**에 긔부ᄒᆞ엿ᄂᆞᆫᄃᆡ 〈대한매일1910/03/10〉

ᄀᆡ명ᄒᆞᆫ 나라에 구졔원과 고ᄋᆞ원과 상등 나라 법과 샤회의 됴흔 법은 다 예수 씨의 셩신에셔 나온 거시라 〈신학월보6:200〉

공원 公園【공원】

명 국가나 지방 공공 단체가 공중의 보건 · 휴양 · 놀이 따위를 위하여 마련한 정원, 유원지, 동산 등의 사회 시설.

관셰국 소관으로 ᄉᆞ동에 잇ᄂᆞᆫ **공원**에셔 궁ᄂᆡ부 음악ᄃᆡ가 ᄆᆡ양 목요일이면 음악 연주회를 ᄒᆞᆯ 터이니 와셔 드르라고 각부로 통텹ᄒᆞ엿다더라 〈대한매일1908/09/10〉

관리인 管理人【관리인】

명 소유자로부터 위탁을 받아 시설을 관리하는 사람.

ᄌᆡ무셔장이 인허ᄒᆞᆫ 시쟝 **관리인**으로 ᄒᆞ여곰 밧ᄂᆞ니라 〈경향보감3:438〉

이 셰는 ᄌᆡ무셔장이 허가ᄒᆞᆫ 시쟝 **관리인**이라야 상관ᄒᆞᄂᆞ니 그 외에는 다 협잡ᄉᆞ군의 소위니라 〈경향보감3:445〉

기관[2] 機關【ᄀᆡ관】

명 사회생활의 영역에서 일정한 역할과 목적을 위하여 설치한 기구나 조직.

신등은 황상 폐하가 신등의게 민론에 ᄃᆡ표 **ᄀᆡ관**을 쥬어 신등의 이갓치 가련ᄒᆞᆫ 경우에 잇슴을 쳥원ᄒᆞᆫ다 ᄒᆞ며 〈대한매일1905/01/26〉

ᄒᆞᆫ 나라에 졍부과 ᄇᆡᆨ셩 ᄉᆞ이의 상통ᄒᆞᄂᆞᆫ **ᄀᆡ관**이 업스면 그 나라이 쟝ᄎᆞ 패망ᄒᆞᄂᆞᆫ 것은 텬리인ᄉᆞ에 ᄌᆞ연ᄒᆞᆫ 리치라 〈대한매일1907/10/26〉

목ᄉᆞ의 직분이 교회의 **ᄀᆡ관** 속에 일등 긴요ᄒᆞᆫ 거시라 〈신학월보5:2〉

기사 技師【기ᄉᆞ】

명 관청이나 회사에서 전문 지식이 필요한 특별한 기술 업무를 맡아보는 사람.

일본 엇더ᄒᆞᆫ 기ᄉᆞ의 말이 〈대한매일1904/08/16〉

ᄂᆡ부 토목국 기ᄉᆞ 김륜구 씨ᄂᆞᆫ 젼라남도의 도로 슈츅ᄒᆞᆯ ᄯᅡ을 미입ᄒᆞᆯ ᄎᆞ로 일간에 그 ᄃᆡ방으로 ᄂᆞ려간다더라 〈대한매일1908/04/16〉

경셩과 각 ᄃᆡ방 관리가 ᄒᆡᄉᆞ무소에 참예ᄒᆞ엿던 사ᄅᆞᆷ들의게 한국 방역 기ᄉᆞ라 ᄒᆞᄂᆞᆫ ᄎᆡᆨ을 박혀셔 ᄒᆞᆫ 벌식을 분급ᄒᆞ엿다더라 〈대한매일1908/07/18〉

일본으로브터 귀국ᄒᆞᆫ동양쳑식회샤 챵립위원들이 오ᄂᆞᆯ 아ᄎᆞᆷ에 농샹공부 기ᄉᆞ와 ᄒᆞᆫ가지 ᄯᅮᆨ셤에 잇ᄂᆞᆫ 원예모범샹을 시찰ᄒᆞ고 〈대한매일1908/10/09〉

농샹공부에셔 일본국 ᄉᆞᆷ림 기ᄉᆞᄅᆞᆯ 쳥ᄒᆞ야 시방 경긔 근쳐와 평양 삼남 등ᄃᆡ에 식목ᄒᆞᆯ ᄯᅡᄒᆞᆯ ᄉᆞᆯ피고 〈경향신문1906/10/26〉

몃 건츅ᄉᆞ와 몃 기ᄉᆞ(技師) ㅣ 며 얼마 모군이나 로력이나 은금 젼지ᄅᆞᆯ 요구ᄒᆞᄂᆞ뇨 〈경향보감2:66〉

난민 亂民【난민, 란민】

명 무리를 지어 다니며 법과 질서를 어지럽히는 백성.

이 갓치 성군 작당하는 거슨 난민이라 〈신학월보3:222〉

마로고 란민의 괴슈가 법국과 이스바니아국 병션이 들어옴을 보고 란민을 션혹ᄒᆞ야 거륵ᄒᆞᆫ 젼징을 쥬션ᄒᆞᄂᆞᆫᄃᆡ 〈경향신문1906/12/28〉

남ᄒᆡ 란민 결셰ᄅᆞᆯ 슈봉ᄒᆞ기로 〈경향신문1907/04/26〉

내란 內亂【ᄂᆡ란】

명 나라 안에서 정권을 차지할 목적으로 벌어지는 큰 싸움.

이거슨 쳥일교셥이 결박홈을 위홈인지 ᄂᆡ란을 막고져 홈인지 그 원인은

아직 미샹ᄒᆞ다더라 〈대한매일1908/02/26〉

인도 닉란에 일본인이 샹관ᄒᆞ엿다ᄂᆞᆫ 말이 잇다더라 〈경향신문1907/08/23〉

단체 團體【단체, 團體】

명 같은 목적을 달성하기 위하여 모인 사람들의 일정한 조직체.

신긔션 윤덕영 리용틱 리근호 리근턱 리근샹 제씨가 **단체**로 경권을 쥬쟝ᄒᆞᆫ다더라 〈대한매일1904/11/26〉

會社라 ᄒᆞᄂᆞᆫ 것은 衆人이 資本을 醵出ᄒᆞ야 商業을 經營ᄒᆞᄂᆞᆫ ᄒᆞᆫ **團體**니라 〈국어독본8:39〉

社會는 여러 사람이 그 뜻을 서로 通ᄒᆞ고 그 힘을 서로 聯ᄒᆞ어 그 生活을 經營ᄒᆞ고 保存ᄒᆞ기에 서로 依賴ᄒᆞ는 因緣의 한 **團體**라 〈대한국어문법부록02〉

사건 事件【사건, ᄉᆞ건】

명 사회적으로 문제를 일으키거나 주목을 받을 만한 뜻밖의 일.

근릭에ᄂᆞᆫ 무숨 **ᄉᆞ건**이던지 일본 편으로 온 소문을 드르면 다 쾌히 밋지 아니ᄒᆞ고 〈대한매일1905/02/13〉

무숨 **ᄉᆞ건**인지 알지 못ᄒᆞ거니와 〈대한매일1907/09/01〉

군완홍군 리지년 씨에게 보호 슌사와 슌검 각 이인식 파송 보호케ᄒᆞᆯ **ᄉᆞ건**이라더라 〈대한매일1908/01/10〉

탁지부에셔ᄂᆞᆫ 무숨 **ᄉᆞ건**인지 팔빅 환식 지츌ᄒᆞᆫ다더라 〈대한매일1908/02/19〉

무숨 **ᄉᆞ건**인지 일헌병 ᄉᆞ령부에 잡혀 갓다더라 〈대한매일1908/04/16〉

각부에셔 그 회에 뎨츌ᄒᆞᆯ **ᄉᆞ건**이 잇거든 긔록ᄒᆞ여 보내라고 닉부에셔 각부로 통긔ᄒᆞ엿다더라 〈대한매일1908/05/16〉

이 석 뎜 동안은 무숨 큰 ᄉᆞ건을 연구ᄒᆞᄂᆞᆫ 시간이더라 〈대한매일1909/02/16〉

근일 대황뎨 폐하씌옵셔 지금 시셰의 관계되ᄂᆞᆫ 각항 ᄉᆞ건을 완슌군 리직완씨의게 죵죵 하슌ᄒᆞ신다더라 〈대한매일1909/06/25〉

긴요히 의론ᄒᆞᆯ ᄉᆞ건이 잇스니 금일 하오 이시에 본ᄉᆞ무소로 회동ᄒᆞ라 ᄒᆞ엿다더라 〈대한매일1909/07/02〉

이 사건을 상우헤 유안하기로 동의와 재청하니 〈신학월보3:244〉

덕행 규칙 사건을 잠간 정지하고 〈신학월보3:251〉

집안 하인배라도 치죄ᄒᆞᆯ 일이 잇든지 심문ᄒᆞᆯ 사건이 잇스면 〈치악산下50〉

법률 뎨일호에 민ᄉᆞ 형ᄉᆞ의 송ᄉᆞ에 상관되ᄂᆞᆫ ᄉᆞ건이 반포되엿ᄂᆞᆫᄃᆡ 〈경향신문1907/05/24〉

이번에 복단의 ᄉᆞ건으로 보면 투긔ᄒᆞᄂᆞᆫ 버르장이가 안이라 ᄒᆞᆯ 슈 잇나 〈빈상설331〉

엇더ᄒᆞᆫ 법률은 현란ᄒᆞᆫ ᄉᆞ건도 잇기로 용이히 판단ᄒᆞ기 어렵거니와 〈설중매12〉

사회 社會【사회】

명 같은 무리끼리 모여 이루는 집단.

근일에 귀ᄉᆞ에셔 부인 사회와 보통 ᄉᆞ외를 위ᄒᆞ야 국문 신보를 특별이 발간하신다 ᄒᆞ오니 감ᄉᆞ 막대하오며 〈대한매일1907/05/23〉

우리 녀ᄌᆞ 사회로 금슈에 비ᄒᆞ물 면케 ᄒᆞ시니 누가 감ᄉᆞ치 아니허며 누가 교육을 밧지 아니ᄒᆞ리요 〈대한매일1907/05/23〉

듯사온즉 귀사에서 우리 사호의 지식을 널리시기 위ᄒᆞ야 국문보를 릐월붓터 발힝ᄒᆞ신다 ᄒᆞ오니 〈대한매일1910/05/23〉

중듬급 하등 사회로 말하면 준준무식하야 호랑과 사자갓치 잔학한 마암

을 가저 〈신학월보3:528〉

이거슨 **사회**에 조직이 완젼훈 연고요 〈신학월보4:529〉

또 사룸이 비록 **사회**에 미여 쇽흐엿스되 사회를 임의로 변화케 흐고 〈경향보감2:98〉

개인은 **사회**를 위흐야 잇는지라 〈경향보감2:99〉

시위 示威【시위】

명 많은 사람이 공공연하게 의사를 표시하여 집회나 행진을 하며 위력을 나타내는 일.

이태리국 경셩 라마에셔 오국을 비쳑흐기로 **시위** 운동이 대단홈으로 군딕로써 오국 대스관을 호위흐는 즁이라더라 〈대한매일1908/12/10〉

속히 렬강국에 딕훈 결과을 힝흐라 흐야 **시위** 운동을 훈다더라 〈대한매일1910/01/11〉

양로원 養老院【양로원】

명 의지할 데 없는 노인을 수용하여 돌보는 사회 보호 시설.

양로원(養老院)을 설립하야 무자식하고 무가무실한 로인들을 보호케 하며 〈신학월보4:4〉

福尼亞(California) 로산젠늬쓰(LosAngele)에 셩교회가 **양로원(養老院)** 흐나흘 세우고 기원식을 흐엿다는딕 〈경향보감2:322-323〉

또 **양로원(養老院)**이 흐나인딕 남녀 로인 즁에 교우는 二百十七 명이오 외인은 一百五十六 명이며 〈경향보감3:203〉

여관 旅館【려관, 旅館】

명 일정한 돈을 받고 손님을 묵게 하는 집.

그리허ᄂᆞᆫ 려관의 하인과 간ᄃᆞᆫᄒᆞᆫ 일에 상관이 되엿다더라 〈대한매일1907/07/03〉

밤즁에 려관 문 밧긔셔 매국적 손병희라ᄂᆞᆫ 고함소리가 진동ᄒᆞ며 〈대한매일1908/04/09〉

이삼 일이면 편히 려관에 게시ᄂᆞᆫ 것이 낫지 안이 ᄒᆞ겟슴닛가 〈송뢰금4〉

어ᄂᆞ 싀골 商賈가 京城에 와셔 어ᄂᆞ 商廛에셔 絹布랄 貿買ᄒᆞ야 旅館으로 왓더니 夜深 後에 ᄒᆞᆫ 사ᄅᆞᆷ이 來訪ᄒᆞ야 〈국어독본3:66〉

연합 聯合【연합, 聯合】

명 두 가지 이상의 사물이 서로 합동하여 하나의 조직체를 만듦. 또는 그렇게 만든 조직체.

연합 함ᄃᆡ ᄉᆞ령관의 훈령을 봉승ᄒᆞ야 죠ᄉᆞᄒᆞᆫ 후에 그 ᄇᆡ와 실은 물품은 모다 속공ᄒᆞ고 〈대한매일1904/03/05〉

각국 연합 병뎡들이 청국에 달녀 들어가 청국 병권을 ᄶᅵᆫ드리고 〈신학월보1:115〉

我等은 一齊히 聚合ᄒᆞ야 聯合 體操를 시작ᄒᆞ니 〈국어독본4:20〉

이민 移民【이민】

명 자기 나라를 떠나 다른 나라로 이주하는 일. 또는 그런 사람.

문명 부강치 못ᄒᆞᆫ 나라히 잇ᄉᆞ면 ᄲᅢ앗셔 제 나라 ᄇᆡᆨ셩을 이민도 식히ᄂᆞ니 〈대한매일1907/09/18〉

이민 문뎨 협의 〈대한매일1907/12/10〉

일인의 이민 〈경향신문1907/01/25〉

가령 이민 회샤 사ᄅᆞᆷ들의 ᄃᆞᆯ니ᄂᆞᆫ 말이 멕스고 ᄀᆞᆺᄒᆞᆫ 곳에 가면 품갑도 만코 일긔도 됴하 〈경향신문1907/04/26〉

토론회 討論會【토론회】

명 어떤 문제에 대하여 여러 사람이 각각 의견을 말하며 논의하는 모임.

셔북 학싱 친목회에셔 총회와 **토론회**를 금일 하오 일시에 셔우학회 회관에셔 혼다더라 〈대한매일1907/12/08〉

금일 하오 칠시 삼십분에 죵로 쳥년회관에셔 **토론회**를 ᄒᆞ고 토론혼다더라 〈대한매일1909/06/05〉

ᄆᆡ월에 흔 번식 **토론회**를 시작ᄒᆞ매 〈신학월보1:315〉

긔도회와 **토론회**로 모히는데 〈신학월보3:353〉

법국 파리대학교에셔 **토론회**를 열ᄆᆡ 가편은 사ᄅᆞᆷ을 가ᄅᆞ치지 못ᄒᆞ면 금슈와 갓다 ᄒᆞ고 〈자유종5〉

言論

게재 揭載【게직】

명 글이나 그림 따위를 신문이나 잡지 따위에 실음.

심지어 입에 담지 못홀 욕셜르 신문에 **게직**까지 ᄒᆞ얏스니 〈설중매15〉

기자 記者【긔쟈】

명 신문, 잡지, 방송 따위에 실을 기사를 취재하여 쓰거나 편집하는 사람.

본신보 **긔쟈**에 목격ᄒᆞᆫ 일과 편당이 업ᄂᆞᆫ 셔양 사ᄅᆞᆷ의 관광ᄒᆞᆫ 실샹을 빙거ᄒᆞ건ᄃᆡ 〈대한매일1907/09/06〉

다른 나라히 이번 일노 인ᄒᆞ야 대한 일을 ᄉᆞᆯ펴보기를 시작ᄒᆞ야 신문 **긔쟈**를 보내엿고 〈경향신문1907/08/02〉

본 **긔쟈** 총의회 모히ᄂᆞᆫ 리력을 드른즉 〈신학월보7:1〉

신문[2] 新聞【신문】

명 사회에서 발생한 사건에 대한 사실이나 해설을 널리 신속하게 전달

하기 위한 정기 간행물.

의쥬부에 잇는 일본 슈비딕 병뎡과 예수교학당 학도와 충돌ᄒᆞ야 병뎡이 교당을 파쇄ᄒᆞᆫ ᄉᆞ는 각 **신문**에 게직ᄒᆞ엿거니와 〈대한매일1908/06/11〉

이 **신문** 보시는 이도 이런 말이 우술 거신지 울 거신지 ᄉᆡᆼ각ᄒᆞ시오 〈경향신문1907/07/13〉

신문지 新聞紙【신문지, 新聞紙】

명 신문. 또는 신문 기사를 실은 종이.

이제 더욱 진보가 되여 슐먹기와 노름ᄒᆞ기를 일졀 금단ᄒᆞ고 **신문지**을 사셔 보아 지식을 발달ᄒᆞᆫ다 ᄒᆞ니 〈대한매일1907/09/27〉

여러 **신문지**의 직분은 이런 폐단의 해롤 막아 어두운 거술 붉히고 그른 거술 바로게 홈이니 이러므로 **신문지**의 셰력을 ᄉᆡᆼ각ᄒᆞ면 장ᄒᆞ고 놀납도다 〈경향신문1906/12/07〉

일젼 ᄭᅮᆷ에 모란봉에 가셔 우리 부모 순소에 갓던 일이 그거시 ᄭᅮᆷ인가 오날 **신문지**의 광고 보는 거시 ᄭᅮᆷ인가 〈혈의루79〉

襤褸는 一見에 所用이 업는 듯ᄒᆞ나 書籍과 **新聞紙**에 쓰는 洋紙는 襤褸로 써 製造ᄒᆞᆫ 者ㅣ 만흐며 〈국어독본5:54〉

잡지 雜誌【잡지】

명 일정한 이름을 가지고 호를 거듭하며 정기적으로 간행하는 출판물.

이십칠일에 기회식을 거힝ᄒᆞ기로 결뎡ᄒᆞ고 한인이 발간ᄒᆞ는 각 신문 **잡지**을 지금 쳥구ᄒᆞ는 즁이라더라 〈대한매일1909/12/25〉

외인과 밋 셩교를 봉힝치 아니ᄒᆞ는 사ᄅᆞᆷ들의게라도 됴흔 신문 **잡지**을 젼파ᄒᆞ기에 진력ᄒᆞ야 애쓸지니라 〈경향보감2:123〉

본보 발간ᄒᆞ는 규모가 다른 신문 **잡지** 발간ᄒᆞ는 것과 온젼히 다름이 잇ᄉᆞ

오니 〈신학월보5:133〉

여보여보 열심을 일치 말고 어셔어셔 잡지도 발간 교과셔도 지어셔 우리 일천만 녀주 동포에게 돌닙시다 〈자유종22〉

醫療

간호부 看護婦【간호부】

명 의사의 진료를 돕고 환자를 돌보는 일을 하는 사람.

루르드 잇는 간호부(看護婦)들은 그날 아참에 보앗슬 뿐 아니라 〈경향보감 3:281〉

간호원 看護員【간호원】

명 의사의 진료를 돕고 환자를 돌보는 일을 하는 사람.

이 병원 안에 간호원 양셩 학교를 비셜ᄒᆞ고 각식 병쟈 치료하는 법을 ᄎᆞ례로 ᄀᆞᄅᆞ쳐 주는ᄃᆡ 〈신학월보5:30〉

간호원 등분을 말ᄒᆞ면 다ᄉᆺ 가지 분간이 잇스니 一 학습원이오 二 후진 간호원이오 三 션진 간호원이오 四 위임 간호원이오 五 간호원쟝이니라 〈신학월보5:30〉

고약 膏藥【고약】

명 주로 헐거나 곪은 데에 붙이는 끈끈한 약.

교우들이 여러 의원을 불너셔 므슨 병인지도 모로고 온 몸에 **고약**을 만히 부치니 〈경향보감3:133〉

안식일에는 사름의 샹쳐에 **고약**도 바르지 아니ᄒᆞ며 오런 병을 곳치지도 못ᄒᆞᆫ다 ᄒᆞ엿스나 〈신학월보7:26〉

괴질 怪疾【괴질, 怪疾】

명 원인을 알 수 없는 이상한 병.

지작일에 경시청에셔 **괴질**을 예방ᄒᆞ기 위ᄒᆞ여 오셔 셔장을 회동ᄒᆞ여 검역 위원을 차뎡ᄒᆞ엿다더라 〈대한매일1907/10/01〉

지작일 한셩 인민 즁 **괴질**에 죽은 쟈를 됴사ᄒᆞᆫ즉 륙십이 인인ᄃᆡ 한인이 오십 명이오 일인이 이십이 명이라더라 〈대한매일1909/10/01〉

검역부에셔 셔울과 각 고을에 **괴질**을 됴사ᄒᆞ니 알는 사름이 셔울에 삼십륙 인이오 〈경향신문1907/10/11〉

이 ᄣᅢ를 당ᄒᆞ야 ᄉᆞ방에 **괴질**이 치셩ᄒᆞᆫ 즁에 셩셰를 가령ᄒᆞ고 규구를 엄ᄒᆞ게 직희고 〈경향보감4:72〉

녹용 鹿茸【록용】

명 새로 돋은 사슴의 연한 뿔.

즐비ᄒᆞᆫ 당초재 건재약국에 그 즁 사람에게 유익도 ᄒᆞ고 갑도 비싼 약죵은 **록용**이라 〈치악산下77〉

병객 病客【병긱】

명 병을 앓고 있는 사람.

뎨ᄉᆞ는 골슈(骨髓Medulla)와 뇌슈(腦髓) **병긱**이 一百三十七 명이오 〈경향보감3:259〉

녯적 아시아 디방에 두 병직이 잇ᄉᆞ니 ᄒᆞ나은 눈 업ᄂᆞᆫ 쇼경이오 ᄒᆞ나은 귀 먹은 롱직이라 〈신학월보2:261〉

병원 病院【병원】

명 병자(病者)를 진찰, 치료하는 데에 필요한 설비를 갖추어 놓은 곳.

닉시 리덕화 씨가 작일 상오에 황토마루로 지나다가 뎐챠에 닥듸려 팔 ᄒᆞ나히 부러졋ᄂᆞᆫᄃᆡ 병원으로 메여가셔 치료ᄒᆞᆫ다더라 〈대한매일1907/11/03〉

근일에ᄂᆞᆫ 녀ᄌᆞ 샤회도 발달되야 ᄌᆞ션회를 조직ᄒᆞ고 ᄌᆞ션 병원도 셜립ᄒᆞᆯ 계획이라 ᄒᆞ거ᄂᆞᆯ 〈대한매일1908/11/15〉

본월 초이일에 ᄌᆞ암바회에셔 엇던 수레멘 소가 챠부를 밧아 비가 터졋ᄂᆞᆫᄃᆡ 즉시 한셩 병원으로 메여 갓다더라 〈경향신문1907/06/14〉

외국 사름들은 우리 나라 ᄇᆡᆨ셩들을 위ᄒᆞ여 학교를 셜립ᄒᆞ며 병원을 창셜ᄒᆞ며 쳐쳐에 교당을 짓고 불상ᄒᆞᆫ ᄋᆞᄒᆡ들을 위ᄒᆞ여 고ᄋᆞ원을 셜시ᄒᆞ고 〈신학월보4:443〉

령감 별실이 지금 ᄒᆞᆫ셩 병원에 가셔 잇습니다 〈귀의성456〉

그 지물을 다 흣터셔 고아원(孤兒院)과 자션 병원(慈善病院)에 긔부ᄒᆞ고 그 자손은 각기 그 학력(學力)으로 버러 먹으라 ᄒᆞ고 〈은세계759〉

병인 病人【병인】

명 병을 앓고 있는 사람.

병인 치료ᄒᆞ기에ᄂᆞᆫ 의원침이 곳은 게오 권션징악ᄒᆞ기에ᄂᆞᆫ 신문 붓이 곳은 게라 〈대한매일1908/10/20〉

광희문 밧긔 병원에 병인이 ᄀᆞ득ᄒᆞ다ᄂᆞᆫᄃᆡ 근일은 병인들이 긔갈을 견ᄃᆡ지 못ᄒᆞ여 밥을 찻고 〈대한매일1909/09/30〉

예수ᄭᅴ셔 지금도 병인을 곳치시ᄂᆞ뇨 〈신학월보2:288-289〉

예수ᄭᅴ서 그 병인을 죵용한 곳으로 다리고 가사 곳처 주셧시니 〈신학월보4:265〉

다만 그 힝용ᄒᆞᄂᆞᆫ ᄉᆞ무를 말ᄒᆞ면 **병인**을 치료ᄒᆞ고 무식ᄒᆞᆫ 이를 교육ᄒᆞ고 셔칙도 츌판ᄒᆞ고 죄에 ᄲᅡ진 ᄇᆡᆨ셩의게 도를 힘써 젼ᄒᆞᆷ일너라 〈신학월보5:6〉

병자 病者【병자, 병쟈】

명 병을 앓고 있는 사람.

동문 밧 피병원에 나아가셔 일반 병인의 졍황을 검사ᄒᆞᆫ즉 **병쟈**이 ᄉᆞ십명 가량이라 〈대한매일1909/10/0ˊ〉

무ᄅᆞᆺ 무슨 일이든지 령젹으로 넉이기에 ᄀᆞ장 긴요ᄒᆞᆫ 표쥰 즁에 **병쟈**을 의약의 씀이 업시 홀연히 경긱 ᄉᆞ이에 치료ᄒᆞᆷ도 ᄒᆞᆫ낫 표쥰이 된다 ᄒᆞ엿스니 〈경향보감3:241〉

ᄯᅩ 혹 **병쟈**를 낫게 ᄒᆞ시려고 부득이 **병자**의게로 가지 아니시고도 먼 곳에 계셔 낫게 ᄒᆞ신 것과 〈경향보감4:241〉

병원에 오ᄂᆞᆫ **병쟈**들을 곳쳐 주며 〈신학월보2:385〉

이 병원 안에 간호원 양셩 학교를 비셜ᄒᆞ고 각식 **병쟈** 치료하ᄂᆞᆫ 법을 ᄎᆞ례로 ᄀᆞᄅᆞ처 주ᄂᆞᆫᄃᆡ 〈신학월보5:35〉

야전병원 野戰病院【야전병원】

명 싸움터에서 생기는 부상병을 일시적으로 수용하고 치료하기 위하여 전투 지역에서 가까운 후방에 설치하는 병원.

옥년이와 갓치 **야전병원**에셔 치료ᄒᆞ던 사ᄅᆞᆷ인ᄃᆡ 〈혈의루37〉

약물 藥物【약물】

명 [1]먹어서 몸에 약이 되는 것.

병이 더 홈으로 악박골 **약물**을 먹이려 갓다가 〈대한매일1908/09/10〉

[2]약 성분이 들어 있는 물.

혼 시톄롤 썩지 아니ᄒᆞᄂᆞᆫ **약물**에 잠어두고 〈신학월보2:484〉

양약국 洋藥局【양약국】

명 서양 의술로 만든 약이나 서양에서 수입한 약을 파는 곳.

대한의원에셔 각쳐 **양약국**을 됴사하야 약죵을 분셕ᄒᆞᆫ다더라 〈대한매일1908/01/04〉

연골 軟骨【연골】

명 뼈와 함께 몸을 지탱하는 무른 뼈.

대범 츄골궤양(椎骨潰瘍)이라 ᄒᆞᄂᆞᆫ 병은 등마로뼈와 밋 그 등마로뼈 ᄉᆞ이에 잇ᄂᆞᆫ **연골**(軟骨)을 어ᄌᆞ러이고 〈경향보감3:273〉

의사 醫師【의ᄉᆞ】

명 의술과 약으로 병을 치료·진찰하는 것을 직업으로 삼는 사람.

그 병원 **의ᄉᆞ**이 진찰ᄒᆞᆫ 후에 말ᄒᆞ기를 쟝부에 큰 병이 잇슨즉 히부ᄒᆞᆫ 후에야 치료ᄒᆞ겟다 ᄒᆞ고 〈대한매일1909/01/17〉

각국 **의ᄉᆞ**(醫師)들의 수효가 거년 칠월 이십오일브터 팔월 이십오일ᄭᆞ지 합 一百四十九명인ᄃᆡ 〈경향보감4:52〉

의원[1] 醫院【의원】

명 진료 시설을 갖추고 의사가 의료 행위를 하는 곳. 병원보다는 시설이 작다.

지등겸츠와 뎐즁슈는 대한 의원 기ᄉ 주임 삼등을 임ᄒ고 〈대한매일1908/01/26〉

의원[2] 醫員【의원】

명 의사와 의생(醫生)을 통틀어 이르는 말.

지금 한국 안에 한인 의원의 수효는 합이 이쳔륙빅오십구 인이오 외국 의원이 삼빅이 인이라더라 〈대한매일1909/01/26〉

국가이 쇠약ᄒᆞᆫ 때를 당ᄒ여 형세를 ᄯᆞ러가며 변통ᄒ는 방법은 의원의 병을 보는ᄃᆡ 증셰를 ᄯᆞ러셔 약을 쓰는 것과 ᄀᆞᆺᄒᆞ니 〈대한매일1909/09/02〉

해로온 못쓸 우두약을 가지고 그 디방에 드러와 너흐면 첫 번에 온 의원이 나죵에 온 사름의 약이 괴ᄋᆡᆨᄒ고 해로온 줄을 알고 그 디방 사름들의게 말ᄒ기를 그 의원이란 이의 약은 해로오니 쓰지 말나 ᄒ리니 엇더ᄒ오 〈경향보감3:139〉

보월 씨씌셔 병 보실 때에 병인이 오면 병도 찬찬히 보시고 병든 사름을 의원이 와셔 보아 〈신학월보2:492〉

그른 말은 ᄒᆞᆫ 마듸도 업스되 속으로 ᄉᆡᆼ각ᄒ기를 져 의원이 죽을 사름을 살녀 주엇신즉 지ᄉᆡᆼ지은을 지은지라 〈신학월보4:527〉

너 드러올 ᄯᅢ에 너의 눈물 흔적을 보고 의원의 ᄒᆞᆫ 말을 대강 짐작ᄒ얏다 〈설중매1〉

치료 治療【치료】

명 병이나 상처 따위를 잘 다스려 낫게 함.

몸만 든든ᄒ면 셩ᄉᄒ기 쉬오니 속히 치료을 잘ᄒ라 ᄒ엿다더라 〈대한매일1910/04/01〉

안질이 대단ᄒ다니 치료을 ᄒᆞᆫ 후라야 될 터이요 〈송뢰금3〉

一般

발기[1] -記【발긔】

명 사람이나 물건의 이름을 죽 적어 놓은 글.

본국 ᄌᆞ본으로 부셜ᄒᆞ기로 가결ᄒᆞᄆᆡ 유지쟈들이 ᄌᆞ본금을 내기로 **발긔**에 젹은 금익이 발셔 일쳔만 불에 달ᄒᆞ엿다더라 〈대한매일1909/11/25〉

가칭 假稱【가칭】

명 어떤 이름을 거짓으로 속여 부름. 또는 그 이름.

유치면 씨가 **가칭** 슌사ᄒᆞ고 슈원 등디에 ᄂᆞ려가셔 인민의게 젼지를 토쇡ᄒᆞ다가 탄로되여 〈대한매일1908/01/26〉

거월에 령월군에셔 **가칭** 의병 삼십 명이 영츈군에 드러오거ᄂᆞᆯ 〈경향신문1907/06/14〉

감독[1] 監督【감독, 監督】

명 일이나 사람 따위가 잘못되지 아니하도록 살피어 단속함. 또는 그렇게 하는 사람.

각 디방 경무셔 관할ᄒᆞᄂᆞᆫ 디경을 기뎡홈에 각 항 시 경무셔를 경무 분셔로 ᄒᆞ고 각 관찰도 **감독** 아래 이속ᄒᆞ고 〈경향신문1907/04/12〉

또 본 관찰ᄉᆞ의게 정ᄒᆞ되 샹쾌치 아니면 셔울 평리원에 정ᄒᆞ고 혹 통감부 텰도 **감독**의게 정홀 거시니 〈경향보감1:177〉

봉남의 집 지산은 위션 닉가 다 **감독**을 히 주어야 ᄒᆞ깃지 〈두견성3〉

판ᄉᆞ나 검출이나 경시통감이나 공쟝 **감독**이나 정탐이나 샹고나 모다 인비의 지휘 딕로 시힝하니 〈철세계83〉

統首 洞長 郡守 及 府尹의 處分을 對ᄒᆞ야 異議가 有ᄒᆞᆫ 者ᄂᆞᆫ 其 **監督** 官廳에 卽 申出홈이 可홈이라 〈경향보감1:36〉

강토 疆土【강토】

명 나라의 경계 안에 있는 땅.

대져 삼쳔리 **강토**과 이천만 인구로 ᄌᆞ쥬독립ᄒᆞ지 못홀 걱정이 업거ᄂᆞᆯ 〈대한매일1907/05/23〉

대한 인민과 **강토**을 온젼케 ᄒᆞ시고 평안홈에 두샤 무한ᄒᆞᆫ 복락을 주시며 영원ᄒᆞᆫ 디경에 두실 터이니 〈신학월보5:78〉

남녀 빅셩 수빅 명이 모혀 울며 닐ᄋᆞ딕 나라 **강토**를 폴 디경이면 나라 것만 폴지 빅셩의 사ᄂᆞᆫ 가옥ᄭᆞ지 폴아셔 빅셩이 도모지 갈 곳이 업서 유리ᄒᆞᄂᆞᆫ딕 〈경향신문1907/05/24〉

개인 個人【개인】

명 국가나 사회, 단체 등을 구성하는 낱낱의 사람.

개인의 ᄉᆞ업과 국가의 ᄉᆞ업ᄒᆞᆫ 물론ᄒᆞ고 그 처음에 고져ᄒᆞᄂᆞᆫ 소원을 박홀 졔ᄂᆞᆫ 피로써 ᄒᆞ며 〈대한매일1908/05/16〉

어업법을 실시ᄒᆞᆫ 후 륙칠삭어 일인의 어업 청원ᄒᆞᆫ 수효ᄂᆞᆫ 면허 어업에ᄂᆞᆫ

개인으로 흔 거시 이쳔일빅팔십삼 건이오 단톄로 흔 거시 일쳔오빅십구 건이며 〈대한매일1910/05/03〉

ᄎᆞ후에 온 인류가 개인(個人)과 곳히 슌경 역경을 ᄯᆞ라 변화ᄒᆞ엿ᄉᆞ며 각 인죵과 민족과 나라히 다 이와 곳히 슌경 역경과 강쇠 슌환에 쇽ᄒᆞ엿ᄉᆞ니 〈경향보감2:258〉

검사 檢査【검사, 檢査】

명 사실이나 일의 상태 또는 물질의 구성 성분 따위를 조사하여 옳고 그름과 낫고 못함을 판단하는 일.

어션 소쇽 륜션과 셕우 발동긔 륜션은 검사을 밧지 아니ᄒᆞ게 ᄒᆞ고 〈대한매일1910/02/16〉

뎌들이 검사을 다흔 후에 흔 의원이 제 검사흔 것을 비평(批評)흔 후에 ᄌᆞ긔 동관 의원 ᄃᆡ신으로 뎌ㅣ가 보고ᄒᆞ야 닐ᄋᆞᄃᆡ 〈경향보감3:265〉

牧場, 養蠶室, 實驗室 等을 設備ᄒᆞ얏스니. 實驗室에셔ᄂᆞᆫ 肥料 檢査과 害虫 驅除法 等의 農事 改良에 必要흔 各種 事項을 研究ᄒᆞ고 〈국어독본8:17〉

검정 檢定【검뎡, 검졍】

명 일정한 규정에 따라 자격이나 조건을 검사하여 결정함.

소위 검뎡을 ᄒᆞ여 달나 쳥흔즉 학부에셔ᄂᆞᆫ 무수히 근지ᄒᆞ여 일년 혹 이년이 되도록 검뎡을 아니ᄒᆞ여 준다 ᄒᆞ더라 〈대한매일1910/01/11〉

ᄉᆞ립 학교령을 반포흔 후로 교과셔ᄂᆞᆫ 학부의 검졍과 ᄯᅩ 인가흔 것을 쓰ᄂᆞᆫ 일과 일어를 위쥬ᄒᆞᄂᆞᆫ ᄭᆞᄃᆞᆰ으로 〈대한매일1910/03/09〉

문 학부의 검뎡과 인가를 밧은 칙을 분명히 뎡ᄒᆞ엿ᄂᆞ뇨 〈경향보감3:244〉

혹 일본 관텽의 검뎡을 밧은 것은 졍부의 특허를 밧아야 슈입을 ᄒᆞ거나 혹 ᄑᆞᄂᆞ니라 〈경향보감3:413〉

결석 缺席【결셕】

명 나가야 할 자리에 나가지 않음.

여러 번 ᄌᆡ판을 청ᄒᆞᄃᆡ 셔씨가 응숑치 아니ᄒᆞᄂᆞᆫ 고로 홍학쥬 씨가 작일에 **결셕** ᄌᆡ판을 청ᄒᆞ엿다더라 〈대한매일1908/02/26〉

경쟁 競爭【경ᄌᆡᆼ, 競爭】

명 같은 목적에 대하여 이기거나 앞서려고 서로 겨룸.

경ᄌᆡᆼ이라 ᄒᆞᄂᆞᆫ 것은 어쳔만ᄉᆞ 연구ᄒᆞ야 지식샹징 ᄒᆞᆷ이어ᄂᆞᆯ 〈대한매일1909/04/25〉

다토고 싸홈이 업시ᄂᆞᆫ ᄃᆡ 유물이 잇ᄉᆞᆯ 수 업다 ᄒᆞ니 이ᄂᆞᆫ ᄉᆡᆼ존**경ᄌᆡᆼ**(生存競爭)이라 ᄒᆞ며 〈경향보감1:377-378〉

비록 가ᄅᆞ치지 안이ᄒᆞᆯ지라도 엇지 금슈와 갓흐리오 ᄒᆞ야 **경ᄌᆡᆼ**이 대단ᄒᆞᄃᆡ 귀결치 못ᄒᆞ얏더니 〈자유종5〉

경축 慶祝【경축, 경츅】

명 경사스러운 일을 축하함.

ᄌᆡ작일 태황뎨 만슈셩절에 각학교에셔 **경츅**들 ᄒᆞ엿ᄂᆞᆫᄃᆡ 〈대한매일1907/09/04〉

증남포에셔 태황뎨 탄일에 미국교 학도들이 모혀 **경츅**ᄒᆞᄂᆞᆫᄃᆡ 대한 슌검이 못ᄒᆞ게 ᄒᆞᆷ으로 〈경향신문1907/07/13〉

탄일 **경축** 례식 〈신학월보 1권 [illegible]호 목차〉

등극ᄒᆞ신 지 륙십 년이 ᄎᆞ매 론돈에셔 큰 **경츅**이 잇셧ᄉᆞ니 〈신학월보1:156〉

대쥬교 디방을 셜립ᄒᆞᆫ 지가 ᄌᆞ금 ᄇᆡᆨ년이 되엿ᄂᆞᆫ 고로 금월에 **경츅**을 ᄒᆞᆫ다 ᄒᆞ니 〈경향보감2:219〉

제등힝렬(提燈行列)의 **경츅**은 거리거리 버려셔서 〈송뢰금3〉

경험 經驗【경험】

명 자신이 실제로 해 보거나 겪어 봄. 또는 거기서 얻은 지식이나 기능.

북경 뎐보를 거흔즉 영국 히군이 일아젼징의 **경험**을 인ᄒᆞ야 방어홀 슈뢰포 일만 칠쳔 기를 예비ᄒᆞ엿다더라 〈대한매일1907/08/07〉

이왕 경비ᄒᆞᄂᆞᆫ ᄃᆡ **경혐**이 잇ᄂᆞᆫ 오숑군 오빅 명을 불넛고 〈대한매일1910/05/29〉

활동ᄒᆞᄂᆞᆫ 힘(活動力)이 온젼히 업ᄂᆞᆫ 줄을 뎡리와 **경험**으로써 ᄇᆞᆰ히 앎이니라 〈경향보감2:33〉

혹 이왕 **경험**으로 분명ᄒᆞᆫ ᄉᆞ실(事實)을 눌너 업시홀 념려가 영영 업슬 것이오 〈경향보감3:249〉

인민이 졍치사상이 업셔 의회를 향ᄒᆞ야 공동홈이 업고 부졍톄에 **경험**이 업셔 〈설중매9〉

고빙 雇聘【고빙】

명 학식이나 기술이 뛰어난 사람에게 어떤 일을 맡기려고 예의를 갖추어 모셔 옴.

일인을 **고빙** 〈대한매일1907/10/06〉

변호ᄉᆞ **고빙** 〈대한매일1909/11/18〉

미ᄉᆞ건에 외인 **고빙** 뎨일이지 비밀ᄉᆞ졍 술펴다가 외국의게 닐너주니 〈경향신문1907/08/16〉

공급 供給【공급】

명 요구나 필요에 따라 물품 따위를 제공함.

운동ᄒᆞᄂᆞᆫ ᄃᆡ도 놈을 기ᄃᆞ려셔 ᄒᆞ며 옷을 닙고 밥을 먹는 거시 모다 쇼민의 **공급**을 기ᄃᆞ리ᄂᆞ니 〈대한매일1910/07/22〉

공담 公談【공담】

명 사회 대중의 공통된 의견.

여러분도 다 아시거니와 그럼 **공담**으로 말ᄒᆞ자면 〈금수회의록98〉

관광인 觀光人【관광인】

명 진귀한 풍경, 풍습, 문물 따위를 구경하는 사람.

구쥬의 영광을 빗내는듯 싹춤 소릐에 산천도 응ᄒᆞ야 깃버ᄒᆞᄂᆞᆫ 듯 **관광인** 합 삼빅 인인디 〈신학월보1:8C〉

관립 官立【관립, 官立】

명 국가 기관에서 세움.

정삼픔 려규형은 **관립** 한셩고등학교 교관 주임 ᄉᆞ등을 임ᄒᆞ고 〈대한매일1907/07/02〉

여러 **관립** 보통학교에셔 하긔 휴학ᄒᆞ엿더니 츄긔가 된 고로 본일브터 일졔히 ᄀᆡ학ᄒᆞᆫ다더라 〈대한매일1907/09/01〉

일본인 대뎡등쟈ㅣ라 ᄒᆞᄂᆞᆫ 쟈ㅣ 의쥬부에 ᄂᆞ려가셔 그 고ᄋᆞᆯ **관립** 보통학교 새로 건축ᄒᆞᄂᆞᆫᄃᆡ 〈경향신문1907/05/24〉

측량기슐을 ᄀᆞᄅᆞ치ᄂᆞᆫ **관립** 학교의 졸업증셔가 잇ᄂᆞᆫ 쟈나 〈경향보감4:117〉

괘종 掛鐘【괘종】

명 시간마다 종이 울리는 시계.

이쒸 젼회가 다 그리 알고 허여질시 벅상에 괘종이 발셔 열 졈을 치더니 홀연 연셜단에 쎨니 뚜여올로는 흔 사람이 잇셔 〈철세계71〉

교제 交際【교졔】

명 [1]서로 사귀어 가까이 지냄.

샤회에 디ᄒᆞ야 홀 일은 **교졔**과 밋음과 공의 세 가지가 뎨일 긴요하니 **교졔**를 친밀히 ᄒᆞ며 〈대한매일1907/09/10〉

녕악도 ᄒᆞ거니와 싀긔홈이 업시 나롤 칭숑ᄒᆞ니 가위 쾌활흔 종류ㅣ라 ᄒᆞ고 인ᄒᆞ야 **교졔**롤 친밀홈을 일우엇고 〈신학월보1:154〉

사롬마다 **교졔**을 됴화ᄒᆞ야 업을 졍밀ᄒᆞ고 무리를 즐겨ᄒᆞ야 ᄉᆞ괴는 도가 니러나 셩을 쌋코 〈신학월보5:169〉

[2]어떤 목적을 달성하기 위한 수단으로 남과 가까이 사귐.

외교관들이 한국에 권력을 부려 정치샹 운동도 셔악간 힘ᄒᆞ야 엇지던지 일한 량국간 **교졔** 친밀홀 긔회도 엇엇고 〈대한매일1904/09/05〉

오디리국 고등 외교관의 말흔 바를 드른즉 오디리와 아라ᄉᆞ 두 나라의 **교졔**는 다시 친밀케 ᄒᆞ기로 흔다 ᄒᆞ엿고 〈대한매일1910/02/13〉

구락부 俱樂部【구락부】

명 취미나 친목 따위의 공통된 목적을 가진 사람들이 조직한 단체인 '클럽'의 일본식 음역어.

진보당관 유흥회 외에 대동 **구락부**도 명일에 닉각을 신임치 아니흔다는 결의 안건을 의회에 뎨츌흔다더라 〈대한매일1908/01/24〉

군인 **구락부**는 폐지가 되고 대한 톄육 **구락부**를 셜립흔다는 말이 잇다더라 〈대한매일1908/08/13〉

금월 초일일 샹오 여숫시 반에 진고개 일본 료리집 국취루에셔 불이 나셔

그 근쳐 구락부와 샤진관과 농대 송병쥰 씨의 집 힝랑ᄭᆞ지 다 톳다더라 〈경향신문1907/10/04〉

국기 國旗【국긔, 國旗】

명 일정한 형식을 통하여 한 나라의 역사, 국민성, 이상 따위를 상징하도록 정한 기(旗).

일본 리ᄉᆞ청에서 함흥 관찰부 션화당 뜰 압헤 일본 국긔을 세우거ᄂᆞᆯ 힝관찰ᄉᆞ 한남규 씨가 임의로 쳐단치 못ᄒᆞ여 닉부로 뎐보ᄒᆞ엿다 〈대한매일1907/10/26〉

우리 대한 국긔 겻헤 ᄯᅩ 다른 나라 국긔이 와셔 걸님을 허락지 아니ᄒᆞ리라 ᄒᆞ고 〈대한매일1909/02/07〉

십ᄌᆞ긔와 국긔ᄅᆞᆯ ᄆᆞᆫᄃᆞ러 쳥년들이 오시ᄂᆞᆫ 회원들을 영졉ᄒᆞ여 드리고 〈신학월보1:196〉

나라에 경사가 잇스되 깃버ᄒᆞᆯ 줄 아지 못ᄒᆞ야 국긔 ᄒᆞ나 닉여ᄭᆞ질 줄 모로니 그거시 창자 잇ᄂᆞᆫ 거시오 〈금수회의록91〉

륜션에 틱극 국긔이 빗나리로다 〈송뢰금5〉

우리 大韓國 皇帝陛下의 誕降ᄒᆞ옵신 慶事로온 날이라 집집에 國旗ᄅᆞᆯ 달고 學校와 各官衙에셔 다 休業ᄒᆞ야 〈국어독본4:46〉

국력 國力【國力】

명 한 나라가 지닌 정치, 경제, 문화, 군사 따위의 모든 방면에서의 힘.

高麗王이 屢次 出兵ᄒᆞ야 討滅코져 ᄒᆞ얏스나 國力이 貧弱ᄒᆞ야 〈국어독본8:36〉

日本이 일즉이 歐米의 文化ᄅᆞᆯ 模倣ᄒᆞ야 教育을 盛히 ᄒᆞ고 農商工業의 發達에 注意ᄒᆞ얏슴으로써 國力이 强大ᄒᆞ야 日清 日露 兩 戰役에 勝捷을 奏ᄒᆞ고 〈국어독본8:63〉

국문 國文【국문】

명 나라 고유의 글자. 또는 그 글자로 쓴 글.

우리 **국문** 신보를 발간 이후로 쳠군ᄌᆞ의 지어 보내시ᄂᆞᆫ 편편 긔담이 여러 번 드러왓스나 〈대한매일1908/02/26〉

학부에셔ᄂᆞᆫ **국문**이 필요치 아니타 ᄒᆞ여 국문 연구회를 폐지ᄒᆞ고 〈대한매일1910/05/03〉

대져 **국문**의 공부로도 그 사ᄅᆞᆷ이 현량ᄒᆞ고 그 나라이 부강ᄒᆞ얏스면 〈대한매일1910/05/23〉

ᄯᅩ 각 사ᄅᆞᆷ의게 요긴ᄒᆞᆫ 거ᄉᆞᆯ ᄀᆞᄅᆞ쳐 몬져 **국문**을 보고 쓰ᄂᆞᆫ 법과 수법에 가감승졔ᄒᆞᄂᆞᆫ 거ᄉᆞᆯ 공부ᄒᆞ게 ᄒᆞ면 〈경향신문1907/06/07〉

ᄉᆞ문 아동에 뎨일 좋은 ᄉᆞ업이 무엇이뇨 답 **국문**을 만ᄃᆞ심이니이다 〈대한국어문법14〉

우에 셰죵대왕ᄭᅴ서 친졔ᄒᆞ신 훈민졍음과 훈몽ᄌᆞ회와 화동졍음통셕에 잇는 **국문**을 등록ᄒᆞ니 훈민졍음에는 각 ᄌᆞ음ᄌᆞ를 모 한ᄌᆞ 초발셩과 ᄀᆞᇀ다 ᄒᆞ시고 〈대한국어문법23〉

우리나라 **국문**은 미상불 됴흔 글이나 닦달 아니ᄒᆞᆫ ᄌᆡ목과 갓ᄒᆞ니 〈자유종13〉

국민 國民【국민】

명 국가를 구성하는 사람. 또는 그 나라의 국적을 가진 사람.

이러홈으로 본샤에셔 국문신보 일부를 다시 발간ᄒᆞ야 **국민**의 졍신을 ᄭᆡ여 니르키기로 쥬의ᄒᆞᆫ 지가 오래엿더니 〈대한매일1907/05/23〉

비록 말ᄒᆞ지 아니ᄒᆞᆯ지라도 셰계에 억만 이목이 다 알거니와 그 외에ᄂᆞᆫ 국가의 근본되ᄂᆞᆫ **국민**에게 잇도다 〈대한매일1908/01/04〉

한국 이쳔만 형뎨가 태반이나 모다 이런 어린ᄋᆞᄒᆡ인즉 이 어린ᄋᆞᄒᆡ의 국

민을 모라다가 이 경징 세계에 엇지 서리오 ᄒᆞ엿ᄂᆞᆫ지라 〈대한매일1908/07/18〉

국민은 이 나라의 ᄇᆡᆨ셩이라 ᄒᆞ여 그 편안ᄒᆞ고 위ᄐᆡᄒᆞᆫ 거슬 오즉 이 나라의 담당이라 ᄒᆞ여 국가ᄂᆞᆫ 국민의 공공ᄒᆞᆫ 산업으로 ᄒᆞ고 국민은 국가의 공공ᄒᆞᆫ 권리를 가지게 된지라 〈대한매일1908/09/10〉

둘재ᄂᆞᆫ 셰계를 위ᄒᆞ여 국가를 해롭게 홈이오 셋재ᄂᆞᆫ 국민이 그 ᄒᆡᆼ위를 본밧어 허황ᄒᆞᆫ ᄃᆡ로 드러가게 홈이니라 〈대한매일1909/11/25〉

젼국 ᄂᆡ에 량반이 죡히 삼분에 일이나 될지라 이것을 그ᄃᆡ로 ᄇᆞ리자 ᄒᆞ면 국민 즁에 일부분이 업셔질지니 그 쳐치ᄒᆞᆯ 방법은 실노 시급ᄒᆞ도다 〈대한매일1910/07/22〉

사람이 더욱 만홀터인대 방장 구하여 오는 칙이 또한 불소하다 하는지라 국민의 이만치 유조할 일이 업슬 듯하도다 〈신학월보3:188〉

황뎨폐하 통치하(統治下)에서 부지런이 버러먹고 자식이나 잘 가르쳐서 국민의 지식이 진보될 도리만 ᄒᆞ시오 〈은세계828〉

만일 다슈ᄒᆞᆫ 국민이 겁ᄂᆡᄂᆞᆫ 것도 업고 의귀ᄒᆞᆯ 곳도 업고 존충ᄒᆞᆯ 것도 업스면 엇지 국민의 질셔가 잇겟소 〈자유종15〉

궁민 窮民【궁민】

명 생활이 어렵고 궁한 백성.

이태리 황뎨ᄂᆞᆫ 이만 불을 하ᄉᆞᄒᆞ시고 라마국 법황도 궁민들을 진휼ᄒᆞ셧다더라 〈대한매일1907/11/03〉

권리 權利【권리】

명 어떤 일을 행하거나 타인에 대하여 당연히 요구할 수 있는 힘이나 자격.

한국은 무슴 연고로 몃 ᄒᆡ간에 모든 권리을 다 쎄앗기고 이 디경에 니르럿

눈가 〈대한매일1908/01/04〉

인민이 그 권리 찻기를 힘쓰지 아니ᄒᆞ면 그 몸을 스ᄉᆞ로 ᄇᆞ림이라 〈대한매일1910/06/28〉

이 ᄯᅢ에 유대의 회원들이 빅셩의 권리롤 금졔ᄒᆞᆯ 수도 업고 로마국에셔도 그리스도인을 보호ᄒᆞᄂᆞᆫ데 〈신학월보2:236〉

이러케 하여야 내 나라 교회를 우리가 주장하난 권리이 생길지니 차차 힘자라난 대로 교회와 학교를 설립도 하려니와 〈신학월보3:476〉

빌어 엇은 ᄯᅡᆼ을 놈의게 주든지 혹 놈이 그 ᄯᅡᆼ에 권리을 세우려면 농상공부대신의 허락을 밧을지니라 〈경향보감2:277〉

나라 ᄯᅡᆼ을 빌어 엇은 쟈의게 돈을 주고 그 ᄯᅡᆼ에 권리을 엇을 수가 잇스랴 〈경향보감2:293〉

뎐보에 ᄒᆡ아 ᄉᆞ건에 대한 황뎨 손위ᄒᆞ신 거시 만족지 못ᄒᆞ니 ᄒᆡᆼ졍샹 모든 권리롤 일본이 알온 ᄯᅢᄒᆞ여야 ᄒᆞ겟다 ᄒᆞ엿더라 〈경향신문1907/07/26〉

홍참의 집에를 친ᄒᆞ야 단기지 못ᄒᆞ얏스나 권리과 셰력이 원쥬 일경을 쥐락펴락ᄒᆞᄂᆞᆫ 량반일 줄은 드럿든 고로 〈치악산下72〉

귀국한 뒤에 우리나라 부인의 지식을 널려셔 남자의게 압제 밧지 말고 남ᄌᆞ와 동등 권리을 찻게 ᄒᆞ며 〈혈의루86〉

근시경 近視鏡【근시경】

명 근시인 사람이 쓰는, 오목 렌즈로 만든 안경.

쥬인 왈 낫낫치 혜일 수가 업스니 원시경을 가지고 멀니 보지 말고 근시경을 가지고 갓가히 보면 가히 알지니라 〈대한매일1908/03/14〉

노동회 勞動會【로동회】

명 노동자가 조직한 단체.

연강 **로동회**ᄂᆞᆫ 경비ᄅᆞᆯ 유지ᄒᆞᆯ 도리가 업셔셔 〈대한매일1909/03/24〉

군산항 **로동회**에셔 발긔ᄒᆞ야 야학교를 셜립ᄒᆞ고 〈대한매일1910/05/03〉

논설 論說【론셜】

[명] [1]어떤 주제에 관하여 자기의 의견이나 주장을 조리 있게 설명함.

다ᄉᆞᆺ시ᄭᆞ지 일이 반이 다시 합셕ᄒᆞ야 신학과 **론셜**을 로불 목ᄉᆞ의게 공부ᄒᆞ엿ᄂᆞ니라 〈신학월보1:62〉

[2]어떤 주제에 관하여 자기의 생각이나 주장을 체계적으로 밝혀 쓴 글.

우리 형뎨 송긔용씨 져슐ᄒᆞ여 보내셧ᄉᆞ니 **론셜**에 긔ᄌᆡᄒᆞ엿ᄂᆞ니라 〈신학월보1:55〉

[3]신문이나 잡지 따위의 사설.

그 신문에 게ᄌᆡ치 못ᄒᆞᆫ 격셔들과 ᄯᅩ 그 **론셜**을 심히 강경ᄒᆞ게 긔ᄌᆡ치 못ᄒᆞ엿슴으로 〈대한매일1908/07/09〉

다락방【다락방】

[명] 주로 부엌 위에 이층처럼 만들어서 물건을 넣어 두는 곳.

그 사ᄅᆞᆷ의 집 **다락방**을 엇고 유월졀 잔치 먹기를 예비ᄒᆞ엿스니 〈신학월보4:326〉

담화 談話【담화】

[명] 서로 이야기를 주고받음.

잠시 **담화** 후에 뎌의 이번 길ᄃᆡ 복되게 ᄒᆞᄂᆞᆫ 빙거로 친히 강복ᄒᆞ여 리별ᄒᆞ엿ᄉᆞ며 〈경향보감2:275〉

술도 아니 자시고 담화도 아니ᄒᆞ시니 도로혀 셥셥ᄒᆞ여이다 〈설중매13〉

이날 밤에 영월루에 올나 거움고도 타며 담화도 ᄒᆞ다가 단사 소릐가 갓가이 나매 사람을 혐의ᄒᆞ야 그치고 〈송뢰금2〉

나ᄂᆞᆫ 지식이 업서 연ᄒᆞ야 담화ᄂᆞᆫ 잘못ᄒᆞ거니와 ᄉᆞ상이야 엇지 다르며 ᄭᅮᆷ이야 못 ᄭᅮ엇겟소 〈자유종40〉

당목 唐木【당목】

명 두 가닥 이상의 가는 실을 되게 한 가닥으로 꼰 무명실로 나비가 넓고 발이 곱게 짠 피륙. 광목보다 실이 가늘고 하얗다.

량인은 피차 동무 쟝사로 호샹간계ᄒᆞ야 옥양목 ᄆᆡ필에 쳑슈가 분명ᄒᆞ것마ᄂᆞᆫ ᄆᆡ양 당목 속ᄭᅩᆺ호로 오륙쳑식 ᄭᅳᆫ허 ᄒᆞᆫ두 필을 파라 먹은 즉 자미가 신통ᄒᆞ야 〈대한매일1905/02/13〉

일시경에 도적이 남부 미동 사ᄂᆞᆫ 김응원 씨 집에 청국인 왕만쥰의 옥양목 닐곱필과 당목 륙필과 돈 십환과 다른 잡물을 만히 가져갓다더라 〈대한매일1909/02/03〉

엇던 사ᄅᆞᆷ이 드러와 당목 몃 자ᄅᆞᆯ 사고 갑ᄉᆞᆯ 내ᄂᆞᆫᄃᆡ 다 ᄉᆞ젼이라 〈경향보감2:27〉

대표 代表【대표】

명 전체의 상태나 성질을 어느 하나로 잘 나타냄. 또는 그런 것.

ᄂᆡ각셔긔관장 한창슈 씨가 ᄂᆡ각 대표로 남대문 밧 뎡거장에 나가 영접ᄒᆞ엿다더라 〈대한매일1910/07/22〉

만일 ᄇᆡᆨ셩을 션동ᄒᆞᆫ 일이 잇ᄉᆞ면 ᄌᆡ판장을 세우고 렬국 대표 압헤 ᄌᆡ판을 ᄒᆞᆯ 거시라 ᄒᆞ노니 〈경향신문1907/07/13〉

도득하다 圖得-- 【도득ᄒᆞ다】

동 꾀하여 얻다. 또는 얻으려고 꾀하다.

두령 몃 사ᄅᆞᆷ만 고관대쟉을 **도득ᄒᆞ고** 하향의 회원들은 거론치 아니ᄒᆞ니 〈대한매일1907/07/16〉

ᄌᆡ물을 **도득ᄒᆞ여** 부자에셔 더 부쟈가 될 욕심을 치우고져 ᄒᆞ며 〈경향보감 3:480〉

ᄌᆡ물을 도적질ᄒᆞ고 벼살을 **도득ᄒᆞ며** ᄀᆡ화ᄒᆞ얏다 자칭ᄒᆞ고 〈금수회의록64〉

동물원 動物園 【동물원】

명 일정한 시설을 갖추어 각지의 동물을 관람시키는 곳.

대황뎨 폐하씌옵셔 지작일에 **동물원**과 식물원에 친림ᄒᆞ샤 각식 물픔을 어람ᄒᆞ엿다더라 〈대한매일1908/04/16〉

휘문 의슉에 잇ᄂᆞᆫ 젼관샹소 소유 셩슈분야 도본과 남복극 도본을 챵덕궁 안 **동물원**으로 쟝ᄎᆞ 가져갈 터인ᄃᆡ 궁닉부에셔 그 뜻으로 학부에 죠회ᄒᆞ엿다더라 〈대한매일1909/06/15〉

챵덕궁 안 **동물원**에셔 인도국 큰 코끼리를 사온다 홈은 이보ᄒᆞ엿거니와 ᄅᆡ월 초싱에나 도챡된다 〈대한마일1910/06/28〉

박물관 **동물원**(博物館, 動物園) 갓치 번화ᄒᆞᆫ 구경을 ᄒᆞᆯ ᄯᅢ에도 경황 업시 당기면셔 고국 ᄉᆡᆼ각만 ᄒᆞᆫ다 〈은세계584〉

만국 萬國 【만국】

명 세계의 모든 나라.

샹히 산쳔 ᄇᆞ라보니 ᄉᆞ방물화 교통ᄒᆞ고 **만국** 인물 왕ᄅᆡ 즁에 유지인ᄉᆞ 발긔ᄒᆞ야 각 샤회를 셩립ᄒᆞ니 신ᄉᆞ업이 허다로다 계명셩이 빗쳣고나 〈대한대일1908/06/05〉

국제 공법과 **만국** 공법에 의ᄒᆞ여 각국 사ᄅᆞᆷ이 모힌 즁에셔 심판을 ᄒᆡᆼᄒᆞᆷ이 지당ᄒᆞ다 ᄒᆞ고 〈대한매일1910/02/20〉

오날ᄂᆞᆯᄭᆞ지 영원히 **만국** 만민의 대주재 되시고 ᄒᆞᆼ샹 다사리시며 한량 업ᄂᆞᆫ 권능이 변치 아니ᄒᆞ시되 〈신학월보4:350〉

덧덧히 **만국** ᄇᆡᆨ셩의 ᄒᆞᆫ결ᄀᆞᆺ치 젼ᄒᆞ야 ᄂᆞ려오ᄂᆞᆫ 말이 이러ᄒᆞ니 인류와 우쥬가 다 비로솜이 잇섯ᄂᆞ니라 〈경향보감2:34〉

텬하 **만국**에 강약을 무론ᄒᆞ고 하ᄂᆞ님의 우로ᄂᆞᆫ 편벽됨이 읍스시도다 〈송뢰금2〉

만리경 萬里鏡【만리경】

명 두 개 이상의 볼록 렌즈를 맞추어서 멀리 있는 물체 따위를 크고 정확하게 보도록 만든 장치.

아마 일본에셔 **만리경**을 가지고 필경 ᄌᆞ셰히 본 거시로다 〈경향신문1907/07/13〉

일쳔륙ᄇᆡᆨ삼십일년에 ᄉᆞ신 정두원이 그 사ᄅᆞᆷ의게 셔양 학문 ᄎᆡᆨ과 긔묘ᄒᆞᆫ 물건 안경과 ᄌᆞ명죵과 시표와 **만리경**과 총 ᄀᆞᆺᄒᆞᆫ 거술 밧아 가지고 왓ᄂᆞ니라 〈경향보감1:29〉

만리타국 萬里他國【만리타국】

명 조국이나 고향에서 멀리 떨어져 있는 다른 나라.

오ᄂᆞᆯ날 한국 사ᄅᆞᆷ이 **만리타국**에 건너가셔 문명 공긔를 마시며 조샹 나라를 ᄉᆡᆼ각ᄒᆞ기로 학문을 힘쓰고 〈대한매일1907/07/16〉

셰상에 그 ᄯᅳᆺ을 일으지 못ᄒᆞ고 **만리타국**으로 간 지가 일년이라 〈송뢰금2〉

ᄯᅳᆺ밧게 서방님게셔 **만리타국**에 가셔 공부를 ᄒᆞ신다 ᄒᆞ니 〈치악산上30〉

평양에 게시던 일은 젼싱 일 갓습 **만리타국**에셔 슈토불복이ᄂᆞ 되시지 아

니ᄒᆞ고 〈혈의루82〉

만물 萬物【만물】

명 세상에 있는 모든 것.

대뎌 사ᄅᆞᆷ은 텬하 만물 즁에 뎨일 웃듬이언마ᄂᆞᆫ 엇지 우리 일텬지하에 ᄀᆞᆺ흔 인죵으로 하등인물 되엿ᄂᆞ뇨 〈대한매일1908/03/01〉

이 세 가지가 재물 속에 잇는 것 아니라 재물과 만물이 이 세 가지 쇽에 잇시니 〈신학월보4:472〉

셰쥬도 셤기다가 비반치 못ᄒᆞ도려든 ᄒᆞ믈며 텬디 만물 대쥬쥐롤 엇지 비반ᄒᆞ리잇가 못ᄒᆞᄂᆞ이다 〈기해일기108b〉

지금 되ᄂᆞᆫ 변긔라 ᄒᆞᄂᆞᆫ 거슨 만물이 고요히 자고 쉬ᄂᆞᆫ 것 ᄀᆞᆺᄒᆞ야 ᄶᅡ히 움죽여 도라감도 덧덧이 긋치지 안코 놀납게 도라나가 〈경향보감2:17〉

나ᄂᆞᆫ 만물에 신령되ᄂᆞᆫ 사ᄅᆞᆷ으르 틔여나셔 인간에 다시 업ᄂᆞᆫ 고ᄉᆡᆼ을 다 ᄒᆞ다가 〈치악산上129〉

만찬회 晩餐會【만찬회】

명 손님을 초대하여 저녁 식사를 겸하는 연회.

십륙일 법국 령ᄉᆞ 만찬회에 이등통감과 장곡천 ᄉᆞ령관 이하 고등관들과 한국 각 대신과 각국 령ᄉᆞ들이 다 참례ᄒᆞ다더라 〈대한매일1907/11/12〉

론돈뎐보를 거흔 즉 영국 츌납샹셔 로이트ᄶᅬ 씨가 각 은ᄒᆡᆼ가 만찬회에셔 일장연셜ᄒᆞ기를 영국의 ᄌᆡ졍이 곤난홈은 영국의 군비를 확장흔 ᄭᆞ닭인ᄃᆡ 〈대한매일1910/07/22〉

망상 妄想【망샹】

명 이치에 맞지 아니한 망령된 생각을 함. 또는 그 생각.

본보에 그 회 력ᄉᆞ를 들어 그 두령이 총리의 망위를 ᄌᆞ긔홈도 과분ᄒᆞᆫ **망샹**이 아니오 〈대한매일1908/10/09〉

이거슨 다 셰샹 유혹에 ᄉᆡᆼ지ᄂᆞᆫ **망샹**이라 ᄒᆞ고 보리슈 나모 아래에 안쟈 쥬야로 믁믁히 ᄉᆡᆼ각ᄒᆞ고 〈신학월보5:234〉

망원경 望遠鏡【망원경】

명 두 개 이상의 볼록 렌즈를 맞추어서 멀리 있는 물체 따위를 크고 정확하게 보도록 만든 장치.

텬하슈天河水로 더브러 현을 졀히 다르니 곳 **망원경**(望遠鏡) 취ᄒᆞ야 보면 알지라 〈경향보감2:106〉

매음녀 賣淫女【매음녀】

명 돈을 받고 남자에게 몸을 파는 여자.

셔산군 거ᄒᆞᄂᆞᆫ 홍지하 씨ᄂᆞᆫ 그 고을에 거ᄒᆞᄂᆞᆫ 십팔세된 리죵셕 씨가 남화보의 **매음녀**과 샹관ᄒᆞᆫ 일을 알고 〈대한매일1909/01/26〉

가련ᄒᆞ다 **매음녀**야 하ᄂᆞ님이 사ᄅᆞᆷ 낼 졔 ᄉᆡᆼ명 보존 ᄌᆞ지홈을 너희들은 모를손가 〈대한매일1909/03/31〉

면허증 免許證【면허증】

명 면허의 내용 및 사실을 기재한 증서.

청원셔에 리력셔와 보슈와 부비뎡ᄒᆞᆫ 것을 쳠부ᄒᆞ여 본텽에 청원ᄒᆞᆫ 후 **면허증**(免許證)을 밧을지니라 〈경향보감4:117〉

모범 模範【모범, 模範】

명 본받아 배울 만한 대상.

오호-라 민족이 문명홀ᄉ록 ᄃ옥 녯 사름을 슝비ᄒ야 후셰ㅅ 사름의 **모범**이 되게 ᄒ는 거시 가ᄒ거니와 〈대한매일1908/08/13〉

이런 품힝이 가히 가족 ᄉ회에 됴흔 **모범**을 일윌 거시오 〈신학월보6:151〉

누구던지 다만 예수의 **모범**만 본밧기를 원ᄒ면 슈고만 ᄒ고 공효가 업ᄂ니 〈신학월보7:83〉

後世에 其 書를 孟子라 稱ᄒ야 論語와 ᄀ치 永遠히 東洋에 道德의 **模範**이 되다 〈국어독본6:27〉

我朝五百年來의 一等人이니 其忠義功烈이 人臣되는 者의 **模範**이로다, ᄒ는 時도 亦 一箇 文章이라 〈朝鮮文典28〉

모집 募集【모집, 募集】

명 사람이나 작품, 물품 따위를 일정한 조건 아래 널리 알려 뽑아 모음.

산동에 쳥쥬라 ᄒ는 디방에 란류비 이만 명이 **모집**이 되엿시니 산동셔 ᄒ샹 란이 니러나 〈경향신문1906/11/23〉

우리 셔쟝이 근쳐 모든 비를 일졔히 모호려 ᄒ나 다만 여ᄉ 비만 **모집**이 되고 〈경향보감3:102〉

主人은 이 兒孩들을 다 보니고 다시 新聞에 **募集**을 廣告ᄒ얏더니 二三日 後에 쏘 十名에 達ᄒ지라 〈국어독본3:27〉

문제 問題【문뎨】

명 해답을 요구하는 물음. 또는 논쟁, 논의, 연구 따위의 대상이 되는 것.

일본 유흥회의 의원회에셔는 이번 평화회의의 밀ᄉ **문뎨**에 ᄃᄒ야 협의ᄒ 결과로 근본을 ᄉ실ᄒ기를 바라는 ᄯ으로 이등통감의게 뎐보ᄒ고 〈대한매일1907/07/16〉

북경 정부에셔 총독 셕량 씨의게 ᄃᆡᄒᆞ야 안봉 텰도 **문뎨**의 협의ᄅᆞᆯ ᄀᆡ시ᄒᆞᆯ ᄯᅳᆺ으로 뎐보ᄒᆞ엿다더라 〈대한매일1909/06/25〉

문화 文化【문화】

명 자연 상태에서 벗어나 일정한 목적 또는 생활 이상을 실현하고자 사회 구성원에 의하여 습득, 공유, 전달되는 행동 양식이나 생활양식의 과정 및 그 과정에서 이룩하여 낸 물질적 · 정신적 소득을 통틀어 이르는 말.

위엄으로 다ᄉᆞ리고 **문화**로 인도ᄒᆞ면 ᄇᆡᆨ셩이 ᄌᆞ연 화ᄒᆞ여 국가가 문명ᄒᆞ고 인민이 ᄀᆡ명ᄒᆞ리니 〈대한매일1909/09/10〉

경ᄋᆡᄒᆞ올 모든 동포의 도으심으로 우리 학교의 **문화**이 ᄃᆞᆯ빗헤 지나기ᄅᆞᆯ ᄇᆞ라ᄋᆞᆸ 〈경향신문1907/05/17〉

물질 物質【물질】

명 물체의 본바탕.

이러케 **물질**의 문명만 쥬쟝ᄒᆞᄂᆞᆫ 쟈ᄂᆞᆫ 비록 국민 즁에 일부분되ᄂᆞᆫ 고루ᄒᆞᆫ 인물에 지나지 못ᄒᆞ나 〈대한매일1910/02/13〉

물질이 영원ᄒᆞᆫ 거신 줄노 말ᄒᆞᄂᆞᆫ 이들은 닐ᄋᆞ되 텬쥬ㅣ 면ᄒᆞ실 수 업시 조물쟈ㅣ시라 ᄒᆞᄂᆞ니 〈경향보감1:347〉

물체 物體【물톄】

명 구체적인 형태를 가지고 있는 것.

사ᄅᆞᆷ의 **물톄物體**ᄂᆞᆫ 하ᄂᆞ님의게 낫스나 하ᄂᆞ님으로 더브러 ᄀᆞᆺ지 아니ᄒᆞᆫ 고로 〈신학월보5:154〉

그 **물톄**이 아모리 광대ᄒᆞ고 빗나며 〈경향보감2:89〉

민족 民族【민족】

명 일정한 지역에서 오랜 세월 등안 공동생활을 하면서 언어와 문화상의 공통성에 기초하여 역사적으로 형성된 사회 집단.

오직 우리 가족은 이쳔만 국민 즁에 일부분 **민족**으로셔 이러케 야미훈 디위에 싸지는 것을 즐겨ᄒᆞ는가 〈대한매일1908/06/05〉

한국 **민족**은 젼리 츙후ᄒᆞ고 근신훈 특셩이 잇는 쟈ㅣ라 〈대한매일1909/10/15〉

즁아메리가 **민족**은 법률이 잇서 쇽ᄒᆞ고 〈경향보감2:250〉

근일 우리나라이 부푸치 안이훌 것은 안이나 단군 긔ᄌᆞ 이후로 슈쳔 년 이릐에 엇더훈 **민족**이오 〈자유종21〉

박물관 博物館【박물관】

명 고고학적 자료, 역사적 유물, 예술품, 그 밖의 학술 자료를 수집 · 보존 · 진열하고 일반에게 전시하여 학술 연구와 사회 교육에 기여할 목적으로 만든 시설.

궁너 ᄎᆞ관 쇼숑 삼보숑이가 각 관찰ᄉᆞ를 인도ᄒᆞ야 동물원과 **박물관**을 구경케 ᄒᆞ고 〈대한매일1909/07/21〉

박물관 동물원(博物館, 動物園)갓치 번화훈 구경을 훌 쌔에도 경황업시 당기면셔 고국 싱각만 훈다 〈은세계584〉

박물원 博物園【박물원】

명 고고학적 자료, 역사적 유물, 예술품, 그 밖의 학술 자료를 수집 · 보존 · 진열하고 일반에게 전시하여 학술 연구와 사회 교육에 기여할 목적으로 만든 시설.

내가 일즉이 덕국 ᄉᆞ슌에 유탐훌시 고을 **박물원**에 가셔 벽에 그린 단청을

보니 ⟨신학월보6:290⟩

발견 發見【발견】

명 미처 찾아내지 못하였거나 아직 알려지지 아니한 사물이나 현상, 사실 따위를 찾아냄.

시톄 **발견** ⟨대한매일1909/06/25⟩

호수 **발견** ⟨대한매일1910/01/16⟩

발기[2] 發起【발긔】

명 앞장서서 새로운 일을 꾸며 일으킴.

이믜 계지홈과 ᄀᆞᆺ치 류종교 씨 등의 **발긔**로 ᄌᆡ작일 호남학회 회관 안에 젼라남북도 신ᄉᆞ 졔씨가 회동ᄒᆞ야 ⟨대한매일1909/12/08⟩

발기인 發起人【발긔인】

명 앞장서서 어떤 일을 할 것을 주장하고 그 방안을 마련하는 사람.

리ᄌᆡ면 민영규 리용원 김학진 김셩근 남정철 김ᄉᆞ쥰 리응익 졔씨를 **발긔인**으로 션정ᄒᆞ고 츄지셔에 도쟝을 쳐 달나 ᄒᆞ미 ⟨대한매일1909/11/14⟩

발달 發達【발달】

명 [1]신체, 정서, 지능 따위가 성장하거나 성숙함.

인민이 교육총회 창셜ᄒᆞ고 인ᄌᆡ들은 모집ᄒᆞ야 열심으로 권면ᄒᆞ니 신지식이 **발달**일세 계명셩이 빗쳣고나 ⟨대한매일1908/06/05⟩

이ᄂᆞᆫ 보감 뎨삼십구호에 말ᄒᆞᆫ 것과 ᄀᆞᆺ치 샹등물이 하등물에셔 **발달**과 필연ᄒᆞᆫ 변화의 ᄎᆞ셔ᄅᆞᆯ 인ᄒᆞ야 되엿다 ᄒᆞᄂᆞᆫ 거시라 ⟨경향보감1:377⟩

2학문, 기술, 문명, 사회 따위의 현상이 보다 높은 수준에 이름.

한국 안에 공업은 일본인만 경영케 ᄒᆞ고 한국인의 공업 발달은 극력 ᄇᆡ쳑ᄒᆞᄂᆞᆫ 거시 가ᄒᆞ다 ᄒᆞ엿다더라 〈대한매일1909/04/25〉

우리의 발달이 비록 우리 나라의 유형뎍 발달에 잇스나 〈신학월보6:148〉

사회상 발달에 방히가 되게 ᄒᆞ니 〈설중매3〉

발명2 發明【발명】

명 죄나 잘못이 없음을 말하여 밝힘. 또는 그리하여 발뺌하려 함.

그러케 발명을 부ᄉᆞᆫ이 ᄒᆞ며 드러오ᄂᆞᆫᄃᆡ 〈귀의성1780〉

옥즁에 갓쳐 발명도 못ᄒᆞ고 속졀 업시 ᄃᆡ살을 당ᄒᆞᆯ ᄃᆡ경인ᄃᆡ 〈빈상설754〉

네놈들이 발명을 ᄒᆞ면 ᄂᆡ가 쇽을가 〈치악산下50〉

발정 發程【발졍】

명 길을 떠남.

발졍 시간 〈대한매일1907/12/04〉

학교 시찰 발졍 〈대한매일1908/09/10〉

발행 發行【발ᄒᆡᆼ】

명 1출판물이나 인쇄물을 찍어서 세상에 펴냄.

ᄒᆡ죠신문 발ᄒᆡᆼ 〈대한매일1908/03/01〉

2화폐, 증권, 증명서 따위를 만들어 세상에 내놓아 널리 쓰도록 함.

공채증권 발ᄒᆡᆼ 〈대한매일1910/08/26〉

발행하다 發行--【발ᄒᆡᆼᄒᆞ다】

동 [1]출판물이나 인쇄물을 찍어서 세상에 펴내다.

셔울 푸래쓰라 ᄒᆞᄂᆞᆫ 영ᄌᆞ보를 **발ᄒᆡᆼᄒᆞ더라** 〈대한매일1907/09/04〉

일인이 **발ᄒᆡᆼᄒᆞᄂᆞᆫ** 경셩일보샤에셔 쥬장ᄒᆞ야 〈대한매일1909/03/24〉

귀먹어리 된 쟈만 보ᄂᆞᆫ 신문을 **발ᄒᆡᆼᄒᆞᆯ** 경영이라더라 〈대한매일1910/02/23〉

쟝ᄎᆞ 국한문으로 **발ᄒᆡᆼᄒᆞᆯ** 계획이라더라 〈대한매일1910/04/01〉

[2]화폐, 증권, 증명서 따위를 만들어 세상에 내놓아 널리 쓰도록 하다.

외국에셔 ᄎᆡ권을 **발ᄒᆡᆼᄒᆞ야** 〈대한매일1908/03/24〉

새 은ᄒᆡᆼ권을 **발ᄒᆡᆼᄒᆞᆫ** 후에 구은ᄒᆡᆼ권을 폐지되ᄂᆞᆫ 줄노 잘못 알고 〈대한매일1908/07/18〉

뎨일 은ᄒᆡᆼ권에 **발ᄒᆡᆼᄒᆞᆫ** ᄋᆡᆨ수ᄂᆞᆫ 일쳔이ᄇᆡᆨ만 원 이샹이라더라 〈대한매일1909/11/14〉

지출ᄒᆞ기에 부족이 되여 공채를 **발ᄒᆡᆼᄒᆞᆫ다더라** 〈대한매일1910/01/16〉

방법 方法【방법, 方法】

명 어떤 일을 해 나가거나 목적을 이루기 위하여 취하는 수단이나 방식.

워싱돈 통신을 거ᄒᆞᆫ즉 청국 정부ᄂᆞᆫ 로일 량국에 ᄃᆡᄒᆞ야 쳐리ᄒᆞᆯ **방법**을 강구ᄒᆞ기로 동삼셩 관찰ᄉᆞ를 봉텬부로 회동ᄒᆞᆫ다 ᄒᆞ며 〈대한매일1908/04/02〉

구쳐를 잘 ᄒᆞᆯᄂᆞᆫ지ᄂᆞᆫ 알지 못ᄒᆞᄂᆞᆫ 바ㅣ어니와 그 구쳐ᄒᆞᆯ **방법**을 연구ᄒᆞ여 볼진ᄃᆡ 졍신이 희미ᄒᆞ여 아모 **방법**이 나서지 아니ᄒᆞᄂᆞᆫ도다 〈대한매일1910/07/22〉

청국 정부ᄂᆞᆫ 춍리 아문을 기뎡ᄒᆞ고 ᄯᅩᄒᆞᆫ 렬국의 ᄀᆞᄅᆞ쳐 뎡ᄒᆞᄂᆞᆫ **방법**을 좃차 외국 공ᄉᆞ 폐현에 관계ᄒᆞᆫ 궁즁 례식을 변ᄒᆞ야 곳칠 의무ᄅᆞᆯ 담부ᄒᆞᆯ 일 〈신학

월보1:120〉

녜로붓터 교육은 어머니게 밧는 일이 만으니 우리도 자식을 그런 셩력과 그런 **방법**으로 교육ᄒᆞ얏스면 그 영향이 엇더ᄒᆞ겟소 〈자유종25〉

엇던 이의게는 풍후히 주시며 엇던 이의게는 족히 써 죵향에 밋츨 **방법**(方法)을 주시ᄂᆞ니 〈경향보감2:354〉

免許를 受코져 ᄒᆞᄂᆞᆫ 者는 免許 申請ᄒᆞᄂᆞᆫ 同時에 隆熙 三年에 製造ᄒᆞᆯ 酒類의 製造 **方法** 及 期間, 製造ᄒᆞᆯ 石數 等을 申告ᄒᆞᆷ이 可ᄒᆞᆷ 〈경향보감3:197〉

名詞의 用이 重複ᄒᆞᆫ 時ᄂᆞᆫ 文章이 拙劣ᄒᆞ며 且 混雜ᄒᆞᆫ 故로 簡便ᄒᆞᆫ **方法**을 爲ᄒᆞ야 代名詞를 用ᄒᆞᆷ이ᄂᆞ 今에 其例를 示ᄒᆞ건ᄃᆡ 〈朝鮮文典04〉

방청인 傍聽人【방쳥인】

명 방청하는 사람.

본회 형뎨 ᄌᆞᄆᆡ 합 일ᄇᆡᆨ이십여 명과 **방쳥인** ᄉᆞ십여 인이 일졔히 모혀 〈신학월보1:351〉

방침 方針【방침】

명 앞으로 일을 치러 나갈 방향과 계획.

시힝ᄒᆞᄂᆞᆫ ᄃᆡ 대ᄒᆞ여셔도 이ᄆᆞᆺ큼 묘ᄒᆞᆫ **방침**이 업슬 터인즉 〈대한매일1904/08/16〉

ᄌᆞ작일 호남학회 회관 안에 젼라남북도 신ᄉᆞ 졔씨가 회동ᄒᆞ야 호남학회 유지 **방침**을 협의ᄒᆞ엿ᄂᆞᆫᄃᆡ 당일 의연금이 칠십여 원에 달ᄒᆞ엿다더라 〈대한매일1909/12/08〉

과히 실범이 업고 보면 됴ᄒᆞᆫ **방침**을 일너 쥴 것이니 걱정 말고 이약이나 ᄒᆞ오 〈빈상설739〉

됴흔 방침을 지시ᄒᆞ야 달나기로 나의 소망을 말ᄒᆞ야 그 녀자와 결혼ᄒᆞ야 쥬면 쳔금으로 보슈ᄒᆞ야 〈설중매12〉

변론[2] 辯論 【변론】

명 사리를 밝혀 옳고 그름을 따짐.

성정이 온화하며 식견이 명민하여 학문을 널피고 **변론**을 밝히 함을 숭상하며 성경을 관통함이 요긴한 거시니 〈신학월보4:168〉

셰셰만물의 분솩이 다 그 신의 분솩이 되게 ᄒᆞ니 이ᄂᆞᆫ 빙거 업ᄂᆞᆫ 궤휼ᄒᆞᆫ **변론**을 의지홈이 아니며 아모 ᄯᅳᆺ이 업고 의리롤 거ᄉᆞ리ᄂᆞᆫ 말이 아니리오 〈경향보감1:401〉

변론하다 辯論-- 【변론하다, 변론ᄒᆞ다】

동 사리를 밝혀 옳고 그름을 따지다.

나라ㅅ 졍ᄉᆞ의 올고 그른 거슬 **변론ᄒᆞ고** 〈대한매일1909/08/21:1〉

빅셩들과 갓치 **변론하야** 갈아대 〈신학월보4:359〉

뎌의들이 복음 진리에 ᄃᆡᄒᆞ야 **변론ᄒᆞᄂᆞᆫ** 문뎨가 업지 아니ᄒᆞ야 〈신학월보6:52〉

무리로 **변론ᄒᆞ야** 결단치 못ᄒᆞ니 〈신학월보6:185〉

이에 신구약과 일졀 셩교를 **변론ᄒᆞᆫ** 글을 사 가지고 춍 교ᄉᆞ를 차져가 일편 강론ᄒᆞ기를 근쳥ᄒᆞ니 〈신학월보7:64〉

ᄉᆡᆼ각홈과 판단홈과 **변론홈**은 명오ᄉᆞ로 ᄒᆞᄂᆞᆫ 일이오 〈경향보감1:25〉

곳 가셔 뎌롤 바른 길노 도라오게 ᄒᆞ리라 ᄒᆞ고 **변론홀** 날을 뎡ᄒᆞ니 〈경향보감1:47〉

학문도 **변론ᄒᆞ기**에 긔탄 업ᄉᆞ며 〈경향보감1:56〉

어려운 ᄉᆞ단과 깁흔 도리 **변른홈**에 조곰도 궁진ᄒᆞᆫ 말이 업고 〈경향보감1:278〉

이 모든 의견과 의론을 간단ᄒᆞ게만 **변론ᄒᆞ려** ᄒᆞ여도 ᄌᆞ연 여러 칙이 될지라 〈경향보감1:306〉

보조원 補助員【보조원】

명 거들어 주는 일을 맡아 하는 사람.

일본군 헌병 **보조원** 셔상락 임샹호 등이 그 쥬막으로 드러가다가 무고히 박 가를 웨 가ᄂᆞ냐 거긔 잇거라 ᄒᆞ면셔 〈대한매일1908/12/05〉

졍쥬 일헌병 분견소에셔ᄂᆞᆫ 이 일에 ᄃᆡᄒᆞ여 일헌병 **보조원**을 파송ᄒᆞ엿다더라 〈대한매일1910/02/20〉

부활 復活【부활】

명 죽었다가 다시 살아남. 쇠퇴하거나 폐지한 것이 다시 성하게 됨. 또는 그렇게 함.

사ᄅᆞᆷ이 이 셰상에 잇슬 쌔에ᄂᆞᆫ **부활**의 처음이 되고 셰샹 ᄭᆞᆺ 날에 니르러셔ᄂᆞᆫ 곳 **부활**의 도를 완젼홈이니 〈신학월보7:40〉

봉ᄌᆡ 쌔와 **부활** 쌔를 잘 지내기를 위ᄒᆞ야 ᄀᆞᄅᆞ침이라 〈경향보감1:350〉

그러므로 종도들뿐 아니라 온 셰상에 예수의 **부활**을 밋게 된 것은 증인들이 환상에 미혹ᄒᆞ야 허탄ᄒᆞᆫ 것을 젼홈으로 된 것이라고 ᄒᆞᆯ 수 업ᄂᆞ니라 〈경향보감4:370〉

부속 附屬【부쇽, 附屬】

명 주된 사물이나 기관에 딸려서 붙음. 또는 그렇게 딸려 붙은 사물.

경샹남도 진쥬군 공립보통학교 **부속** 녀학교 ᄉᆡᆼ도 리근쇼ᄂᆞᆫ 원ᄅᆡ ᄌᆡ죠가

특이ᄒᆞᆫᄃᆡ 〈대한매일1910/05/13〉

영원ᄒᆞᆫ 톄 ᄒᆞ나ᄲᅮᆫ이라 ᄒᆞᆷ에셔 셰계와 사ᄅᆞᆷ이 오직 그 톄에 변화ᄒᆞᆫ 거시오 **부쇽**(附屬)일 ᄯᆞᄅᆞᆷ이라 ᄒᆞᆷ일ᄉᆡ라 〈경향보감1:353〉

엇지 뎌 부합ᄒᆞᄂᆞᆫ 이의게 쇽ᄒᆞ지 아니ᄒᆞ엿ᄉᆞ며 더고나 뎌 모든 **부쇽**을 ᄒᆞᆫ 젼부 되게 ᄒᆞᄂᆞᆫ 원인의게 쇽ᄒᆞ지 아니ᄒᆞ리오 〈경향보감2:26〉

분수 分數【분수】

명 [1]사물을 분별하는 지혜.

어린 아해ᄂᆞᆫ 아모 **분수** 업ᄉᆞ나 그 누의가 눈압헤 뵈이지 안니ᄒᆞᆷ으로 우ᄂᆞᆫ 지라 〈신학월보2:363〉

[2]자기 처지나 신분에 맞는 한도.

ᄉᆡᆼ활ᄒᆞᄂᆞᆫ 권리가 ᄌᆞ지ᄒᆞ거ᄂᆞᆯ 한국 사ᄅᆞᆷ은 당연ᄒᆞᆫ 의무ᄂᆞᆫ ᄇᆡ쳑ᄒᆞ고 **분수** 밧긔 리익을 강구ᄒᆞᄂᆞᆫ지라 〈대한매일1908/09/17〉

사ᄅᆞᆷ들이 각각 **분수** 외에 리ᄅᆞᆯ 취ᄒᆞᄂᆞᆫ 자가 만흔지라 〈신학월보3:106〉

우리 대한 교우들은 각각 쳐디 **분수**대로 이런 일을 효법지 아니ᄒᆞᄂᆞᆫ고 〈경향보감2:337〉

[3](주로 '있다' 와 함께 쓰여) 사람으로서 일정하게 이를 수 있는 한계.

ᄌᆞᆼ대ᄒᆞᆫ 한국인이라 닐ᄏᆞᆺᄂᆞᆫ 일홈을 ᄀᆞᆺ치 가지고 강ᄒᆞ고 약ᄒᆞᆫ 거시 뎡ᄒᆞᆫ **분수**ᄂᆞᆫ 업스나 그러ᄒᆞ나 일홈을 존ᄌᆞᆼ히 ᄒᆞᆷ은 이 ᄆᆞᄋᆞᆷ이 견실ᄒᆞᆫ ᄃᆡ 잇ᄂᆞ니 〈대한매일1907/10/20〉

외인들은 믁계 ᄉᆞ졍을 모로고도 영벌을 당ᄒᆞᆫ다 ᄒᆞ니 모롬에도 **분수**이 잇고 벌에도 **분수**가 잇스니 〈경향보감3:73〉

자다가 벼락을 마저도 **분수**이 잇지 에그 기ᄆᆡᆨ혀라 〈귀의성374〉

비평 批評【비평】

명 [1]사물의 옳고 그름, 아름다움과 추함 따위를 분석하여 가치를 논함.

점점 오히만 더 ᄒᆞ도록 ᄒᆞᆯ 터인즉 우리 뎨국은 속히 션명ᄒᆞ게 히결ᄒᆞ여 망녕된 **비평**을 ᄒᆞᆯ 여디가 업게 ᄒᆞᆷ을 ᄇᆞ라노라 ᄒᆞ엿더라 〈대한매일1910/03/10〉

므롯 무ᄉᆞᆫ 의견이든지 결말 짓고져 ᄒᆞᄂᆞᆫ 때에는 **비평**(批評 Critica)과 학리샹 문뎨가 도모지 쥬쟝이라 〈경향보감3:290〉

[2]사물의 옳고 그름을 가리어 판단하거나 밝힘.

최씨에 언론이 졍당ᄒᆞ거늘 엇지ᄒᆞ야 츌학ᄒᆞ엿ᄂᆞᆫ고 ᄒᆞ고 **비평**이 대단ᄒᆞ다더라 〈대한매일1909/10/15〉

우리 두 집에셔 셰샹의 **비평**을 엇더케 막아넌단 말이오 〈치악산下99〉

빈민 貧民【빈민】

명 가난한 백성.

궁츈에 **빈민**이 ᄒᆞᆯ 수 업서 슈원군에셔 호포슈랍 ᄎᆞ로 발령ᄒᆞ엿더니 궁츈에 **빈민**이 일푼을 변통무로 ᄒᆞ다 오오ᄒᆞᆫ지라 〈경향신문1907/05/10〉

ᄯᅩ 졍부에셔 죄인들을 옥에셔 노앗시며 **빈민**의게 구졔ᄒᆞᆷ을 베프럿ᄂᆞ니라 〈신학월보2:101〉

빙자 憑藉【빙ᄌᆞ】

명 말막음을 위하여 핑계로 내세움.

ᄯᅩ 질투ᄒᆞᄂᆞᆫ 셩교의 원슈들이 본 나라 풍쇽을 업시 ᄒᆞᄂᆞᆫ 도ㅣ라 **빙ᄌᆞ**를 삼고 셩교회를 딕덕ᄒᆞ야 말ᄒᆞᆯ 줄도 미리 알지니라 〈경향보감1:77〉

사업 事業【사업】

명 어떤 일을 일정한 목적과 계획을 가지고 짜임새 있게 지속적으로 경영함. 또는 그 일.

녜로부터 춍명쥰슈ᄒᆞ고 ᄌᆡ지 잇ᄂᆞᆫ 션비가 다 ᄒᆞᆫ문 과졍에만 ᄲᅡ져 능히 그 **사업**을 발달치 못ᄒᆞ고 ᄆᆞᆺ춤내 적막히 늑거 죽ᄂᆞᆫ 것슬 면치 못ᄒᆞᄂᆞᆫ 쟈 얼마뇨 〈대한매일1907/05/23〉

뎌들의게ᄂᆞᆫ 총명 지혜를 더 주시고 우리의게ᄂᆞᆫ 적게 쥬셔 그 형뎨들 ᄒᆞᄂᆞᆫ **사업**을 못 ᄒᆞᄂᆞ뇨 〈신학월보2:252〉

그간 엇더ᄒᆞᆫ **사업**을 ᄒᆞ던지 아모죠록 힘을 다ᄒᆞ야 일만 위험과 ᄇᆡᆨ쳔 곤란이 당젼ᄒᆞ더ᄅᆡ도 낙심치 말아 〈송뢰금5〉

허허허 ᄀᆡ화군의 ᄯᆞᆯ이 다른 거시로구 무슨 **사업**을 ᄒᆞᄂᆞ니 못ᄒᆞᄂᆞ니 ᄒᆞᄂᆞᆫ 소리가 참 제법인걸 〈치악산上21〉

사진 寫眞【사진】

명 물체의 형상을 감광막 위에 나타나도록 찍어 오랫동안 보존할 수 있게 만든 영상.

이번에ᄂᆞᆫ 안 모혓던 교우ᄭᆞ지 모혀 다시 **사진**을 박혀 〈신학월보1:345〉

ᄯᅩ 엇더ᄒᆞᆫ **사진** 한 장을 손에 들고 보ᄂᆞᆫᄃᆡ 흡사ᄒᆞᆫ 셔방님 모양이러이다 〈설중매7〉

상민 商民【샹민】

명 장사하는 사람을 낮잡아 이르는 말.

청국의 쥬권을 크게 해롭게 ᄒᆞᆷ인즉 졍부에셔 군함을 파송ᄒᆞ면 그 경비ᄂᆞᆫ **샹민**들이 담당ᄒᆞ겟다고 그곳 **샹민**들이 뎐보로 청ᄒᆞ엿다더라 〈대한매일1907/12/04〉

농상공부 보회에 상민을 보호ᄒᆞ라 ᄒᆞ엿시나 심 쥬ᄉᆞᄂᆞᆫ 뎌 일진회인을 무셔워 〈경향신문1906/12/14〉

생산 生産【ᄉᆡᆼ산】

명 아이나 새끼를 낳는 일을 예스럽게 이르는 말.

한셩부윤 쟝현식 씨ᄂᆞᆫ 한셩보신샤에 지령ᄒᆞ야 오부ᄂᆡ 인명의 ᄉᆡᆼ산과 ᄉᆞ망과 반이ᄒᆞ야 가고 오ᄂᆞᆫ 것을 ᄆᆡ월 월죵에 쇼상히 보ᄒᆞ라 ᄒᆞ엿다더라 〈대한매일1909/08/21〉

그ᄂᆞᆫ ᄉᆡᆼ산도 잘 ᄒᆞ고 교육도 잘 ᄒᆞ고 영광도 대단ᄒᆞ오이다 〈자유종27〉

ᄉᆡᆼ산을 못ᄒᆞ얏ᄂᆞ냐 무릎진ᄃᆡ 〈혈의루87〉

생활 生活【ᄉᆡᆼ활, 生活】

명 생계나 살림을 꾸려 나감.

인민의 ᄉᆡᆼ활은 국가에 ᄆᆡ인 고로 나라ᄅᆞᆯ 창건ᄒᆞᆫ ᄀᆡ원의 명졀이 잇고 〈대한매일1908/08/05〉

황뎨 폐하ᄭᅴ셔 아프리가 디방 공고가당가에 슈원 일 좌를 세워 ᄒᆞ여곰 종교 ᄉᆡᆼ활과 지력(智力)활발과 ᄋᆡ국심의 즁쟝(中場)이 되게ᄒᆞᆯ ᄉᆞ연을 담화ᄒᆞ셧다더라 〈경향보감4:331〉

검동이 모ᄂᆞᆫ 본ᄅᆡ 강원도 사람으로 셔울와서 로동 ᄉᆡᆼ활을 허다가 제 남편이 죽으매 ᄶᅩᆯ지에 ᄉᆡᆼᄋᆡ가 ᄭᅳᆺ어져 〈송뢰금2〉

社會는 여러 사람이 그 뜻을 서로 通ᄒᆞ고 그 힘을 서로 聯ᄒᆞ어 그 生活을 經營ᄒᆞ고 保存ᄒᆞ기에 서로 依賴ᄒᆞ는 因緣의 한 團體라 〈대한국어문법부록02〉

서력 西曆【셔력】

명 예수 그리스도가 태어난 해를 기원으로 하는 책력.

셔력 일쳔ᄉᆞ빅구십이 년에 의태리국 사ᄅᆞᆷ 콜넘버 씨가 처음으로 신세계 미국을 ᄎᆞᄌᆞᆫ 후에 〈대한매일1907/08/07〉

셔력 젼 오빅여 년에 셕가모니가 인도국에 나셔 불교(佛敎)를 머리로 챵긔ᄒᆞ엿스나 〈신학월보7:43〉

셔력 일쳔구빅칠 년은 우빗나라 ᄀᆡ국 오빅십륙 년이라 〈은세계703〉

서류 書類【셔류】

명 글자로 기록한 문서를 통틀어 이르는 말.

이런 거슨 특별히 ᄉᆞ실을 ᄌᆞ셰히 사실ᄒᆞ고 또 증빙ᄒᆞᆯ 만ᄒᆞᆫ **셔류**를 뎨츌케 홈이 가홈 〈대한매일1908/09/10〉

남부 산림동 영신샤에셔 셜딕ᄒᆞᆫ 잡박계의 돈과 **셔류** 등을 삼작일 경시쳥에셔 몰수히 압슈ᄒᆞ고 계원 박챵헌 등 ᄉᆞ명도 피착되엿다더라 〈대한매일1910/02/08〉

그 관계와 신고ᄒᆞᄂᆞᆫ 일에 연유를 ᄀᆞ촌 글과 그 토디에 관ᄒᆞᆫ 증거 **셔류**을 쳠부ᄒᆞ되 리해 관계인이 여럿이 되ᄂᆞᆫ 째에는 아모조록 련명ᄒᆞ야 신고ᄒᆞᆯ 것이오 〈경향보감4:302〉

서양 西洋【셔양】

명 유럽과 남북아메리카의 여러 나라를 통틀어 이르는 말.

셔양 렬강에셔 한국을 위ᄒᆞ야 호쇼ᄒᆞ기ᄂᆞᆫ 본ᄃᆞ시 업스리라 〈대한매일1907/07/05〉

죠션 지젹에 닐넛시딕 리셩훈이 북경 가셔 나히 구십이나 된 삭덕최 **셔양** 사ᄅᆞᆷ을 보니 긔력이 됴코 밧겻 모양도 ᄆᆡ우 인ᄌᆞᄒᆞ고 〈경향보감1:39〉

김관일은 ᄯᆞᆯ의 혼인 언론을 ᄒᆞ다가 구씨가 셔양 풍속으로 즉졉 언론ᄒᆞᄌᆞ ᄒᆞᄂᆞᆫ 서슬에 옥년의 혼인 언약에 좌지우지할 권리가 업시 감만이 안젓더라 〈혈의루85〉

설시 設始【셜시】

명 처음으로 설비를 베풂.

본샤 셜시 이릭로 신문을 미양 우톄로 분젼ᄒᆞ와 톄젼부의 임의로 젼ᄒᆞᆫ ᄐᆞᆺ스로 먼 곳에ᄂᆞᆫ 혹 늣게 젼ᄒᆞ기도 ᄒᆞ며 〈대한매일1904/11/26〉

지금 십분 완젼ᄒᆞᆫ 디경에ᄂᆞᆫ 니ᄅᆞ지 못ᄒᆞ엿ᄉᆞ나 셜시 이후로 졈졈 진보되야 이만큼 모양을 일우엇ᄉᆞ오니 〈신학월보1:348〉

설치 設置【셜치】

명 베풀어서 둠.

녀학교 셜치 〈대한매일1908/03/10〉

성립 成立【셩립】

명 일이나 관계 따위가 제대로 이루어짐.

단합이 되면 오히려 셩립이 되ᄂᆞᆫ 바ㅣ 잇스니 쳥컨ᄃᆡ 몃 가지를 들어 증거ᄒᆞ리라 〈대한매일1908/05/12〉

세계 世界【세계, 셰계, 世界】

명 1지구상의 모든 나라. 또는 인류 사회 전체.

지금 일본이 제물표 히젼과 려슌구 함락으로 세계의 신문지의게 칭찬을 대단이 듯ᄂᆞᆫ지라 〈대한매일1905/01/26〉

한국 사ᄅᆞᆷ의 본릭 잇ᄂᆞᆫ 아름다온 셩질이 죡히 세계에 자랑홀 만ᄒᆞᆫ 고로 다

시 셜명ᄒᆞ노라 〈대한매일1907/07/03〉

실민정을 닉히 알며 **세계** 형편을 두루 살피고 법률졔도와 군정 경찰과 텰도 뎐신ᄭᅡ지 실디로 죠사치 아니ᄒᆞ면 〈설중매2〉

과연 하ᄂᆞᆯ에셔나 ᄯᅡ헤셔나 **셰계** 안헤셔나 **셰계** 밧게셔나 무어시던지 못ᄒᆞ실 거시 업ᄉᆞ니 〈경향보감1:297〉

청국이 크게 뉘웃고 **셰계** 각국에 화친ᄒᆞᆷ을 빌엇ᄉᆞ니 〈신학월보1:115〉

텬국의 례ᄅᆞᆯ 힝ᄒᆞᆷ이 가ᄒᆞ니 일노 말미암아 **셰계** 각국 신쟈들이 ᄒᆞᆫ 무리가 되며 〈신학월보1:287〉

다만 四錢으로 **世界**의 어ᄂᆞ 곳에던지 寄別을 通ᄒᆞᆷ이 엇지 便利타 ᄒᆞ지 아니ᄒᆞ리오 〈국어독본2:27-28〉

²집단적 범위를 지닌 특정 사회나 영역.

뎌희도 신문의 ᄌᆞ격으로 ᄌᆞ쳐ᄒᆞ야 그러ᄒᆞᆫ지 대한 **셰계**에셔 국민신보ᄅᆞᆯ 션문요로 ᄃᆡ졉ᄒᆞᄂᆞᆫ 쟈ㅣ 잇ᄂᆞᆫ가 〈대한매일1908/10/09〉

모든 그리스도인의 **셰계**에셔는 십계명 즁에 법의 긔초를 삼아 일요일노 안식일을 뎡ᄒᆞ야 쓰ᄂᆞ니 〈신학월보7:12〉

소설 小說 【소셜, 쇼셜, 小說】

명 사실 또는 작가의 상상력에 바탕을 두고 허구적으로 이야기를 꾸며 나간 산문체의 문학 양식.

ᄎᆡᆨ상을 의지ᄒᆞ야 **소설**을 보다가 입 안에 말로 녀자의 마암은 언의 나라이던지 모다 갓도다 〈설중매11〉

ᄒᆞ로는 **쇼셜** ᄎᆡᆨ을 보ᄂᆞᆫᄃᆡ ᄒᆞᆫ 동모ㅣ 말ᄒᆞᄃᆡ 졂은 사ᄅᆞᆷ의게는 이 ᄎᆡᆨ이 해로온 ᄎᆡᆨ이라 〈경향보감3:207〉

其他 國文 小說에 大明 成化 年間을 開卷 第一義로 標著ᄒᆞᆫ 者ᄂᆞᆫ 一場 犬吠聲에 不過ᄒᆞ되 〈귀의성2〉

손해 損害【손해】

명 물질적으로나 정신적으로 밑지거나 해를 입음.

청국 광동 디방에 큰 비가 와셔 졀강이 챵일ᄒᆞ고 ᄯᅩ 큰 바룸이 니러나 손해이 잇셧다더라 〈대한매일1908/10/20〉

평안 븍도 강계군에 잇는 무뢰비들이 아편연을 먹는 쟈가 허다ᄒᆞ야 지산과 싱명의 손해이 대단ᄒᆞ되 〈대한매일1909/12/15〉

월젼에 청국셔 아편을 칙령으로 엄금ᄒᆞᆫ 고로 영국 샹고들이 아편 ᄑᆞᆯ지 못흠으로 손해이 만타 ᄒᆞ야 힐란이 만흐나 〈경향신문1906/12/07〉

시각 時刻【시각】

명 시간의 어느 한 시점.

대황뎨 폐하씌옵셔 오놀 영희뎐과 문묘에 뎐비ᄒᆞ옵시는ᄃᆡ 출궁 시각과 어로는 좌와 ᄀᆞᆺ흐니 〈대한매일1908/04/16〉

ᄌᆞ긔 ᄃᆡ리고 온 하인을 불너 단속을 단단히 ᄒᆞ야 시각을 지톄ᄒᆞ지 못ᄒᆞ게 ᄒᆞ니 〈빈상설481〉

쥬의 도으심이 아니면 제 힘으로야 반 시각을 이 ᄀᆞᆺ치 금직ᄒᆞᆫ 벼록과 닌들 엇지 당ᄒᆞ리오마는 〈기해일기85ㄱ〉

시간 時間【시간, 時間】

명 어떤 시각에서 어떤 시각까지의 사이.

쳡비 씨가 근일 ᄂᆡ로 무슴 일인지 젼혀 운동 즁인데 지난 이일 밤에는 수 시간을 비밀히 샹주ᄒᆞ엿다더라 〈대한매일1904/10/06〉

모든 학싱의게 ᄃᆡᄒᆞ야 격졀ᄒᆞᆫ 말노 여러 시간을 권면ᄒᆞᄆᆡ 여러 학싱들이 공부에 더욱 쥬의ᄒᆞ야 열심ᄒᆞ기로 동밍ᄒᆞ엿다 ᄒᆞ니 〈대한매일1907/07/16〉

일본계 슈상은 셔원ᄉᆞ 졍우회 총지를 쥰하역에셔 방문ᄒᆞ고 수 시간을 담

화ᄒᆞ엿ᄂᆞᆫᄃᆡ 〈대한매일1909/11/14〉

말안 즁위의 거ᄂᆞ린 일쇼ᄃᆡ와 네 시간을 싸호다가 당치 못ᄒᆞ야 츙쥬군에로 도주ᄒᆞ고 샹ᄒᆞᆫ 쟈ㅣ 수명이라 ᄒᆞ고 〈경향신문1907/08/23〉

텬쥬ㅣ 그 영원ᄒᆞ심으로써 만물의 ᄉᆡᆼ존ᄒᆞᄂᆞᆫ 동안 모든 시간에 계시기를 마치 그 무한량ᄒᆞ심으로써 모든 곳에 계심과 ᄀᆞᆺᄒᆞ신지라 〈경향보감1:282〉

디방회 모히ᄂᆞᆫ 처소ᄂᆞᆫ 경동 회당으로 쟉뎡ᄒᆞ고 시간은 그 잇흔날 상오 구시브터 시작ᄒᆞ야 당일ᄂᆡ ᄉᆞ무를 맛치기로 작뎡ᄒᆞ엿더라 〈신학월보2:278〉

如此히 成長ᄒᆞ야 또 同樣으로 分裂ᄒᆞ며 그 分裂ᄒᆞᄂᆞᆫ 時間이 甚히 迅速ᄒᆞ야 二十分이나 三十分에 一次식 分裂ᄒᆞᄂᆞᆫ지라. 〈국어독본8:24〉

시계 時計【시계】

명 시간을 재거나 시각을 나타내는 기계나 장치를 통틀어 이르는 말.

젼군쥬ᄉᆞ 리동의 씨ᄂᆞᆫ 박죵혁 씨의 려관에셔 류슉ᄒᆞ다가 수십 환어치되ᄂᆞᆫ 시계과 돈 십일환을 도젹ᄒᆞᆫ 일이 탄로되야 〈대한매일1909/09/10〉

삭발 당건에 실족경 쓰고 모직 쪽기에 시계 ᄎᆞ고 삼ᄉᆞ일만큼 화로슈에 머리 감아 리발ᄒᆞ고 나가면 〈경향신문1907/10/11〉

시계 쥬인이라 곳 슌검의게로 가셔 시계를 차져 주니 쳥인이 만만 감샤ᄒᆞ며 〈신학월보1:358-359〉

ᄉᆡᆼ조가 홀연히 무삼 일을 ᄉᆡᆼ각ᄒᆞᄂᆞᆫ 모양으로 시계을 ᄂᆡ여 보며 갈ᄋᆞᄃᆡ 벌셔 네 시가 지낫도다 〈설중매3〉

부인의 드리면서 무릅 우에 손을 언고 시계을 쳐다보며 웃ᄂᆞᆫ 얼골로 위로를 ᄒᆞᄂᆞᆫᄃᆡ 〈송뢰금1〉

시찰 視察【시찰】

명 두루 돌아다니며 실지(實地)의 사정을 살핌.

대개 一千八百八十七 년브터 히마다 감목이 호 분식 교회 시찰로 동방에 슌힝ᄒᆞ엿더니 〈신학월보1:9〉

시표 時表【시표】

명 시간을 재거나 시각을 나타내는 기계나 장치를 통틀어 이르는 말.

영웅은 픔 속에 잇는 **시표**과 굿치 외면으로 보면 길고 싸른 시각침 두 개가 도라가는 것뿐인 듯ᄒᆞ나 〈다한매일1908/09/15〉

관쟝과 아젼들이 그제야 고샹을 놀나 ᄇᆞ라보고 신부의 **시표**ᄭᆞ지 보려ᄒᆞᆫ 후에 다시 일쥬야를 옥에 가도아 두고 〈경향보감4:327〉

못 박으실 째는 서국 **시표**로아홉시니 동양 말노는 진시 말 ᄉᆞ시 초이오 〈신학월보4:363〉

식구 食口【식구】

명 한 집에서 함께 살면서 끼니를 같이하는 사람.

ᄌᆞ긔의 집안 **식구**이 본국에셔 오는 고로 영졉ᄒᆞ기 위ᄒᆞ여 관셩ᄌᆞᄭᆞ지 급히 가는ᄃᆡ 〈대한매일1910/02/16〉

가령 불과 몃 **식구**만 사는 집간이라도 ᄒᆞᆫ 가지로 의론이 업ᄉᆞ면 ᄀᆞᆺᄒᆞᆫ ᄆᆞᄋᆞᆷ이 되지 못ᄒᆞ니 〈경향보감1:217〉

대개 한 사람의 집안이라도 그 어룬이 직분을 일으면 그 **식구**이 항상 불화할지라 〈신학월보4:65〉

동지ᄯᅳᆯ 초하로날 강소사가 해손을 한 후에 ᄒᆞᆫ **식구**이 늘더니 어린아해 우는 소리에 사룸이 사는 듯푸더라 〈귀의성523-524〉

계옥이를 불으며 드러서니 음셩이 나자 반기여 맛는 사람은 김 쥬ᄉᆞ 집 세 **식구**이 한 일각 동안이나 우숨 가온ᄃᆡ 뭇거니 ᄃᆡ답ᄒᆞ거니 ᄒᆞ다가 〈송뢰금1〉

그 집 식구은 깝그리 머리도 터지며 이마도 찌여져 암을 만ᄒᆞ면 ᄯᅩ 다시 터지고 찌여지ᄂᆞᆫ 고로 〈치악산下3〉

안쌩이ᄂᆞ 건넌방이ᄂᆞ 집은 ᄒᆞᆫ 집이언믄은 안쌩 식구ᄂᆞᆫ 제 방에믄 불 써지면 다힝으로 안다 〈혈의루22〉

식물원 植物園【식물원】

명 식물의 연구나 식물에 관한 지식을 보급하기 위하여 많은 종류의 식물을 모아 기르는 곳.

대황뎨 폐하씌옵셔 지작일에 동물원과 식물원에 친림ᄒᆞ샤 각식 물픔을 어람ᄒᆞ엿다더라 〈대한매일1908/04/16〉

신사 紳士【신사, 신ᄉᆞ】

명 1사람됨이나 몸가짐이 점잖고 교양이 있으며 예의 바른 남자.

ᄌᆞ션 ᄉᆞ업에 젼력 쥬의ᄒᆞᄂᆞᆫ 유명ᄒᆞ신 신ᄉᆞ인ᄃᆡ 〈신학월보5:90〉

2보통의 남자를 대접하여 이르는 말.

일변으로 ᄂᆡ외국 신ᄉᆞ 부인과 신ᄉᆞ 쳠위의 양복을 무슴 졔도로든지 청구ᄒᆞ시ᄂᆞᆫ ᄃᆡ로 극히 얌젼ᄒᆞ게 속ᄒᆞ고 렴가로 지으오니 죠량ᄒᆞ시옵 〈대한매일1908/07/18〉

거마가 락력부졀ᄒᆞᄂᆞᆫ 즁에 언의 두 신사이 양복을 션명히 입고 압셔거니 뒤셔거니 분분ᄒᆞᆫ 거마를 좌우로 피ᄒᆞ야 다리를 건너오다가 〈설중매2〉

신용 信用【신용, 信用】

명 사람이나 사물이 틀림없다고 믿어 의심하지 아니함. 또는 그런 믿음성의 정도.

그러ᄒᆞ나 만일 츙군ᄋᆡ국ᄒᆞᄂᆞᆫ 마음이 모도 업슬 지경이면 공업과 샹업샹에

나 신용이 되여 남의게 일홈을 엇더야 ᄒᆞᆯ 거신지라 〈대한매일1904/11/26〉

商店의 信用이 잇ᄂᆞᆫ 고로 漸漸 繁昌ᄒᆞ야 每日貿買ᄒᆞᄂᆞᆫ 者ㅣ 多數ᄒᆞ야 〈국어독본3:69〉

실패 失敗【실패, 실ᄑᆡ】

명 일을 잘못하여 뜻한 대로 되지 아니하거나 그르침.

근력이 강건ᄒᆞ야 위싱상에 큰 힝복을 누리며 ᄯᅩ 여러가지 영업 즁에 실패이 적으니 〈대한매일1907/11/03〉

부산 원산에 량ᄎᆞ 실ᄑᆡ을 당ᄒᆞ고 나니 쳘셕ᄀᆞᆺ치 뎡ᄒᆞᆫ 목뎍은 비록 일죠에 변ᄒᆞᆯ 바이 안이로ᄃᆡ 〈송뢰금5〉

심장 心臟【심장】

명 주기적인 수축에 의하여 혈액을 몸 전체로 보내는, 순환계의 중심적인 근육 기관.

연셜이니 토론이니 텬하의 ᄃᆞᆨ실과 국가의 리해를 언론ᄒᆞ니 그 무ᄉᆞᆷ 심장인지 여둛재 아지 못ᄒᆞᆯ 일이오 〈대한매일1908/04/24〉

ᄀᆞᆫ구ᄒᆞᄂᆞᆫ 바는 예수ᄭᅴ셔 녯날 ᄌᆞ긔 ᄉᆞ도의게 널ᄋᆞ신 말ᄉᆞᆷ을 모든 사ᄅᆞᆷ의 심장에 밧으쇼셔 〈신학월보6:3〉

우리ᄂᆞ라에ᄂᆞᆫ 놀보에 텬디라 셰도 ᄌᆡ샹도 놀보의 심쟝이오 각도 관찰ᄉᆞ도 놀보의 심장이오 〈은세계698〉

에그 쳡년을 어덧슨들 심장ᄋᆞ 엇지면 그리 돌변이 되얏나 ᄒᆞ면셔 〈치악산下53〉

안경 眼鏡【안경】

명 시력이 나쁜 눈을 잘 보이게 하기 위하여나 바람, 먼지, 강한 햇빛 따위를 막기 위하여 눈에 쓰는 물건.

외국 사름의 죠션을 보는 거슨 대뎌 푸른 안경을 쓰고 보는 것 곳치 희미호여 〈대한매일1910/03/10〉

거월 이십ᄉ일 오젼 세 시에 도적놈이 남문 밧 졔즁원에 드러와 안경 시계 양혜 등물을 도적호여 갓는딕 〈경향신문1907/10/04〉

죽을 ᄯᅢᄭᆞ지 셰셔혼 칙을 안경쓰지 안코 보더라 〈신학월보2:525〉

양국 洋國【양국】

명 서양의 여러 나라.

아편은 업슬지라도 아편보다 더 위험혼 양인과 양국 물건이 잇섯도다 〈경향보감3:96〉

양복 洋服【양복】

명 1서양식의 의복.

셜자야 우리 옥년이 다리고 잡졈에 가셔 옥년의게 맛는 부인 양복이나 사셔 가지고 목욕집에 가셔 목욕이ᄂ 시키고 죠션 복식을 ᄲᅢ기고 양복이ᄂ 입펴 보자 〈혈의루40〉

2남성의 서양식 정장.

일쥬일 젼 밤붕에 양복 닙은 사름 호나가 김 씨 려관에 돌입호야 김 씨를 칼노 질너 죽이매 〈대한매일1908/03/19〉

키 크고 다리 긴 양복 입은 사람은 〈귀의성2364〉

양복을 션명히 입고 시계쥴을 길게 느리고 눈을 크게 ᄶᅥ ᄉ방을 둘너보다가 안지며 〈설중매3〉

양심 良心【량심】

명 사물의 가치를 변별하고 자기의 행위에 대하여 옳고 그름과 선과 악의 판단을 내리는 도덕적 의식.

사ᄅᆞᆷ마다 **량심**이 잇서 ᄇᆡ호지 아니ᄒᆞ여도 스ᄉᆞ로 을코 그른 거ᄉᆞᆯ 분별ᄒᆞ거ᄂᆞᆯ 〈신학월보3:156〉

힘써 하나님을 대하나 사람을 대하나 항상 흠 업는 **량심**을 가지나이다 하니 〈신학월보3:306〉

량심으로써 텬쥬 계심을 알 거시오 인심의 텬셩이 텬쥬를 ᄀᆞᄅᆞ침이오 〈경향보감1:234〉

양요리 洋料理【양료리】

명 서양에서 발달한 요리를 통틀어 이르는 말.

삼작일에 ᄇᆡᆨ관이 덕슈궁에 원죠문안홀 ᄯᅢ에 친임관과 칙임관에게만 **양료리**로 ᄉᆞ찬ᄒᆞ셧ᄂᆞᆫᄃᆡ 〈대한매일1908/01/04〉

양료리ᄂᆞᆫ 맛이 됴타 〈국어독본1: 33〉

양인 洋人【양인】

명 서양 여러 나라의 사람.

경시쳥에셔 슌사와 슌검을 보내여 밤마다 **양인**의 집들을 슈직ᄒᆞ며 엄밀ᄒᆞ게 ᄉᆞᆯ핀다더라 〈경향신문1907/10/11〉

텬쥬교 션ᄉᆡᆼ이 **양인**이 아닌가 〈경향보감3:506〉

그 남ᄌᆞᄂᆞᆫ 쳥국말을 ᄒᆞᄂᆞᆫ **양인**이라 〈혈의루67〉

양제 洋制【양졔】

명 서양식 제도나 격식.

본년도에는 봄브터 각부 아문을 **양제**로 건흔다 흠은 이왕 게지흐엿거니와 〈대한매일1907/01/10〉

쟝츠 쓸듸 업는 거슨 헐어 ㅂ리고 ᄉ무실은 **양제**로 건츅흘 터인듸 〈대한매일1910/05/29〉

양철 洋鐵【양쳘】

명 안팎에 주석을 입힌 얇은 철판.

오동나무 가지에 그림자가 뜰에 나리고 찬 이슬은 압집 **양쳘** 채양에 흠치름흐게 방울져 써러질 듯흐고 〈송뢰금1〉

양총 洋銃【양춍】

명 서양식의 총.

호남과 강셔의 비도는 七千 혹 수만 명이라는듸 **양춍**과 대포를 마련흐야 〈경향신문1906/12/21〉

여론 輿論【여론】

명 사회 대중의 공통된 의견.

이런 불량흔 놈은 셰상에 살녀 둘 놈이 못된다고 **여론**이 대단흐다더라 〈대한매일1909/02/03〉

심지어 녀인ᄭ지 풀어 부역을 시김으로 인민이 환산 디경이라고 **여론**이 대단흐다더라 〈경향신문1907/04/05〉

역군 役軍【역군】

명 공사장에서 삯일을 하는 사람.

즉 지금 일에도 응당 시힝홀 듯훈 거시 일본셔 **역군**을 모집ᄒᆞ야 긔송ᄒᆞ랴는 경영이 ᄌᆞ긔의 군ᄉᆞ상에는 대단ᄒᆞ긴 훈 ᄉᆞ건인ᄃᆡ 〈대한매일1904/08/16〉

본월 이십일에 일인이 제 나라 **역군**을 식혀 수빅 무덤을 파헷치매 총쥬들이 위산발분ᄒᆞ야 한셩부에 쳥원훈즉 〈경향신문1907/03/15〉

참혹훈 죽엄이 너무 만하 도망훈 병뎡을 ᄎᆞ자 잡으려고 일본 **역군**들을 만히 발ᄒᆞ야 셔쇼문 안 각 려염집을 뒤여 피ᄒᆞ야 〈경향신문1907/08/09〉

역대 歷代【력대, 력ᄃᆡ, 歷代】

명 대대로 이어 내려온 여러 대. 또는 그동안.

옴으리의 힝젹을 **력대** 지략에 긔록ᄒᆞ다 ᄒᆞ엿시나 〈신학월보4:448〉

셰계 각국의 진보ᄒᆞ는 **력ᄃᆡ** ᄉᆞ긔를 보건ᄃᆡ 쳘학가에셔는 글노 져슐ᄒᆞ야 인도ᄒᆞ고 〈대한매일1907/09/18〉

아모리 오래브터 잇는 나라히라도 원년과 챵국훈 쟈는 잇다 ᄒᆞ니 이런 모든 **력ᄃᆡ** ᄉᆞ긔롤 보건대 젼에는 사롬들이 아모 공작과 법도와 싱업이 업고 〈경향보감2:34〉

其後로 **歷代** 諸王이 遊宴과 奢侈로 爲事ᄒᆞ는 故로 〈국어독본8:03〉

역부 役夫【역부】

명 공사장에서 삯일을 하는 사람.

평산 텰도 역ᄉᆞ에 본군에 비졍훈 **역부** 칠빅 명을 농민 즁 모집ᄒᆞ야 부역식엿더니 〈대한매일1904/09/05〉

영국 스코틀란드 **역부** 동밍위원들은 영국 안에셔 일동히 파공ᄒᆞ기를 의론ᄒᆞ고 〈대한매일1908/09/10〉

셩에 치여 ᄉᆞ샹 대구부 셩을 헐 적에 부하에 잇는 **역부**이 일을 ᄒᆞ다가 셩돌 문허지는 바롬에 七인이 피샹되며 〈경향신문1906/12/14〉

혹 청인들 즁에 **역부**로 뎌리 갈넌지 ᄌᆞ셰치 못ᄒᆞ도다 〈경향신문1907/01/04〉

역사 歷史【력사, 력ᄉᆞ, 역ᄉᆞ】

명 인간 사회가 거쳐온 변천의 모습, 또는 그 기록.

한국의 **력ᄉᆞ**이 잇슨 후ㅅ년ᄃᆡ로만 말ᄒᆞ야도 이믜 ᄉᆞ쳔여 년이 될지라 〈대한매일1910/01/09〉

하로라도 밧비 그 방법을 기량ᄒᆞ야 **력사**의 션악과 시셰의 가부를 자미잇게 형용ᄒᆞᆫ 후에야 남녀 구경ᄒᆞ는 사롬의 안목에 만족ᄒᆞᆯ 것이오 〈설중매10〉

텬쥬를 공경ᄒᆞ고 놈을 ᄉᆞ랑ᄒᆞ는 본분을 아는 그런 셩춍이 업지 못ᄒᆞ엿술 뿐아니라 **력ᄉᆞ**을 렴람ᄒᆞ고 믁시ᄒᆞ신 바를 샹고ᄒᆞ매 〈경향보감2:257〉

텬하 각국에 인죵과 물산과 졍치와 **력ᄉᆞ**롤 공부ᄒᆞ며 〈경향신문1907/01/04〉

사롬들도 우리 원앙싀의 **력ᄉᆞ**을 짐작ᄒᆞ기로 니야기ᄒᆞ는 말이 잇소 〈금수회의록115〉

졍치, 법률, 경졔, 산슐, 물리, 화학, 농학, 공학, 상학, 디지, **력ᄉᆞ** 각 등분ᄒᆞ야 〈자유종37〉

연구 硏究【연구】

명 어떤 일이나 사물에 대하여서 깊이 있게 조사하고 생각하여 진리를 따져 보는 일.

인민 지식 발달코져 신구학문 **연구** 후에 가진 셔칙 발간ᄒᆞ야 박람토록 ᄒᆞᆯ터인ᄃᆡ 〈대한매일1909/08/11〉

탁지부에셔는 이것이 한국에 급무라 ᄒᆞ여 샹당ᄒᆞᆫ 지졍을 연구 즁이라더라 〈대한매일1910/02/16〉

우쥬 각국 글ᄌᆞ들을 구ᄒᆞ여 구경ᄒᆞ고 영어 문법을 좀 배홈은 다 국문 연구에 유익홀가 홈인ᄃᆡ 〈대한국어문법26〉

연단 演壇【연단】

명 연설이나 강연을 하는 사람이 올라서는 단.

ᄒᆞᆫ 모통이에셔 우렁찬 소리로 회쟝을 부르고 니러서셔 연단으로 올나간다 〈금수회의록32〉

연설 演說【연설】

명 여러 사람 앞에서 자기의 주의나 주장 또는 의견을 진술함.

벌이 연설을 긋치고 밋쳐 연설단에 나려서기 젼에 또 한편에셔 회장을 부르고 나오니 〈금수회의록86〉

덕국과 아라ᄉᆞ갓치 젼졔졍치를 힝치 말지어다 연설을 맛친 후 줌억으로 탁자를 두다리고 단에 나려오니 〈설중매1〉

연습 演習【련습, 연습】

명 실지로 하는 것처럼 하면서 익힘.

론돈뎐보를 거ᄒᆞᆫ즉 태평양으르 운동홀 미국 젼투함은 이 ᄉᆞ이에 사홈ᄒᆞᄂᆞᆫ 연습을 힝ᄒᆞ고 〈대한매일1907/09/04〉

토디됴사국 ᄉᆞ무원 양셩소 학도 일동은 작일브터 동문 밧긔 나가셔 실디 련습을 힝ᄒᆞᆫ다더라 〈대한매일1910/05/13〉

뎌 항구 사ᄅᆞᆷ들은 루뎡 잠슈졍이 물 속에 들어감을 보고 ᄉᆡᆼ각ᄒᆞ기를 아마 련습 ᄎᆞ로 물 속에 뎌 ᄇᆡ가 또 들어가나 보다 ᄒᆞ나 〈경향신문1906/11/02〉

연필 鉛筆【연필, 鉛筆】

명 필기도구의 하나. 흑연과 점토의 혼합물을 구워 만든 가느다란 심을 속에 넣고, 겉은 나무로 둘러싸서 만든다.

신ᄉᆞ 죠필원 씨와 미국 쳘학 박ᄉᆞ 죠원 씨 부인이 연필노 시샹ᄒᆞ엿ᄂᆞᆫᄃᆡ 〈대한매일1908/07/09〉

셔긔 일인은 손에 연필을 가지고 자조 연설의 대의를 필긔ᄒᆞ고 〈설중매2〉

옥년이가 깃분 마ᄋᆞᆷ을 이기지 못ᄒᆞ야 쳥인 압흐로 와셔 말ᄃᆡ답을 ᄒᆞᄂᆞᆫᄃᆡ 셔싱은 연필을 멈치고 셧더라 〈혈의루68〉

三錢 價値의 鉛筆 六柄과 二十四五錢의 朱墨 一梃을 貿來付投ᄒᆞ심을 切望이오며 〈국어독본3:24〉

영수증 領收證【령슈증】

명 돈이나 물품 따위를 받은 사실을 표시하는 증서.

만약 령수증이 업시 주시면 본샤 령슈증을 가지고 지정ᄒᆞᆯ 터이오니 죠량ᄒᆞ심을 ᄇᆞ라ᄋᆞᆸ 〈대한매일1908/09/12〉

본신보를 구람ᄒᆞ시ᄂᆞᆫ 졔씨ᄂᆞᆫ ᄆᆡ양 월죵에 분젼인이 ᄃᆡ금을 슈합ᄒᆞᆯ ᄯᆡ에 령슈증이 업거던 ᄒᆞᆫ 푼이라도 션급지 마시오 〈대한매일1908/09/15〉

누구시든지 이 네 분의게로 보ᄂᆡ시고 령수증을 밧아 가시오 〈신학월보2:516〉

ᄒᆞᆫ 장에 ᄃᆡᄒᆞ야 일 원의 샹당ᄒᆞᆫ 슈입인지를 려힝권 령슈증에 부치ᄂᆞ니라 〈경향보감4:381〉

영토 領土【령토, 領土】

명 국제법에서, 국가의 통치권이 미치는 구역.

만일 일죠에 이ᄉᆞᄒᆞᄂᆞᆫ 부비를 밧고 그 ᄯᅡ에셔 물너 갈지라도 그 향ᄒᆞᆯ 곳은

한국 **령토** 밧게 업는지라 〈대한매일1907/07/02〉

新羅建國 後 二十一年이라 未幾에 朝鮮의 地가 다 高句麗의 **領土**에 屬ᄒᆞ니라 〈국어독본5:28〉

영향 影響【영향】

명 어떤 사물의 효과나 작용이 다른 것에 미치는 일.

텬하대셰의 **영향**으로 진졍ᄒᆞᆫ 국가쥬의가 졈졈 발달이 되여 〈대한매일1908/12/10〉

피를 흘니ᄂᆞᆫ 법식과 표쥰되ᄂᆞᆫ **영향**이 아담의 영광스러온 날에 업셧ᄂᆞ니 〈신학월보7:16〉

이럿케 교육교육ᄒᆞᆯ지라도 십년 이십년에 **영향**을 알리니 〈자유종20〉

영혼 靈魂【령혼】

명 죽은 사람의 넋.

이 날 ᄒᆞ로ᄂᆞᆫ 육신의 일을 온젼히 졍지ᄒᆞ며 부ᄌᆞ런히 **령혼**을 먹이고 보존ᄒᆞ거시니 만일 그러치 아니ᄒᆞᆫ즉 **령혼**이 육신을 위ᄒᆞ야 죽ᄂᆞᆫ 것시오 〈신학월보1:9〉

누구던지 젼도ᄒᆞᄂᆞᆫ 직무롤 ᄒᆞ랴면 맛당히 몸과 ᄆᆞᄋᆞᆷ과 **령혼**이 열심으로 힘써 죽도록 하ᄂᆞ님 나라 왕셩ᄒᆞ기롤 위ᄒᆞ야 놈을 셤길 터이라 〈신학월보1:192〉

이 세 가지 힘이 형샹 업ᄂᆞᆫ 힘인즉 이 삼ᄉᆞ 잇ᄂᆞᆫ **령혼**의 형샹 업숨을 빙거홈이니라 〈경향보감1:27〉

령혼이 육신 속에 잇ᄉᆞ매 마치 옥에 갓침 ᄀᆞᆺᄒᆞ야 오관 업시ᄂᆞᆫ 밧겻 거술 아지 못ᄒᆞ나 **령혼**이 육신에셔 나간 후에ᄂᆞᆫ 아모 것침 업시 명오ᄉᆞ로써 바로 알 거술 알고 〈경향보감1:113〉

이런 말은 오직 비유뿐이라 홀 수도 업느니라 그런즉 령혼은 곳 바로 텬쥬씌셔 내시는 줄을 밋어 승복홀지니 〈경향보감2:170〉

예식 例式【례식, 예식】

명 항상 정하여져 있는 일정한 격식.

궁즁에서 고치 ᄯᅩ는 **례식**을 이믜 거힝ᄒᆞ엿는ᄃᆡ 그 고치로 풀솜과 면쥬실을 지금 시험ᄒᆞ야 졔조ᄒᆞ는 즁이라더라 〈대한매일1909/06/25〉

ᄯᅩ 내외하는 **례식**을 잘 알아야 할 터이니라 〈신학월보4:63〉

예회 例會【례회】

명 일정한 날짜를 정하여 놓고 정기적으로 모이는 모임.

작일에 즁츄원 찬의 윤길병 씨가 ᄉᆞ진치 아니ᄒᆞᆫ 고로 **례회**을 뎡지ᄒᆞ엿다더라 〈대한매일1907/10/01〉

외국인 外國人【외국인】

명 다른 나라 사람.

삼쳔리 금슈강산은 **외국인**의 ᄲᅢᆺ아 업심을 당ᄒᆞ고 이쳔만 ᄉᆡᆼ령은 다 **외국인**의 슈즁에 드럿는지라 〈대한매일1907/07/21〉

ᄯᅩᄒᆞᆫ 특별ᄒᆞᆫ ᄉᆞ업은 경셩 ᄂᆡ외에 잇는 **외국인** 즁에 우리 쥬를 밋는 쟈는 일심으로 공동ᄒᆞ야 ᄒᆞᆫ 회당에 모히는 회롤 셜시ᄒᆞ셧더라 〈신학월보2:356-357〉

요리 料理【뇨리, 요리】

명 음식을 일정한 방법으로 만듦. 또는 그 음식.

그 날에 연회ᄒᆞ는 **료리**을 명월관으로 주문치 아니ᄒᆞ고 혜쳔탕으로 주문ᄒᆞ

엿더니 〈대한매일1909/06/10〉

학비가 써러지고 호텔 주인의게 요리 갑을 못 주게 된 후에는 〈은세계617〉

의복음식을 궁사극치ᄒᆞ야 못 입어 본 옷이 업고 못 먹어 본 료리이 업스나 〈빈상설402〉

우승열패 優勝劣敗【우승렬패, 우승렬픠】

명 나은 자는 이기고 못한 자는 패함. 또는 강한 자는 번성하고 약한 자는 쇠멸함.

뎌희가 싱존경징에 우승렬패라 ᄒᆞᄂᆞᆫ 문ᄌᆞᄂᆞᆫ 알지 못ᄒᆞ엿스나 〈대한매일1908/07/18〉

셰계풍운은 진셰에 변쳔이 무상ᄒᆞ고 우승렬픠의 셰ᄂᆞᆫ 둘이 갓치 셔지 못ᄒᆞ야 〈송뢰금3〉

운동회 運動會【운동회】

명 여러 사람이 모여 여러 가지 운동 경기를 하는 모임.

일젼 토요일에 무관학교에셔 학도 시험을 지낸 후에 쟝츙단에 가셔 운동회을 거힝ᄒᆞ엿ᄂᆞᆫ딕 〈대한매일1908/05/12〉

닉부일동이 운동회을 ᄒᆞᆫ다 ᄒᆞᆷ은 이믜 게지ᄒᆞ엿거니와 〈대한매일1910/05/03〉

위임 委任【위임】

명 [1]당사자 중 한쪽이 상대편에게 사무 처리를 맡기고 상대편은 이를 승낙함으로써 성립하는 계약.

ᄉᆞ법권 위임에 딕ᄒᆞ야 〈대한매일1909/08/21〉

ᄉᆞ법권 위임을 맛혀 가지고 〈대한매일1909/11/18〉

통치권 위임이나 일진회의 합방 등 ᄉᆞ건은 아니나 〈대한매일1910/01/11〉

[2]어떤 일을 책임 지워 맡김. 또는 그 책임.

장모만 밋고 아죠 위임을 ᄒᆞ는 것이니 별말 마르시오 〈빈상설367〉

원시경 遠視鏡【원시경】

명 원시안인 사람이 쓰는 볼록 렌즈로 된 안경.

쥬인 왈 낫낫치 혜일 수가 업스니 원시경을 가지고 멀니 보지 말고 근시경을 가지고 갓가히 보면 가히 알지니라 〈대한매일1908/03/14〉

유리창 琉璃窓【류리창】

명 유리를 낀 창.

오직 셔양 사ᄅᆞᆷ과 일본 사ᄅᆞᆷ의 벽돌 집에만 ᄃᆞᆫ니면셔 류리창을 ᄶᅵ치고 도적ᄒᆞᄂᆞᆫᄃᆡ 〈대한매일1908/02/09〉

도적놈이 류리창을 ᄶᅵ트리고 드러가 물건을 도적ᄒᆞ다가 〈경향신문1907/08/30〉

유신 維新【유신】

명 낡은 제도를 고쳐 새롭게 함.

이졔 우리 대황뎨 폐하ᄭᅴ셔 변환ᄒᆞᄂᆞᆫ 시ᄃᆡ를 당ᄒᆞ샤 유신이라 ᄒᆞᄂᆞᆫ 두 글ᄌᆞ로 국시를 뎡ᄒᆞ시고 여러 ᄇᆡᆨ셩에게 반포ᄒᆞ셧스니 〈대한매일1908/01/04〉

문명각국에 만히 유람ᄒᆞ야 셰계 형편을 요연히 아ᄂᆞᆫ고로 부픠ᄒᆞᆫ 졍부를 공박ᄒᆞ야 유신의 ᄉᆞ업을 셩취코ᄌᆞ 하다가 〈빈상설929〉

육혈포 六穴砲【륙혈포】

명 탄알을 재는 구멍이 여섯 개 있는 권총.

금릉위 박영효 씨가 정지홍 씨가 륙혈포로 스스로 노하셔 병원으로 곳둔 말를 듯고 크게 놀나고 〈대한매일1907/07/02〉

평복훈 대한인 세 사룸이 각기 륙혈포를 가지고 별안간에 내드라 권 대신을 향호야 쏘나 〈경향신문1907/03/29〉

밧씌 우리 대미국 대통령 믹컨릐 씨씌셔 무정부당(無政府黨)의게 암살호는 히롤 닙어 륙혈포로 두 번 마쟛시니 〈신학월보1:425〉

불안당이 칼이나 륙혈포을 가지고 남의 집에 들어가셔 〈금수회의록54〉

누가 그러는딕 나를 맛나면 륙혈포 한 기를 션사훈다더라네 〈송뢰금5〉

윤리 倫理【륜리】

명 사람으로서 마땅히 행하거나 지켜야 할 도리.

한국 빅셩은 륜리의 스샹이 ㄱ장 슌후홈은 셰계상에셔 훈 가지 아는 바이라 〈대한매일1907/11/12〉

이는 팔도가 훈 가지로 경하훌 복이오 만셰에 덧덧훈 륜리을 폄이라 싱각건대 〈경향보감2:110〉

ᄌ녀들은 부모의게 효도호ᄂ니 이거슨 륜리의 큰 거시오 인ᄉ의 썻썻훈 거시라 〈신학월보7:10〉

긔왕 자식이 잇슨 이상에는 공물이라고 교육 안이호다가는 참말 륜리의 불힝훈 일이오 〈자유종27〉

의무 義務【의무, 義務】

명 사람으로서 마땅히 하여야 할 일. 곧 맡은 직분.

국민된 쟈는 각기 의무을 실힝호여 각기 권리를 쥬쟝호고 공동훈 리해를

분셕ᄒᆞ며 〈대한매일1908/07/23〉

부모ᄭᅴ 공경ᄒᆞ라 ᄒᆞᆫ 말ᄉᆞᆷ에 여러가지 우리의 **의무**이 포함ᄒᆞᆫ지라 〈신학월보 2:463〉

부모의 은혜로온 이 몸이 나라의 국민의 **의무**을 직히고 국민의 직분을 다ᄒᆞᄂᆞᆫ 거시 부모에게 효셩이라 〈은세계679〉

艱難을 격금으로 因ᄒᆞ야 今日에ᄂᆞᆫ **義務**의 一部分을 다ᄒᆞ노라 〈국어독본 6:39〉

인구 人口【인구】

명 일정한 지역에 사는 사람의 수.

나ᄂᆞᆫ 뎡말국 사ᄅᆞᆷ이라 우리 뎡말국은 디방이 불과 륙ᄇᆡᆨ 리오 **인구**이 불과 이ᄇᆡᆨ만이로ᄃᆡ 〈대한매일1907/09/10〉

그 ᄎᆡᆨ에 그 도 디셰와 **인구**과 기타 물산 등을 편찬ᄒᆞ이라더라 〈대한매일 1910/04/09〉

죠션 디경의 샹거가 삼쳔여 리라 그 디방에 **인구**이 만치 아니ᄒᆞ고 ᄯᅡᆼ도 만히 긔경치 아니ᄒᆞ야 〈경향보감4:141-142〉

예루살넴에셔 북으로 삼ᄇᆡᆨ 리니라 안듸옥은 이 ᄯᅢ에 로마 관활에 잇셔시니 **인구**이 오십만 명이나 되엿ᄂᆞ니라 〈신학월보2:299〉

인도국이 ᄯᅩᄒᆞᆫ 물건이 만코 ᄯᅡ히 넓으며 **인구**이 죠밀ᄒᆞ야 대략 지나로 더브러 방불ᄒᆞᆫ지라 〈신학월보7:31〉

인력 人力【인력】

명 사람의 힘.

긔셰의 웅장ᄒᆞᆷ과 지식의 신묘ᄒᆞᆷ이 **인력**으로ᄂᆞᆫ 감히 측량ᄒᆞ야 밋츨 수 업슬 듯ᄒᆞ나 〈대한매일1907/12/04〉

아모 셩인이든지 비록 텬쥬의 파견대ᄉᆞㅣ 아니라도 인력에 뛰여나는 셩덕이 잇스니 〈경향보감4:186〉

문제는 젼도인이 젼도ᄒᆞᆯ ᄯᅢ에 인력을 의지ᄒᆞ지 말고 신력을 의지ᄒᆞᆷ이 가ᄒᆞ다 ᄒᆞᆷ이니 〈신학월보1:480〉

인민 人民【인민】

명 한 국가나 사회를 구성하는 사람.

쥬쳥 공사 민영철 씨가 평양 관찰사 ᄌᆡ임시에 인민의 ᄌᆡ산을 ᄐᆡ과히 탐학ᄒᆞᆫ 고로 그 셰력에 두려워 감히 ᄀᆡ구치 못ᄒᆞ더니 〈대한매일1905/01/21〉

ᄌᆡ작일 대한문젼에 인민이 회동ᄒᆞ얏ᄂᆞᆫᄃᆡ 〈대한매일1907/07/21〉

근ᄅᆡ 국채보상에 ᄃᆡᄒᆞ야 젼국 인민의 ᄋᆡ국심은 막을 이가 업거ᄂᆞᆯ 〈경향신문1907/04/19〉

각 디방 인민의 ᄋᆞ히들을 역질 막기로 우두를 시기ᄂᆞᆫᄃᆡ 무슴 돈 내는 거시 잇ᄂᆞ뇨 〈경향보감2:227〉

긔독 국민들은 외교국 인민이 ᄒᆞᆫ 번도 엇어 맛나지 못ᄒᆞᆫ 바 개인 ᄌᆞ유권(個人 自由權)을 엇어 누리며 〈경향보감4:57〉

우리 디구상에 잇셔 긔거 동작ᄒᆞᄂᆞᆫ 인민이 무론 남녀로쇼ᄒᆞ고 이 문뎨에 ᄃᆡᄒᆞ야 큰 관계가 아니된다 ᄒᆞᆯ 수 업ᄂᆞ니 〈신학월보1:14〉

대한은 지금 인민의 마음이 도도 썩고 상하야 엇지 할 수 업는 중에 더욱 사사 마음이 가득하야 〈신학월보3:387〉

부모에게 효도ᄒᆞᆷ으로 근본을 삼고 인민을 건져 ᄉᆞ업을 이루랴면 〈빈상설477〉

이 ᄯᅢ 연설장에셔 여러 인민들이 일제히 약원수의 군ᄉᆞ됨을 ᄌᆞ원ᄒᆞ는 자가 분々ᄒᆞ거ᄂᆞᆯ 〈애국부인전19〉

이와 갓치 펄々ᄯᅱ며 야단을 치ᄂᆞᆫᄉᆞ름은 법률의 긔관을 쥬장ᄒᆞ야 인민을 ᄀᆡ

도고 치안을 유지ᄒᆞᄂᆞᆫ 법부ᄃᆡ신이오 〈현미경76〉

인쇄 印刷【인쇄】

명 잉크를 사용하여 판면(版面)에 그려져 있는 글이나 그림 따위를 종이, 천 따위에 박아 냄.

지금에ᄂᆞᆫ 쟝춧 **인쇄**을 ᄀᆡ량ᄒᆞ야 슈원부 화홍문 샤진을 그려 구은힝권과 동등으로 교환ᄒᆞᆫ다ᄂᆞᆫᄃᆡ 〈대한매일1908/07/18〉

사흘 안에 그 ᄎᆡᆨ 두 권을 학부에 드리면 학부는 그 ᄎᆡᆨ의 지픔(紙品)과 **인쇄**(印刷)와 장칙(粧冊)의 호불호를 검뎡ᄒᆞ여 인허ᄒᆞᄂᆞ니라 〈경향보감3:68〉

셩경에 변문이 이러ᄐᆞ시 만흠이 괴이치 아니ᄒᆞ니 대뎌 ᄌᆞ초로 **인쇄** ᄀᆡ계는 업고 셩경은 요긴야 만히 쓸ᄃᆡ 잇ᄂᆞᆫ 고로 〈경향보감3:387〉

일개인 一個人【일개인】

명 국가나 사회, 단체 등을 구성하는 낱낱의 사람.

이제 이 리치를 대강 알려 ᄒᆞᆯ진ᄃᆡ **일개인**의 신분으로 의론ᄒᆞᆯ지라도 농업이 ᄀᆞ장 즁ᄒᆞ고 ᄯᅩ 완젼ᄒᆞ니 〈대한매일1907/11/03〉

이제 이 공격ᄒᆞᄂᆞᆫ 거슨 **일개인**이나 국민들의 ᄉᆡᄀᆡᄒᆞᄂᆞᆫ 일에 지나지 못ᄒᆞ도다 〈대한매일1908/01/21〉

군용디로 뎜령홈은 됴약이나 잇거니와 **일개인**의 ᄉᆞ유디를 ᄉᆞ촉으로 인허엇어 표목박고 륵탈코져 〈대한매일1908/11/15〉

발ᄒᆡᆼᄒᆞᄂᆞᆫ 신문지ᄂᆞᆫ ᄲᅧᆯ칸 문뎨의 지나간 일을 말ᄒᆞ야 ᄀᆞᆯᄋᆞᄃᆡ 덕국 황뎨가 **일개인**의 ᄌᆞ격으로 로국 황뎨의게 압제ᄒᆞᄂᆞᆫ 문ᄌᆞ롤 보내고 〈대한매일1909/04/02〉

스승이 되여 악풍을 ᄡᅦ여 ᄇᆞ리ᄂᆞᆫ 것이며 셩덕을 왕셩케 ᄒᆞ야 **일개인**(一個人)ᄲᅮᆫ 아니라 가족(家族)과 인간샤회를 ᄎᆞᄎᆞ 활달케 ᄒᆞ여 〈경향보감4:74〉

엇지 인간에 이왕 왕셩ᄒᆞ던 교나 지금 왕셩ᄒᆞᄂᆞᆫ 교 즁에 긔독교ㅣ 홀노 일개인이나 가족이나 인간샤회를 발달케 ᄒᆞ리오 〈경향보감4:82〉

자격 資格【자격, ᄌᆞ격, 資格】

명 [1]일정한 신분이나 지위.

ᄂᆡ각에셔 동의ᄒᆞ기를 금번에 ᄒᆡ산ᄒᆞᆫ 쟝관즁 위관은 그 자격을 보아셔 디방관으로 구쳐ᄒᆞᄌᆞ ᄒᆞ엿다더라 〈대한매일1907/08/09〉

일진회에셔 츌회ᄒᆞᆷ은 위격이라 일진회의 즁츄원이 아닌ᄃᆡ 즁츄원찬의 ᄌᆞ격으로 헌의ᄒᆞᆫ 거시 일진회에 무ᄉᆞᆷ 관계가 잇ᄂᆞ냐고 물론이 잇다더라 〈대한매일1908/04/09〉

셔원은 소학교 자격이오 향교는 즁학교 자격이오 ᄐᆡ학은 대학교 자격이라 〈자유종18〉

後詞ᄂᆞᆫ 名詞의 資格을 定ᄒᆞᄂᆞ니 其 資格은 一 曰 主格이오 二 曰 賓格이라 〈朝鮮文典22〉

[2]일정한 신분이나 지위를 가지거나 일정한 일을 하는 데 필요한 조건이나 능력.

너희들을 모다 노와 보내ᄂᆞ니 ᄌᆞ유권을 일치 말고 너희도 ᄌᆞ질들을 교육ᄒᆞ여 쓸만ᄒᆞᆫ ᄌᆞ격을 일우게 ᄒᆞ라 ᄒᆞ고 〈대한매일1908/12/05〉

ᄂᆡ가 자근앗씨를 가르칠 자격이 되면 이 ᄃᆡᆨ에 와셔 죵노릇하고 잇기슴닛가 〈혈의루40〉

그 사ᄅᆞᆷ이 겸ᄒᆞᆫ ᄌᆡ조가 잇고 뎡당ᄒᆞᆫ 의론을 발ᄒᆞᆷ이니 정치의 ᄌᆞ격은 업스나 〈신학월보6:86〉

사ᄅᆞᆷ 즁에 진ᄀᆡᄌᆡ상 ᄌᆡ목과 도학군자 자격이 업ᄂᆞᆫ 것이 안이라 〈자유종30〉

자기 自己【자긔, ᄌᆞ긔, 쟈긔】

명 그 사람 자신.

나ᄅᆞᆯ 노아 가게 ᄒᆞ라 ᄒᆞᆷ은 **자긔**ᄅᆞᆯ 위ᄒᆞ심이 아니오 야곱을 위ᄒᆞ심이니 〈신학월보1:464〉

서양사람의 풍속을 보아서 단발하는 이도 잇고 **자긔**의 편함을 취ᄒᆞ야 단발하는 이도 잇서스니 〈신학월보2:570〉

대 앞에서 이미 말하였거나 나온 바 있는 사람을 도로 가리키는 삼인칭 대명사.

리천 말네 교회에 김상태 씨는 **자긔**이 예수 씨를 밋은 후로 위하든 신주을 불사르고 〈신학월보3:194〉

김씨ᄂᆞᆫ **자긔** 아들보다 옥남이ᄅᆞᆯ 더 귀ᄋᆡᄒᆞ고 더 쇼즁히 녀기ᄂᆞᆫ 터이라 〈은세계501〉

부인이 **자긔**의 마음만 안심ᄒᆞᄂᆞᆫ 거시 아니라 검홍ᄭᅡ지 위로ᄒᆞ고 달ᄅᆡ더라 〈치악산上50〉

방문을 여러 보니 왼 사ᄅᆞᆷ이 자다가 가위를 눌녀셔 ᄋᆡ를 쓰ᄂᆞᆫ 모양인ᄃᆡ 자셰이 본즉 **자긔**의 친이라 〈혈의루30〉

자명종 自鳴鐘【ᄌᆞ명죵】

명 미리 정하여 놓은 시각이 되면 저절로 소리가 나도록 장치가 되어 있는 시계.

젹막강산 깁흔 밤에 쉬지 안ᄂᆞᆫ **ᄌᆞ명죵**이 내 심ᄉᆞ를 짐작ᄒᆞ나 네 소ᄅᆡ를 의방ᄒᆞ야 열두 곡됴 지어내니 〈대한매일1908/12/10〉

벽상에 걸린 **자명종**은 ᄉᆡ로 한 점을 쌍 치면서 창 ᄇᆞᆺ게셔 사람의 불자취 소리 가ᄂᆞ니 〈귀의성2787〉

ᄯᅩ 정두원이 그 사ᄅᆞᆷ의게 셔양 학문 ᄎᆡᆨ과 긔묘ᄒᆞᆫ 물건 안경과 **ᄌᆞ명죵**과 시

표와 만리경과 총 곳흔 거슬 밧아 가지고 왓ᄂᆞ니라 ᄒᆞ엿시니 〈경향보감 1:29〉

큼즉흔 집에 드러 잇는 사룸들은 오죵 소리를 듯고 일시에 눈이 ᄌᆞ명죵으로 근다 〈귀의성19〉

자유 自由【자유, ᄌᆞ유】

명 외부적인 구속이나 무엇에 얽매이지 아니하고 자기 마음대로 행동함. 또는 그런 상태.

ᄃᆡᄃᆡ로 속박ᄒᆞ고 극히 천ᄒᆞ게 ᄃᆡ졉ᄒᆞ여 ᄌᆞ유을 일케 ᄒᆞ엿스니 이는 내가 실노 하늘에 득죄홈이라 〈대한매일1908/12/05〉

엇지ᄒᆞ면 셰계의 인류들이 ᄀᆞ각 ᄌᆞ유로 지내게 홀가 ᄒᆞ여 그 ᄉᆡᆼ각도 이것 뿐이오 그 목뎍도 이것뿐이오 〈대한매일1909/11/25〉

교만함이 자유가 아니라 〈신학월보4:61〉

자유 석방으로 날마다 새롭는 긔상을 가지고 〈신학월보4:213-214〉

어ᄃᆡ를 가든지 ᄌᆞ긔가 강ᄉᆡᆼᄒᆞ는 바와 ᄌᆞ긔를 나타낼 ᄯᆡ에 홍샹 흔 집안의 ᄌᆞ유을 가진 ᄌᆞ유를 주는 아들과 곳ᄒᆞ야 죵 되는 일을 샹ᄃᆡᄒᆞ는 거시라 〈신학월보7:35〉

그 물건을 일허ᄇᆞ리게 ᄒᆞ면 이는 ᄇᆡᆨ셩의 ᄌᆞ유을 크게 거ᄉᆞ리는 일인즉 문명흔 나라 법을 거ᄉᆞ리는 일이니라 〈경향보감3:493〉

스ᄉᆞ로 돕는 자는 하늘이 도으시ᄂᆞ니 자포자긔ᄒᆞ야 내의 당당흔 ᄌᆞ유을 일는 것이 엇지 내의 뜻ᄒᆞ든 바리요 〈송뢰금5〉

그갓치 희한ᄒᆞ고 그갓치 극난흔 동물 즁 사룸이 되야 압제를 밧아 ᄌᆞ유을 일케 되면 하늘이 신 사룸의 직분을 직히지 못홈이어날 〈자유종1〉

작용 作用【작용, 作用】

[명] 어떠한 현상을 일으키거나 영향을 미침.

다른 경우에 거ᄒᆞ매 다른 **작용**이 잇서 유태인은 북편에 검붉은 赤色 빗히 오 〈경향보감2:210〉

ᄒᆞ나흔 만물도총(萬物都總)에 홈ᄭᅴ 잇서 ᄒᆞ여곰 뭇 조물이 서로 **작용**(作用Influxu)을 주고 밧ᄂᆞᆫ ᄃᆡ에 ᄯᆞ라 직희ᄂᆞᆫ 방법인즉 〈경향보감3:137〉

장사[2] 壯士【장사】

[명] 몸이 우람하고 힘이 아주 센 사람.

젹진 중에서 큰 **장사** 하나히 나와 날마다 싸홈을 청하되 〈신학월보3:453〉

제목 題目【뎨목】

[명] 작품이나 강연, 보고 따위에서 그것을 대표하거나 내용을 보이기 위하여 붙이는 이름.

ᄌᆡ작일 본보에 쳡 쏫ᄂᆞᆫ 뎐보리ᄒᆞᆫ **뎨목** 밋헤 윤갑병 씨의 별실의 ᄉᆞ건은 다시 드른즉 젼연 무근지셜이라더라 〈대한매일1909/07/02〉

보감 일권 四十二장 법률 문답 토디 가샤 규측의 ᄌᆞ셰ᄒᆞᆫ 규례라 ᄒᆞᄂᆞᆫ **뎨목**에다 ᄌᆞ셰히 말ᄒᆞ엿스니 그대로만 시힝ᄒᆞᆯ 것이오 〈경향보감3:148〉

신문의 긔재한 **뎨목**은 한국ᄃᆡᄀᆡ혁(韓國大改革)이라 ᄒᆞ얏ᄂᆞᆫᄃᆡ 〈은세계 741〉

제출 提出【뎨출】

[명] 문안(文案)이나 의견, 법안(法案) 따위를 냄.

의견셔 **뎨출** 〈대한매일1908/06/05〉

제출하다 提出-- 【뎨츌ᄒᆞ다】

동 문안(文案)이나 의견, 법안(法案) 따위를 내다.

압록강 솜림 문뎨에 ᄃᆡᄒᆞ야는 일청 량국의 위원이 여러 번 회견ᄒᆞ엿스나 **뎨츌**ᄒᆞᆫ 바 의견이 셔로 맛지 아니ᄒᆞ고 〈대한매일1907/11/16〉

일진회의 합병ᄒᆞ자는 셩명셔를 찬셩ᄒᆞ노라고 ᄒᆞᆫ나흔 공함을 보ᄂᆡ고 ᄒᆞᆫ나흔 셔약셔를 **뎨츌**ᄒᆞ엿는ᄃᆡ 그 마귀의 말과 괴이ᄒᆞᆫ ᄐᆡ도가 가련도 ᄒᆞ고 ᄯᅩ 가통ᄒᆞ도다 〈대한매일1909/12/15〉

이 검뎡은 도량형을 가진 쟈의게나 혹 일뎡ᄒᆞᆫ 곳에 도량형을 **뎨츌**ᄒᆞᆷ을 명ᄒᆞ고 〈경향보감3:421〉

조사 調査【조사, 調査】

명 사물의 내용을 명확히 알기 위하여 자세히 살펴보거나 찾아봄.

그 직업ᄒᆞ는 쟈가 아닌ᄃᆡ 폭발약이 손에 들어왓다 ᄒᆞ면 경관이 엄즁히 **조사**을 아니치 못ᄒᆞᆯ지라 〈설중매6〉

建陽 元年 勅令 第六十一號 戶口 **調查** 規則은 本法 施行日로브터 此를 廢止ᄒᆞᆷ 〈경향보감:317〉

조직 組織【조직, 죠직】

명 짜서 이루거나 얽어서 만듦.

우리의 ᄉᆡᆼ각에는 돈슈의 다소는 고ᄉᆞᄒᆞ고 세계에 둘지 아니갈 터이어 륙군의 **죠직**과 군인의 감ᄒᆞᆷ이 다 평론ᄒᆞᆯ 것이 업스며 〈대한매일1905/01/26〉

셔로 합심ᄒᆞ야 곳 한몸 갓치 협녁 동심ᄒᆞ야 이에 사회 **조직**이 완전ᄒᆞ야 정치를 왼나라 인민에 의논을 좃고 〈신학월보4:528〉

오직 홀노 진교되는 텬쥬교와 밋 그 **조직**을 말ᄒᆞ겟기에 오늘 이러케 그치ᄃᆡ 더 마련 업시 번역 편즙ᄒᆞ야 〈경향보감3:306〉

주의 主義【주의, 쥬의】

명 굳게 지키는 주장이나 방침.

대개 대국을 셤기는 쥬의에 속박이 되여 이런 등ᄉᆞ는 일체 묵기인 ᄭᆞ닭이로다 〈대한매일1909/12/15〉

영국 보슈당 두령 발포아 씨는 말ᄒᆞ기를 뎨국쥬의을 가진 쟈는 모다 통일당 소쇽이오 〈대한매일1910/01/11〉

만국을 일통할 주의이 우리가 정치로 만국을 통합하자 함이 아니오 〈신학월보3:478〉

주일 週日【쥬일】

명 월요일부터 일요일까지의 이레 동안.

산항 영도 ᄉᆞ립 육셩학교 학됴 졔씨가 련합ᄒᆞ야 작년브터 학도 공진회를 조직ᄒᆞ고 ᄒᆞᆫ 쥬일에 ᄒᆞᆫ 번식 기회ᄒᆞ야 회즁ᄉᆞ무를 쳐리ᄒᆞ며 〈대한매일1910/04/23〉

이 쥬일 간을 더 잇겟다고 농상공부에 청원ᄒᆞ엿다더라 〈대한매일1910/07/22〉

ᄆᆡ 쥬일에 두 번식 ᄌᆡ를 직희며 〈경향보감2:296〉

이후 두 쥬일이 지나지 못ᄒᆞ야 공쥬가 ᄌᆞ긔 궁으로 공ᄉᆞ 부인네와 기외 여러 손님들을 청ᄒᆞ여ᄂᆞᆫᄃᆡ 〈신학월보3:101〉

옥년이 마진 쳘환은 일인의 쳘환이라 치료하기 더ᄃᆞᆫ히 쉽다 하더니 과연 삼 쥬일이 못되야셔 연히 평일과 갓튼지라 〈혈의루33〉

지단 地段【디단】

명 땅을 몇으로 나누어 가른 한 부분.

법국에셔는 싸하라 샤막 근쳐에 광대ᄒᆞᆫ 디단을 뎜령ᄒᆞ고 마다가스카를 졍

복ᄒᆞ며 〈대한매일1910/02/23〉

탁지부에셔 셔강 등디에 벽돌고- 기와 문드는 회샤롤 관입으로 셜시ᄒᆞ고 빅셩의 디단을 사는ᄃᆡ 〈경향신문1906/12/21〉

지형 地形【디형】

명 땅의 생긴 모양이나 형세.

츙청남도 공쥬부는 디형이 좁아 ᄉᆞ면으로 산이 둘리고 다만 븍편에 ᄒᆞᆫ 닉가 잇셔 금강으로 통류ᄒᆞ는ᄃᆡ 〈대한매일1908/12/10〉

이젼에 싀골노 ᄃᆞᆫ녀 보니 디형대로 길이 구불구불ᄒᆞ고 〈경향신문1906/10/26〉

ᄌᆡ와 돌이 ᄒᆞᆷᄭᅴ 폭발ᄒᆞ야 그 곳 두 고올을 묻어 아조 멸망ᄒᆞ엿더니 근년에 그 디형을 깁히 ᄑᆞ다가 〈경향보감1:394〉

그 셤이 산쏙닥이요 디형이 평평치 못ᄒᆞ고 바다물이 멀이 잇는 고로 사ᄅᆞᆷ 살기는 유익ᄒᆞᆷ이 적은이라 〈신학월보2:206〉

직무 職務【직무】

명 직책이나 직업상에서 책임을 지고 담당하여 맡은 사무.

반다시 됴흔 결과로 신임ᄒᆞᆷ 만ᄒᆞᆫ 고로 함흥에 잇는 지던 소쟝이 히원을 고원 군슈 직무을 집힝케 ᄒᆞᆷ을 쳥ᄒᆞ엿스니 〈대한매일1905/01/26〉

五는 젼도 신학이라 ᄒᆞ니 특별히 목ᄉᆞ의 직무과 젼도 대강을 긔록ᄒᆞᆯ 거시오 〈신학월보5:2〉

홍참의는 경무청 신문과장대판에 재판소 검사 직무을 겸ᄃᆡᄒᆞ얏는지 〈치악산下51〉

직임 職任【직임】

명 직무상 맡은 임무.

ᄯᅩ 지금 ᄂᆡ각에셔 이런 즁대ᄒᆞᆫ **직임**을 의망하고져 ᄒᆞᆫ다 ᄒᆞ니 과연 그러ᄒᆞᆫ지 〈대한매일1909/04/02〉

그 다음으로ᄂᆞᆫ 리베드루와 권방지거의 신픔엣 **직임**을 츔람이 힝흠을 칙ᄒᆞ며 〈경향보감1:72〉

직책 職責【직책】

명 직무상의 책임.

마귀를 대적함과 주를 밋난 무리들이 당연히 할 **직책**의 말삼으로 형제를 권면하야 본사에 편지하여더라 〈신학월보3:401〉

특별히 서양 교사들만 전도할 **직책**이 잇고 우리는 그 **직책**에 버서난 사람이 아니즉 〈신학월보3:475〉

진보 進步【진보, 進步】

명 정도나 수준이 나아지거나 높아짐.

지금 시ᄃᆡᄂᆞᆫ ᄀᆡ혁시ᄃᆡ라 외양브터 변ᄀᆡᄒᆞ여야 ᄉᆞ상이 변ᄒᆞ여 문명상에 **진보**이 되지오 〈대한매일1908/03/03〉

동포ㅣ여 동포들은 어셔어셔 셰계의 츄셰를 숣혀셔 이거슬 리용ᄒᆞ며 문명의 **진보**을 당긔여 이거슬 환영ᄒᆞ며 한국의 디위를 보와 이거슬 분발ᄒᆞᆯ지어다 〈대한매일1910/02/23〉

하ᄂᆞ님을 슝지ᄒᆞ던 나라들은 사ᄅᆞᆷ마다 학문이 고명ᄒᆞ야 무ᄉᆞᆷ 일이던지 **진보**이 되엿거니와 〈신학월보1:63〉

만일 우리나라가 칠십 년 전에 ᄀᆡ혁이 되어셔 **진보**을 잘ᄒᆞ얏더면 〈은세계747-748〉

第七課 學術의 盛衰 學術의 進步ᄅᆞᆯ 因ᄒᆞ야 浮華ᄅᆞᆯ 崇尙ᄒᆞᄂᆞᆫ 文弱의 弊가 生ᄒᆞ야 詩文을 弄ᄒᆞ며 〈국어독본8:19〉

차인 差人【차인】

명 임시 심부름꾼으로 부리는 사람.

탁지부에셔 각 디방관의 공포즁 빅셩의게 밧지 못ᄒᆞᆫ 것과 **차인**의게 일ᄒᆞᆫ 것은 물론이라더니 〈대한매일1909/07/11〉

참섭 參涉【참셥】

명 어떤 일에 끼어들어 간섭함.

박참봉 ᄂᆞ리ᄂᆞᆫ 그 일에 **참섭** 업슬 쥴 짐작하깃소 〈귀의성2105-2106〉

처분 處分【처분, 쳐분, 處分】

명 정한 대상을 어떻게 처리할 것인가에 대하여 지시하거나 결정함. 또는 그런 지시나 결정.

디방관이 쳔단히 이거슬 퇴각ᄒᆞ거나 **쳐분**을 ᄒᆡᆼᄒᆞᄂᆞᆫ 구습은 단졍코 폐지ᄒᆞᆷ이 가ᄒᆞ고 〈대한매일1908/09/10〉

우리들이 셔방님 일을 이렇케 잘 보아 드리ᄂᆞᆫᄃᆡ 서방님게셔 무슨 **처분**이 게시지 혈마 그져 계시깃나냐 〈은세계67〉

음력 八월 二十六일을 당ᄒᆞ여 져녁 다ᄉᆞᆺ시 반에 하ᄂᆞ님ᄭᅴ셔 **쳐분**을 나리시고 〈신학월보2:543〉

혹 사람이나 즘승이나 모든 ᄆᆞᆯ건이 다 하나님이 만드신 처지대로 각각 **처분**만 기다리는데 〈신학월보3:139〉

불공을 ᄒᆞ라면 불공을 ᄒᆞ고 긔도를 ᄒᆞ라면 긔도를 ᄒᆞ겟스나 나는 자네 **쳐분**만 밋고 바라네 〈치악산下12〉

圖書 文券 一切 書類를 調査호 後는 其 導掌 性質에 依호야 相當호 **處分**을 行홈이 有홀 事 〈경향보감1:277〉

그 크게 위틱호 긔틀을 념려호샤 히와 별ᄀ치 붉은 **쳐분**을 누리샤 본년 삼월에 의금부에 명호샤 국텽(鞠廳)을 열고 〈경향보감2:119〉

又는 浦稅의 念慮가 惟홈으로 認호 時는 監督上 必要호 **處分**을 홈을 得홈 〈경향보감3:189〉

체조 體操【체조, 體操】

명 신체 각 부분의 고른 발육과 건강의 증진을 위하여 일정한 형식으로 몸을 움직임. 또는 그런 운동.

학도 **체조**을 구경함 〈신학월보3:291〉

과정은 국문 한문 성경지지 산술 각 문답 등이요 특별이 **체조**을 힘써 련습하는대 〈신학월보3:293〉

我等은 一齊히 聚合호야 聯合 **體操**를 시작호니 觀光者들이 서로 稱讚하야 말호되 〈국어독본4:20〉

측량 測量【측량】

명 [1]사물의 높이, 넓이, 길이, 부피, 위치, 거리, 방향 등을 기구를 써서 재어 수치와 그림으로 나타내는 일.

신ᄉ 김대셕 씨 등 졔씨가 히군 상관지에 **측량** 학교를 셜립호고 〈대한매일 1908/12/05〉

만약 투장을 그디의 본 산판 안헤 호엿ᄉ면 **측량** 여부 업시 투장호 쟈ㅣ 파가누니라 〈경향보감1:139〉

외국인이나 본국 공ᄉ립 **측량** 학교 졸업싱이면 다 호누니라 〈경향보감 2:339〉

털도디 측량 탁지부에셔 셔관 군용디 **측량**ᄒᆞ기로 〈경향신문1907/04/19〉

[2]짐작으로 알아내는 것.

셰셰년년인 부동을 아마도 **측량** 못홀 것은 인심인가 〈송뢰금5〉

친목회 親睦會【친목회】

명 친목을 도모하기 위한 모임.

셔븍학싱 **친목회**에셔 본일 하오 ᄉᆞ시에 보셩학교 안에셔 총회를 ᄒᆞ고 임원을 션뎡ᄒᆞᆫ다더라 〈대한매일1910/01/11〉

친속 親屬【친속】

명 촌수가 가까운 일가.

ᄉᆞ졸은 북포 십 쳑과 빅지 ᄒᆞᆫ 권식 주어셔 시톄의 **친속**이 ᄎᆞ져 갈 동안에 광희문 밧게 음토ᄒᆞ게 ᄒᆞ엿다더라 〈대한매일1907/08/07〉

강화 읍내에 김 씨 부인은 년방 팔십에 자녀와 **친속**이 업고 홀노 과거하야 다만 복섬이라 하는 녀종을 다리고 세상을 지내더니 〈신학월보3:297〉

태도 態度【태도, 틱도, 態度】

명 [1]몸의 동작이나 몸을 거두는 모양새.

졋을 먹던 어린ᄋᆞ히가 점점 자라셔 건장ᄒᆞᆫ ᄯᅢ를 당ᄒᆞ야는 맛당히 얼운의 **틱도**을 지어셔 어린ᄋᆞ히 형샹은 ᄇᆞ리는 거시 올흐니 〈대한매일1908/07/23〉

이러틋 함력ᄒᆞ여 엄슉ᄒᆞᆫ 거동과 단정ᄒᆞᆫ **태도**이 가쟝 특이ᄒᆞᆫ 고로 〈신학월보2:580〉

됴코 아름다온 **틱도**은 업서지고 어딕로 보든지 뵈이는 것이 ᄉᆞ욕 뿐이라 ᄒᆞ엿스니 〈경향보감4:26〉

[2]어떤 사물이나 상황 따위를 대하는 자세.

븍경 뎐보를 거ᄒᆞᆫ즉 졀강 셩슌무ᄂᆞᆫ 텰도 문뎨에 관계ᄒᆞ야 ᄇᆡᆨ셩들의 분격ᄒᆞᆫ **ᄐᆡ도**이 졈졈 심ᄒᆞᆫ 고로 그 당국ᄒᆞᆫ 쟈들은 션후ᄒᆞᆯ 계칙을 강구ᄒᆞᄂᆞᆫ 즁이라 더라 〈대한매일1907/11/16〉

치운 긔운이 잇던지 겁이 나셔 소ᄅᆞᆷ이 씨쳣던지 파사ᄒᆞᆫ **태도**이 더옥 어엿부더라 〈치악산上3〉

ᄭᅡᆸᄯᅩᆼᄭᅡᆸᄯᅩᆼ 연셜단을 향ᄒᆞ야 올나가니 어엿분 **태도**ᄂᆞᆫ 남을 가히 호릴 만ᄒᆞ고 갸웃거리ᄂᆞᆫ 모양은 본ᄉᆡᆨ이 드러나더라 〈금수회의록46〉

간사ᄒᆞᆫ 소인의 셩품과 **ᄐᆡ도**을 가진 것들은 사ᄅᆞᆷ들이오 〈금수회의록97〉

其後에 踐約ᄒᆞᆷ이 無機ᄒᆞ고 其實은 獨立의 **態度**ᄅᆞᆯ 支持ᄒᆞᆫ 故로 支那와 抗爭이 屢起ᄒᆞ니라 〈국어독본5:57〉

파견 派遣【파견】

명 일정한 임무를 주어 사람을 보냄.

미국 신대통령 다픗(Taft)씨가 셔미젼(西米戰) 후로 **파견** 직무를 맛고 필니빈도에 샹무를 강감ᄒᆞᆯ시 〈경향보감3:138〉

평론 評論【평론】

명 옳고 그름, 좋고 나쁨, 잘 되고 잘못 된 것을 평가하고 논함.

엇떤 사ᄅᆞᆷ은 ᄶᅡ다롭게 **평론**ᄒᆞ여 ᄀᆞᆯᄋᆞ되 이ᄂᆞᆫ 밋친 망녕된 피며 아모 의미가 업ᄂᆞᆫ 피라 ᄒᆞ나 〈대한매일1908/05/16〉

고시古詩와 **평론評論**과 측량ᄒᆞᄂᆞᆫ 법 ᄀᆞᆺᄒᆞᆫ 거시며 〈경향신문1907/01/04〉

평의회 評議會【평의회】

명 어떤 일을 평의하기 위한 모임.

일진회에셔 미월 금요일에 **평의회**을 ᄒᆞ고 회에 드ᄂᆞᆫ 사ᄅᆞᆷ을 입록ᄒᆞᄂᆞᆫᄃᆡ 〈대한매일1907/09/18〉

일진회에셔 직작일 오후 칠시에 **평의회**을 셜ᄒᆞ고 졍견협졍 위원 십 명을 션거ᄒᆞ기로 결뎡ᄒᆞ엿다더라 〈대한매일1909/10/17〉

평화 平和【평화】

명 평온하고 화목함.

공즁 **평화**을 문란케 ᄒᆞᄂᆞᆫ 듯ᄒᆞᆫ 귀셔ᄂᆞᆫ 의례히 밧지 안켓솝나이다 〈대한매일1905/01/21〉

대저 사람이 물을 깃든지 뜰을 쓸든지 **평화**은 그 가온대 잇사니 〈신학월보4:137〉

남의 나라에서ᄂᆞᆫ 지금 동양 **평화**이 엇지니 ᄒᆞ며 후환이 될싸바 젼징을 일으켜 만주들과 여순구 어구에 곗만 명 사람의 싱명을 죽이며 〈송뢰금2〉

피물 皮物【피물】

명 짐승의 가죽. 또는 그것으로 단든 물건.

의병 일쳔이ᄇᆡᆨ여 명이 둔취ᄒᆞ야 거월 십이삼일브터 동복을 예비ᄒᆞᆯ ᄎᆞ로 **피물**을 모흐며 군량을 싸코 우마를 슈합ᄒᆞᆫ다더라 〈대한매일1907/11/09〉

쳥국 멀니 사ᄂᆞᆫ 사ᄅᆞᆷ이 만히 나아와 쟝ᄉᆞᄒᆞ야 개와 괴와 연쥭과 온갖 **피물**과 록룡과 쥬셕과 뫼과 로새와 나귀 등물은 죠션 사ᄅᆞᆷ의게 ᄑᆞᆯ고 〈경향보감4:221〉

하숙 下宿【하숙】

명 값싼 하급 여관.

려관은 경비가 만히 드니 **하숙**이라고 ᄒᆞᄂᆞᆫ 주막으로 가시게 ᄒᆞ오리다 〈송

뢰금3〉

활동사진 活動寫眞【활동사진】

명 영화

법국 파리셩을 한 번 가자 ᄒᆞ면 경비가 만아 가지ᄂᆞᆫ 못 ᄒᆞ더래도 환등이나 **활동사진**이라도 한 번 보여 쥴 마ᄋᆞᆷ이라 〈송뢰금1〉

회의 會議【회의】

명 여럿이 모여 의논함.

론돈 뎐보ᄅᆞᆯ 거ᄒᆞᆫ즉 영국 하의원에셔 ᄒᆡ군 예산 **회의**에 ᄒᆡ군 대신이 말ᄒᆞ되 〈대한매일1909/03/24〉

작일 오젼 십일시에 통감부 관뎌로 대신 **회의**ᄅᆞᆯ ᄒᆞ엿다ᄂᆞᆫ 말은 별항과 ᄀᆞᆺ거니와 그 ᄂᆡ용을 ᄌᆞ세히 알기ᄂᆞᆫ 어려우되 〈대한매일1909/06/25〉

혹 학교의 각각 머리 되는 니가 잇스니 나라의는 왕이 게시고 **회의**은 회장이 잇슬 거시오 〈신학월보3:425〉

立法

국회 國會【국회】

명 국민의 대표로 구성한 입법 기관.

리륙월에 미국 치카코 셩에셔 미국 국회을 홀 터인디 텬하에 유지신스가 다수히 참예홀 터이라 ᄒ며 〈다한매일1908/03/10〉

청국 상히에셔 십오셩 ᄌ의국 의원 디표쟈로 션뎡되여 국회을 기셜ᄒ쟈고 청원혼 의원들은 한구에 도착ᄒ야 각 단톄의 셩대혼 환영을 밧고 〈대한매일 1910/01/11〉

국회의원 國會議員【국회의원】

명 국민의 대표로서 국회를 이루는 구성원. 국민의 선거에 의하여 선출된다.

흉아리국에셔 국회의원의 춍션거롤 거힝ᄒ엿는디 그 결과는 정부편이 약ᄒ게 되엿다더라 〈대한매일1905/02/13〉

히군 쟝교가 三十六 명이오 화족이 六十六 명이오 또 다른 사롬 四百十七 명 즁에 국회의원(國會議員)도 잇다 ᄒ니 〈경향보감4:115〉

제임스 오글돕은 영국 **국회의원**이라 〈신학월보3:13〉

의원[3] 議員【의원】

명 국회나 지방 의회와 같은 합의체(合議體)의 구성원으로 의결권을 가진 사람.

의정회 **의원**은 각 의안정출권이 잇고 〈대한매일1905/01/21〉

이 공회 일에 간셥되는 쟈는 어린ᄋᆞ희와 일군과 상고와 농부와 **의원**과 법관과 졍치가와 방빅들과 황족들과 황뎨들과 황후들이 다 이 회에 참예ᄒᆞ엿는ᄃᆡ 〈신학월보2:222〉

의회 議會【의회】

명 민선 의원으로 구성되고 입법 및 기타 중요한 국가 작용에 참여하는 권능을 가진 합의체.

미국 **의회**에셔는 ᄒᆡ군을 확장ᄒᆞᆯ 예산 안건을 결뎡ᄒᆞ엿는ᄃᆡ 〈대한매일1908/04/16〉

그 디방 **의회** 형편은 근일에 엇지된 모양이닛가 〈설중매9〉

政治

개혁 改革【개혁, ᄀᆡ혁】

명 제도나 기구 따위를 새롭게 뜯어고침.

그 청년단은 련합과 진보ᄒᆞᆷ을 표ᄒᆞ야 ᄀᆡ혁 운동을 힝ᄒᆞᆫ다더라 〈대한매일 1908/07/23〉

우리 나라에셔 수십 년 ᄅᆡ로 ᄀᆡ혁에 착수(着手)ᄒᆞ든 ᄉᆞᄅᆞᆷ들이 나라에 충성을 극진히 다ᄒᆞ엿스나 〈은세계 744〉

만일 십 년 젼에 개혁이 되얏슬 지경이면 오호만의(嗚呼晩矣)라 〈은세계 753〉

공화국 共和國【공화국】

명 공화 정치를 하는 나라. 주권이 국민에게 있는 나라를 이른다.

즁앙 아미리카 뇌카라과 공화국에셔ᄂᆞᆫ 혁명당이 니러낫다더라 〈대한매일 1909/10/17〉

국권 國權【국권】

명 국가가 행사하는 권력. 주권과 통치권을 이른다.

군ᄉᆞ 길너 전징보덤 지ᄉᆞ 죽엄 유력ᄒᆞ외 지ᄉᆞ 열만 죽으면 일흔 **국권** 되찻ᄂᆞᆫ다 〈대한매일1907/07/02〉

ᄇᆡᆨ셩의 지혜를 발달ᄒᆞ고 **국권**을 회복ᄒᆞ야 붓그러옴을 씻고져 ᄒᆞ면 이 ᄆᆞᄋᆞᆷ을 공변되다 ᄒᆞᆯ가 ᄉᆞᄉᆞ롭다 ᄒᆞᆯ가 〈대한매일1907/12/10〉

ᄯᅩ 동포의 마음에 **국권**을 일은 거슬 분ᄒᆞ게 여긴ᄃᆞ ᄒᆞ니 〈은세계817〉

그 말에 외국 의뢰도 쓸 ᄃᆡ 업고 한두 ᄀᆡ 영웅이 혹 **국권**을 만회ᄒᆞ야도 쓸 ᄃᆡ 업고 〈자유종34〉

국정 國政【국졍, 國政】

명 나라의 정치.

ᄌᆞ작이 젼에 부통감으로 왓다가 통감 이등공작의 뒤를 니어 짐의 **국졍**을 지도ᄒᆞ여 〈대한매일1910/06/01〉

대개 셩교를 ᄇᆞᆰ게 ᄒᆡ셕ᄒᆞ면 곳 우흐로 텬명을 알고 아래로 **국졍**을 닥고 겻흐로 물리를 ᄉᆞᆲ히ᄂᆞ니 텬명을 이믜 알면 사ᄅᆞᆷ이 본분에 편안ᄒᆞ고 〈신학월보6:252〉

國王은 昏闇ᄒᆞ야 畋獵에 從事ᄒᆞ고 淫逸을 恣行ᄒᆞ야 조곰도 **國政**을 도라보지 아니ᄒᆞ며 〈국어독본5:70〉

국제 國際【국제, 국졔】

명 나라 사이에 관계됨.

본ᄅᆡ 젼시**국제**공법(戰時國際公法)에 전장에셔 피란가고 사ᄅᆞᆷ 업ᄂᆞᆫ 집은 집도 점녕ᄒᆞ고 물건도 점녕ᄒᆞᄂᆞᆫ 법이라 〈혈의루15〉

텬루ᄒᆞᆫ 풍속을 직히노라고 그들의 뇌와 손이 이 풍속의 죵이 되야 **국졔**의

정략과 싱활의 ᄉ업을 편리ᄒ도록 변통치 안이ᄒ고 〈신학월보2:421〉

지금은 각국이 ᄎᄎ ᄌ긔 나라 말로 주장ᄒ여 **국졔**에도 ᄌ긔 나라 말을 쓰ᄂ이다 〈대한국어문법08〉

권력 權力【권력】

명 남을 복종시키거나 지배할 수 있는 공인된 권리와 힘. 특히 국가나 정부가 국민에 대하여 가지고 있는 강제력을 이른다.

일본 외교관들이 한국에 **권력**을 부려 정치샹 운동도 셔약간 힝ᄒ야 〈대한매일1904/09/05〉

그런 고로 육신은 비록 **권력**이 잇스나 쓸 ᄃ 업고 령혼의 신력이 쓸 ᄃ가 잇ᄂ니라 〈신학월보6:207〉

졍부에 잇셔 디위를 엇은 쟈는 **권력**을 유지ᄒ야 타인에게 ᄲ앗기지 아니ᄒ도록 쥬의홀 바오 〈설중매3〉

내각 內閣【ᄂ각, 內閣】

명 국가의 행정권을 담당하는 최고 합의 기관.

ᄉ옥관(司獄官) 임용과 궁ᄂ부 관리로 잇는 쟈와 이왕에 잇던 쟈를 **ᄂ각**이나 각 부 관리로 ᄉ로 **ᄂ각**이 조직된 후로 경향 간에 돈 만흔 쟈들이 리허를 알지 못ᄒ고 머리를 숙여 구ᄉ홀 싱각이 업더니 〈대한매일1907/07/03〉

지작일 오후 이시에 원로 대신과 즁츄원 고문과 의쟝과 **ᄂ각** 대신들이 황후ᄭ 폐현ᄒ엿는ᄃ 〈대한매일1907/10/15〉

ᄒ믈며 한국 **ᄂ각**의 관쟈으로셔 갑는 거시 무슴 앗가옴이 잇스리오 ᄒ야 셜명홈이 잇셧더니 〈대한매일1908/10/09〉

지금도 새 **ᄂ각**이 단발 ᄉ건으로 대황데 폐하ᄭ 주픔ᄒ고 〈경향신문1907/05/10〉

또 別노히 內閣이 잇셔 一般政務를 議政ᄒᆞᄂᆞ니 內閣은 各部 大臣과 밋 內閣總理大臣으로써 組成ᄒᆞ니라 〈국어독본5:20〉

당국 當局【당국】

명 어떤 일을 직접 맡아 하는 기관.

여보 그 말 마오 **당국** 대신들은 ᄌᆞ긔의 디위를 유지ᄒᆞ기에 념불급타로 디방의 민졍은 타인의게 맛겻스니 〈대한매일1907/12/15〉

합쳔 ᄒᆡ인ᄉᆞ에 잇는 대장경을 보관홀 ᄎᆞ로 **당국**에셔 관리를 파송ᄒᆞᆫ다 홈은 이믜 게지ᄒᆞ엿거니와 〈대한매일1910/04/09〉

당파 黨派【당파】

명 주의, 주장, 이해를 같이하는 사람들이 뭉쳐 이룬 단체나 모임.

또 유향이 남북 **당파**이 잇서 ᄌᆞ고로 승강ᄒᆞ야 〈경향신문1907/01/11〉

본국 ᄉᆞ대부ㅣ 이빅년릐로 각각 **당파**를 논호니 남인(南人)과 로론(老論)과 쇼론(少論)과 쇼북(少北) ᄉᆞ식(四色)이라 〈경향보감1:253〉

학문이 유여ᄒᆞ야 글을 강론ᄒᆞ는 션싱의 명예가 잇는 쟈ㅣ라 여러 ᄒᆡ를 소비 **당파**의 규모를 직히엿는ᄃᆡ 〈신학월보7:64〉

우리는 다 갓치 대한 동포형뎨라 문호를 교계ᄒᆞ야 **당파**를 분렬ᄒᆞ는 습관을 바리지 아니ᄒᆞ면 협회가 셩립지 못홀 것이오 〈설중매2〉

그 샤회 즁에 두 **당파**이 잇스니 하나는 ᄌᆞ활당이라 ᄒᆞ야 〈자유종34〉

독립 獨立【독립】

명 다른 것에 예속하거나 의존하지 아니하는 상태로 됨.

이것이 일본 사ᄅᆞᆷ의 공교ᄒᆞᆫ 슈단이나 그러ᄒᆞ나 이 한국 사ᄅᆞᆷ이 **독립**을 쌔앗긴 후로부터 일본 사ᄅᆞᆷ을 믜워ᄒᆞ고 원망ᄒᆞ는 ᄉᆡᆼ각뿐이라 〈대한매일

1907/07/13〉

칠월 이십ᄉᆞ일에 한일 신협약 반포ᄒᆞᆫ 거술 보니 잇ᄂᆞᆫ 젼 신약됴보다 우리 **독립**을 더 젹어지게 ᄒᆞᄂᆞᆫ 모양ᄃᆡ니 〈경향신문1907/08/02〉

일홈을 오쪽이라 지엇스니 한믄으로 쓰랴면 나 오ᄍᆞ 홀로 독ᄍᆞ 셜 립ᄍᆞ 셰 글ᄍᆞ를 모아 붙으면 오**독립**이니 〈자유종39〉

독립국 獨立國【독립국】

명 독립된 주권을 가진 나라.

뎌 요물은 뎌희들이 득셰 후에 기명 진보될 뿐더러 미약ᄒᆞ던 우리나라 **독립국**이 되엿다고 무한 ᄌᆞ긍ᄒᆞ엿스니 〈대한매일1909/09/10〉

一千九百 년 간에 세계에 웅국 되난 영국을 결우고 두렷한 자주 **독립국** 되야시니 〈신학월보3:337〉

동맹 同盟【동ᄆᆡᆼ】

명 둘 이상의 개인이나 단체, 또는 국가가 서로의 이익이나 목적을 위하여 동일하게 행동하기로 맹세하여 맺는 약속이나 조직체. 또는 그런 관계를 맺음.

영국과 일본이 비록 **동ᄆᆡᆼ**은 ᄒᆞ엿스나 일미 젼ᄌᆡᆼ이 되ᄂᆞᆫ 경우에ᄂᆞᆫ 영국이 미국을 의례히 도와주리라 ᄒᆞ엿더라 〈대한매일1907/09/06〉

아라사와 법국 **동ᄆᆡᆼ**의 견고ᄒᆞᆷ 〈경향신문1906/11/19〉

민권 民權【민권】

명 국민의 권리. 특히 참정권을 이른다.

민권이 흥ᄒᆞ면 국권이 서고 **민권**이 업셔지면 국권이 쎠러지ᄂᆞ니 〈대한매일1910/06/28〉

이 삼 년 후로붓터 디방관리가 민권을 비리로 속박ᄒᆞ야 회원이 령셩ᄒᆞ야 질 쁜 아니라 〈설중매9〉

선거권 選擧權【션거권】

명 선거에 참가하여 투표할 수 있는 권리.

셩년 남ᄌᆞ는 현직 혹 경찰관을 지니지 못ᄒᆞᆫ 자는 션거권과 및 피션거권을 잇고 〈대한매일1905/01/21〉

성명서 聲明書【셩명셔】

명 정치적 · 사회적 단체나 그 책임자가 일정한 사항에 대한 방침이나 견해를 공표하는 글이나 문서.

평안북도 녕변군 인민 ᄃᆡ표 죠량균 씨가 일진회 합방 셩명셔에 ᄃᆡᄒᆞ야 셩토ᄒᆞ는 쟝셔를 ᄂᆡ각에 뎨츌ᄒᆞ고 〈대한매일1910/01/11〉

시국 時局【시국】

명 현재 당면한 국내 및 국제 정세나 대세.

본사에셔 셰ᄉᆞ가 변환ᄒᆞ고 시국이 급박홈을 보고 〈대한매일1907/05/23〉

깁고 깁흔 초당 안에 시국 형편 그려 걸고 솔펴 보며 경륜홀 제 〈대한매일1908/05/16〉

이러ᄐᆞ시 만 번 위틔ᄒᆞᆫ 시국을 당ᄒᆞ야 간곤홈을 ᄉᆞ양치 말고 〈경향신문1907/03/01〉

시정 施政【시졍】

명 정치를 시행함. 또는 그 정치.

ᄯᅩ 일본의 시졍 방침을 의론ᄒᆞ는 것도 ᄯᅩᄒᆞᆫ 것만 보는 거슬 면치 못ᄒᆞ는도

다 〈대한매일1910/03/10〉

정치 政治【정치】

명 나라를 다스리는 일. 국가의 권력을 획득하고 유지하며 행사하는 활동으로, 국민들이 인간다운 삶을 영위하게 하고 상호 간의 이해를 조정하며, 사회 질서를 바로잡는 따위의 역할을 한다.

형뎨가 우익ᄒᆞ고 붕우가 친밀ᄒᆞ여 졍대ᄒᆞᆫ 의리와 공평ᄒᆞᆫ **정치**로 칼자루를 문돌어 ᄉᆞ욕을 가지고 탐학ᄒᆞ며 〈대한매일1907/11/12〉

또 실업에도 류의ᄒᆞ고 학슐에 류의ᄒᆞᄂᆞᆫ 쟈ㅣ 또 **정치**에도 류의ᄒᆞ여 아ᄎᆞᆷ에ᄂᆞᆫ 동에셔 번젹 ᄒᆞ다가 져녁에ᄂᆞᆫ 셔에 가셔 번듯ᄒᆞ며 〈대한매일1909/07/11〉

궁닉에 외국말 ᄒᆞᄂᆞᆫ 쟈ᄂᆞᆫ 쏘차 내치옵고 모든 **정치**ᄂᆞᆫ 국무 대신의게 맛기고 ᄌᆞ샹으로 ᄉᆞᄉᆞ로이 마옵시고 〈경향신문1907/06/07〉

그 사ᄅᆞᆷ이 겸ᄒᆞᆫ ᄌᆡ조가 잇고 ᄯᅥᆺ당ᄒᆞᆫ 의론을 발ᄒᆞᆷ이니 **정치**의 ᄌᆞ격은 업스나 죵교의 모든 문뎨는 ᄒᆞᆫ 번 그 입에 지닉면 황연ᄒᆞ야 〈신학월보6:86〉

ᄌᆞ유권과 인졍과 만국 공법을 오묘히 발달ᄒᆞ야 국가 **정치**을 새롭게 ᄒᆞᆷ을 가히 볼지니 〈경향보감4:57〉

호걸의 선비가 셰상에 나셔 셩심으로 상하를 감농ᄒᆞ고 사회를 죠직ᄒᆞ야 졈차로 **정치** 개혁ᄒᆞᆯ ᄉᆞ상을 ᄋᆞ르키랴 ᄒᆞᆷ이 풍설에 간고ᄒᆞᆷ을 도라보지 아니ᄒᆞ고 〈설중매2〉

이 나라를 붓들고 이 빅셩을 ᄉᆞᆯ니랴 ᄒᆞ면 **정치**을 기혁ᄒᆞᄂᆞᆫ 데 잇ᄂᆞᆫ거시니 〈은세계681〉

그 방문 일홈은 쳥신환골산이니 셩경으로 위군ᄒᆞ고 **정치**, 법률, 경졔, 산슐, 물리, 화학, 농학, 공학, 상학, 디지, 력ᄉᆞ 각등분ᄒᆞ야 극히 졍묘ᄒᆞ게 국문으로 법제ᄒᆞ야 〈자유종37〉

학정 虐政【학졍】

명 포학하고 가혹한 정치.

개개히 횡ᄋᆡᆨ에 걸니고 **학졍**에 복기여 원통ᄒᆞᆷ을 부르지지ᄂᆞᆫ 소릐가 하ᄂᆞᆯ에 ᄉᆞ모치ᄂᆞᆫ 이런 위급ᄒᆞᆫ 날을 당ᄒᆞ야 〈대한매일1908/05/07〉

인민들이 이런 **학졍**에 견될 수 업서 ᄂᆡ부에 호소ᄎᆞ로 목포ᄭᆞ지 왓더니 〈경향신문1907/06/07〉

ᄒᆞ나흔 긔독교 밧게 외교 **학졍**에셔 ᄉᆡᆼ기ᄂᆞᆫ 무졍ᄒᆞ고 포학ᄒᆞᆫ ᄒᆡᆼᄉᆞ를 말ᄒᆞᆷ이오 〈경향보감4:65〉

우리나라 슈십년 ᄂᆡ **학졍**은 여러분이 ᄃᆞ ᄀᆞᆺ치 ᄃᆞᆼᄒᆞ던 일이니 무르실 리가 업스나 〈은세계819〉

합중국 合衆國【합중국, 합즁국, 合衆國】

명 둘 이상의 국가나 주가 독립된 법 체계와 제도를 유지하면서 하나의 주권 밑에 연합하여 대외적으로 단일한 외교권을 행사하는 국가 형태.

불란셔국과 영길리국과 오스드리아국과 이태리아국과 이스바니아국과 아메리ᄭᅡ **합즁국**이 뎨일이라 ᄒᆞ고 〈대한매일1907/09/18〉

그대에 북미 **합중국**은 남의 압제 밋혜 잇서 만모와 군욕이 잠심하야 나라 모양이 업더니 〈신학월보3:341〉

셔바나와 **합즁국** 간에 란리ᄒᆞᆫ 후로브터ᄂᆞᆫ 구바셤이 셔바나에 속ᄒᆞ지 아니ᄒᆞ고 민쥬국이 되엿더니 〈경향신문1906/10/19〉

ᄯᅩ 흑인죵이 다른 디방에 이거ᄒᆞᆫ즉 ᄎᆞᄎᆞ 변ᄉᆡᆨ이 되니 마치 **합즁국** 북편에 흑인죵이 잇서 살매 〈경향보감2:210〉

다만 외국 슌ᄒᆡᆼ 감독은 **합즁국**에 잇ᄂᆞᆫ 법률회에셔 ᄌᆡ판ᄒᆞᆯ지니라 〈신학월보5:179〉

항의 抗議【항의】

명 어떤 나라가 다른 나라의 처사에 반대하는 뜻을 정식으로 통고함. 또는 그런 일.

> 일본 정부는 청국과 일본이 합동ᄒᆞ여 길림 텰도를 부셜ᄒᆞ기로 계약ᄒᆞ엿슨즉 항의을 ᄒᆞᆯ 터이로되 〈대한매일1910/06/01〉

혁명군 革命軍【혁명군】

명 혁명을 위하여 싸우는 군대.

> 청국 상비병이 팔논 항구 근쳐에서 청국 혁명군의 군긔를 압슈ᄒᆞ던 법국 졍찰ᄃᆡ를 향ᄒᆞ야 총을 노왓는ᄃᆡ 〈대한매일1908/04/16〉

宗教

건달 乾達【건달, 乾達】

명 불교에서, 음악을 맡은 악신(樂神)을 이르는 '건달파(乾達婆)'에서 온 것으로, 하는 일 없이 빈둥빈둥 놀거나 게으름을 부리는 짓. 또는 그런 사람.

> 일층 더ᄒᆞ야 소위 한량계라 칭ᄒᆞ고 방란봉 건달 등이 모집되야 놈의 소년 ᄌᆞ뎨룰 유인ᄒᆞ여 호상톄결ᄒᆞ고 〈대한매일1905/02/13〉

> 뎐 가가 즐겨 ᄊᆞᆯ 열 말노 숣ᄒᆞ고 원근에 통ᄀᆞ러니 뎌 건달들의 말이 문화 군슈의게 이 소임 맛튼 줄이나 알게 ᄒᆞ라 ᄒᆞ고 〈경향신문1907/03/22〉

간증인 干證人【간증인】

명 자신의 종교적 체험을 고백함으로써 하나님의 존재를 증언하는 일.

> 이번 공부ᄒᆞ신 이들이 열심을 더욱 만히 엇어 예수 위ᄒᆞ야 권능 잇ᄂᆞᆫ 간증인 되기룰 ᄇᆞ라노라 〈신학월보3:26〉

감독[2] 監督【감독, 監督】

명 감리 교회에서, 교회를 관할하고 신도를 보호하며, 의례와 교육을 맡는 가장 높은 교직자.

오레곤 예수교 감독이 ᄌᆞ긔 안해와 ᄌᆞ녀 아홉 명이 ᄒᆞᆫ 가지로 귀화ᄒᆞ고 〈경향보감2:163〉

크란스돈 감독과 히리스 감독과 혼다 감독이 츌셕ᄒᆞ셧스며 ᄯᅩᄒᆞᆫ 남감리교회 감독이 쟝로ᄉᆞ들이 감독 아래 복역服役ᄒᆞ고 ᄯᅩ 공회를 ᄀᆡ셜開設ᄒᆞᄂᆞ니 〈신학월보5:180〉

교회 教會【교회】

명 같은 종교를 믿는 사람들의 조직체 또는 예배를 보기 위한 시설을 갖춘 건물.

이 졔물포 부인 교회를 ᄀᆞᄅᆞ치기로 쟉뎡이 되여 〈신학월보1:282〉

이 엇지 교회가 정부의 근원이 아니리요 〈신학월보3:394〉

여러 교회가 다 오쥬의 ᄯᅳᆺ대로 ᄒᆞᆫ다고 ᄒᆞᆯ 수 잇ᄉᆞ리오 〈경향보감2:117〉

구세주 救世主【구세주, 구세쥬】

명 세상을 구제하는 이.

우리 만민의 죄를 구쇽ᄒᆞ샤 십ᄌᆞ가에 못 박혀 죽으신 구세쥬을 공경홈이로라 ᄒᆞ니 〈경향보감4:327〉

오작 우리 형제는 다 구세주의 밋난 군병이요 홍렬도 ᄯᅩ한 그 츙수 중 하나히라 〈신학월보3:396〉

기독교 基督教【긔독교】

명 예수 그리스도의 인격과 교훈을 중심으로 하는 종교. 천지 만물을 창조한 유일신을 하나님으로 하고, 그 독생자 예수 그리스도를 구세주로 믿는다.

ᄒᆞᆫ편으로 복음 젼도관을 확쟝ᄒᆞ여 일본 **긔독교**을 권쟝ᄒᆞ여 그 셰력을 ᄉᆞ방에 펼시 〈대한매일1910/01/ 16〉

ᄆᆞᄎᆞᆷ내 **긔독교**의 ᄎᆞᆷ됨을 들어 ᄇᆰ히ᄂᆞᆫ 증명도 다 바로 보기 어려워 ᄒᆞᄂᆞ니 〈경향보감3:330〉

회회교 희랍교 토슉탄교 텬쥬교 **긔독교** 셕가교와 그 외에 여러 교가 각각 범위를 넓혀 셰계에 셰력를 확장호ᄃᆡ 〈자유종15〉

다신교 多神教【다신교】

명 많은 신의 존재를 인정하고 믿는 종교 형태의 하나.

회회교ᄂᆞᆫ 하ᄂᆞ님이 독일무이ᄒᆞ시다 ᄒᆞ여 **다신교**을 엄히 ᄇᆡ쳑ᄒᆞ고 〈신학월보7:49〉

아라비아인들이 ᄯᅩᄒᆞᆫ **다신교**에 쇽ᄒᆞ여 귀신들을 흉악ᄒᆞᆫ 례식으로 슝ᄇᆡᄒᆞ엿ᄂᆞ니 〈신학월보7:50〉

대주교 大主教【대쥬교】

명 대교구를 주관하는 직위. 또는 그 직위에 있는 사람. 또는 성공회나 그리스 정교회에서, 주교의 위에 있는 최고 직위.

텬쥬교인들이 셩모 령보셩당을 대례로써 츅셩ᄒᆞᄂᆞᆫ 례식을 거힝ᄒᆞ엿ᄂᆞᆫᄃᆡ 보스돈 **대쥬교**이 참셕ᄒᆞ엿다더라 〈경향보감4:354〉

영국왕 요한과 **대쥬교**을 시험 〈신학월보2:317〉

그 ᄯᅢ에 긘터쌔리ㅣ라 ᄒᆞᄂᆞᆫ ᄯᅡ에 ᄒᆞᆫ 부ᄌᆞ가 잇서 **대쥬교**이 되여 집에 하인도 만히 두고 〈신학월보2:778〉

만유 萬有【만유】

명 우주에 존재하는 모든 것.

ᄯᅩ 텬쥬는 만유의 온젼ᄒᆞᆫ 임자ㅣ 되샤 임의로 당신 은혜를 베퍼 주시니 〈경향보감2:353-354〉

내가 열심히 만유의 하나님 여호와를 위하나이다 〈신학월보4:500〉

목사 牧師【목ᄉᆞ】

명 교회에서 예배를 인도하고 교회나 교구의 관리 및 신자의 영적 생활을 지도하는 성직자.

평양 신학학교 학감 미국인 양 목ᄉᆞ을 쳥ᄒᆞ여 복음회롤 셜힝ᄒᆞ고 강도ᄒᆞᆫ다더라 〈대한매일1910/01/16〉

신부들을 셔양셔도 션비로 넉길 ᄲᅮᆫ더러 신교 목ᄉᆞ보다 공부를 만히 ᄒᆞᆫ다ᄒᆞ고 〈경향보감4:188〉

목ᄉᆞ의 직분을 ᄀᆞᄅᆞ침이오 〈신학월보5:11〉

미사【미사】

명 가톨릭에서, 예수의 최후의 단찬을 기념하여 행하는 제사 의식.

날마다 ᄃᆞᆰ이 울면 예비ᄒᆞ야 미사롤 참예ᄒᆞ며 〈기해일기113a〉

세시 반에 령셰와 견진을 주고 미사을 드리고 〈경향보감3:246〉

복음 福音【복음】

명 [1]예수의 가르침. 또는 예수에 의한 인간 구원의 길.

ᄯᅩ ᄀᆞᆯᄋᆞ샤ᄃᆡ 됴흔 곳의 복음을 젼ᄒᆞᄂᆞᆫ 자의 발이 엇지 아름다오니라 〈신학월보2:271〉

쳔여 리 밧게 ᄎᆞ자가 복음을 듯고져 ᄒᆞᄂᆞᆫ 졍셩이 근졀ᄒᆞᆫ지라 〈경향보감 3:45〉

[2]복음서.

셰상에 ᄯᅥ날 ᄯᅢ에 아모것도 가지지 못ᄒᆞᄂᆞ니 누가복음 十二쟝 十三—二十三졀 보시오 〈신학월보1:11〉

그러ᄒᆞ나 셩경 마태복음 오쟝 십졀노 십이졀ᄭᅡ지 ᄒᆞ신 말ᄉᆞᆷ을 보면 〈신학월보1:71〉

예수 홈ᄭᅴ 그 대졔ᄉᆞ쟝 압헤 갓ᄂᆞ니라 [요한복음 十八쟝 十五졀] 〈신학월보1:206〉

마태복음 十九쟝 九졀을 보시오 〈경향보감3:475〉

삼위일체 三位一體【삼위일톄】

명 성부(聖父), 성자(聖子), 성령(聖靈)의 세 위격이 하나의 실체인 하나님 안에 존재한다는 교의.

셩신 잇단 말은 듯고 삼위일톄에 ᄒᆞᆫ 위가 되시ᄂᆞᆫ 줄은 아나 셩신이 사ᄅᆞᆷ의 ᄆᆞᄋᆞᆷ에 엇더케 증거되ᄂᆞᆫ 것을 아지 못ᄒᆞ고 〈신학월보1:226〉

좇ᄂᆞᆫ 쟈들의 공경ᄒᆞᄂᆞᆫ 삼위일톄 신텬쥬는 져ᄇᆞ릴 바ㅣ 아니리오 〈경향보감 3:114〉

선교사 宣教師【선교사, 션교사, 션교ᄉᆞ】

명 종교를 널리 전도하는 사람.

슈일 젼에 귀신 셜론에 청국에 일본 불교 션교사 사건을 말ᄒᆞ엿스나 거긔 말ᄒᆞᆫ 소문은 청국 즁앙 디방에셔 드른 거시라 〈대한매일1905/01/21〉

일노 말매암아 혹 엇던 선교사과 학자들은 례식만 주장하고 〈신학월보 3:528〉

그 란민의 의향이 관리만 살해ᄒᆞ고 **션교ᄉᆞ**과 외국인의게ᄂᆞᆫ 해롤 더으지 아니려 ᄒᆞᆫ다더라 〈경향신문1907/06/07〉

감리교 **션교ᄉᆞ** 감독 하리쓰 박ᄉᆞᄂᆞᆫ 본년 오월 초슌에 영국에셔 셜힝ᄒᆞᄂᆞᆫ 션교대회에 가셔 참례ᄒᆞ고 〈대한매일1910/04/09〉

모든 아시아 부쥬와 구미 각국ᄭᆞ지라도 대한 **션교ᄉᆞ**이 나아가게 ᄒᆞ겟거ᄂᆞᆯ 〈신학월보2:414〉

선지자 先知者【션지쟈】

명 예수 이전에 나타나 예수의 강림과 하나님의 뜻을 예언하던 사람. 대선지자와 소선지자가 있었다

만일 그러타 ᄒᆞᆯ 디경이면 가히 **션지쟈**ㅣ라 **션지쟈**보다 더 나ᄒᆞᆫ 쟈ㅣ라 ᄒᆞ리니 〈경향보감3:410〉

션지쟈들이 그리스도 예언ᄒᆞᆫ 것을 그 ᄎᆞᆷ된 줄 ᄋᆞᆲ이오 〈신학월보1:138〉

션지쟈 이ᄉᆡ야의 글 닑ᄂᆞᆫ 거ᄉᆞᆯ 듯고 말ᄒᆞᄃᆡ 닑ᄂᆞᆫ 거ᄉᆞᆯ ᄇᆞᆰ히 ᄭᆡ닷ᄂᆞ뇨 〈신학월보2:241〉

성경 聖經【셩경】

명 교리를 기록한 경전.

하ᄂᆞ님ᄭᅴ셔 텬물이 무엇신지 **셩경**에셔 나타내셧ᄂᆞᆫᄃᆡ 〈신학월보1:48〉

넷재 **셩경**을 보면 이를 가히 넉넉히 알 것이오 〈경향보감3:379〉

성당 聖堂【셩당】

명 천주교의 종교 의식이 행해지는 집.

올히 슈난 젼날 져녁에 **셩ᄃᆡᆼ** 문을 닷고 그 잇흔날 망부활 쳠례날에 셩셰 줄 ᄎᆞ로 요긴ᄒᆞᆫ 물건을 차릴ᄉᆡ 〈경향보감1:7〉

그 은혜를 감샤코져 ᄒᆞ야 셩모 셩심회를 법국 셔울 셩모 마리아 셩젼 **셩당**과 ᄀᆞᆺ히 세우려 ᄒᆞ엿스나 〈경향보감4:400〉

이 집은 슈년 젼에 쥬ᄭᅴ셔 턱ᄒᆞ시고 친히 거ᄒᆞ야 계신 **셩당**이라 〈신학월보1:160〉

성모 聖母【셩모】

명 성모 마리아.

셩모ㅣ 나를 십ᄌᆞ가 우헤 두어 계시니 이런 음식 먹음이 합당치 아니코 〈경향보감1:205〉

ᄒᆞᆼ샹 텬쥬를 ᄃᆡ월ᄒᆞ더니 홀연 쥬의 위로를 만히 밧고 그 후 쥬와 **셩모**ᄭᅴ 감샤홈이 비상ᄒᆞ더라 〈경향보감1:205〉

예수 셩탄과 영히ᄉᆞ적 힝실 ᄀᆞᆺ흔 것은 종도들이 친히 알지 못ᄒᆞ엿슬지라도 **셩모**과 밋 그리스도ᄭᅴ 친히 듯고 알앗슬 것이니 〈경향보감3:402〉

삼위일톄 하ᄂᆞ님을 말ᄒᆞ매 셩부와 셩ᄌᆞ와 **셩모** 마리아라 닐ᄋᆞᄂᆞᆫ 쟈ㅣ 잇ᄉᆞ나 〈신학월보7:51〉

성부 聖父【셩부】

명 기독교인이 성삼위 중의 하나인 하나님을 이르는 말.

ᄯᅩ 아시ᄂᆞᆫ 것은 아시ᄂᆞᆫ 쟈에셔 춤으로 나ᄂᆞᆫ 고로 아시ᄂᆞᆫ 텬쥬가 **셩부**ㅣ시오 텬쥬를 아시ᄂᆞᆫ 샹지가 곳 텬쥬 셩ᄌᆞㅣ시지오 〈경향보감3:411〉

그러나 하ᄂᆞ님은 **셩부**과 셩ᄌᆞ와 셩신 삼위시니 위가 ᄂᆞᆫ호지도 아니ᄒᆞ고 밧귀지도 못ᄒᆞ되 〈신학월보1:230〉

성서 聖書【성서, 셩셔】

명 각 종교에서 교리를 기록한 경전.

이 여러 가지 책을 성서 공회에서 판출하엿는대 경향 각처에서 사서 보시려 하거든 동촌 과목골 빈돈 의사 집으로 오시압 〈신학월보3:359〉

셩셔 볼 째에 헌화잡담ᄒᆞᄂᆞᆫ 이ᄂᆞᆫ 벌금 三十 젼 〈경향신문1907/05/03〉

성신 聖神【셩신】

명 성삼위 중의 하나인 하나님의 영을 이르는 말.

ᄎᆞᄎᆞ 텬쥬의 벌 업ᄉᆞᆷ을 보고 다시 새로 도리롤 샹고ᄒᆞ야 ᄉᆞᆯ피매 텬쥬 셩신의 셩춍이 그 ᄆᆞᄋᆞᆷ을 빗최샤 항복게 ᄒᆞ니 〈경향보감1:359〉

텬ᄉᆞ가 ᄃᆡ답ᄒᆞ여 ᄀᆞᆯᄋᆞᄃᆡ 셩신이 쟝ᄎᆞᆺ 네게 림ᄒᆞ시고 지극히 놉흐신 이의 능력이 너를 덥흐시리니 〈경향보감2:60〉

그런즉 그ᄃᆡ의 교회 목ᄉᆞ가 엇던 사ᄅᆞᆷ이든지 그ᄃᆡ들을 ᄀᆞᄅᆞ치ᄂᆞᆫ 것이 셩신의 ᄃᆡ신으로 ᄒᆞᄂᆞᆫ 것인즉 이는 그ᄃᆡ 교회에 어긋난 일이오 그려 〈경향보감2:356〉

또 교우들의게 답쟝ᄒᆞ기를 다힝히 셩신의 비최심으로 너희의게 유익ᄒᆞᆫ 것을 이제 알앗ᄉᆞ즉 〈경향보감3:166〉

종도들이 셩신을 령ᄒᆞᆫ 후에 단ᄒᆞᆫ 사ᄅᆞᆷ을 치료ᄒᆞᆫ지라 〈경향보감4:202〉

우리가 셩신이 믁시ᄒᆞ심으로 하ᄂᆞ님을 얼마큼 알 수 잇ᄉᆞ니 이에셔 신학이 싱겨낫ᄂᆞ니라 〈신학월보1:48〉

다만 내가 춤ᄆᆞᄋᆞᆷ으로 진실히 예수롤 밋은 후에야 셩신을 알거시니 〈신학월보1:226〉

ᄒᆞᆫ갓 쥬 압헤 니를 째에 셩신이 맛당히 ᄒᆞᆯ 말ᄉᆞᆷ을 지도ᄒᆞ시기를 기ᄃᆞ리지 아니ᄒᆞᄂᆞᆫ 고로 그 긔도ᄒᆞᄂᆞᆫ 말이 왕왕히 합당치 못ᄒᆞ니 〈신학월보7:67〉

ᄉᆞ도로 말미암아 힝ᄒᆞ신 셩신의 힝젹이라고도 ᄒᆞᆯ지니라 〈신학월보7:10〉

성자 聖子【셩ᄌᆞ】

명 성삼위(聖三位) 중의 하나인 예수 그리스도를 이르는 말.

이러므로 셩모 마리아ᄭᅴ셔 텬쥬 **셩ᄌᆞ**의 ᄎᆞᆷ 모친이시오 텬쥬 **셩ᄌᆞ**는 셩모의 ᄎᆞᆷ 아ᄃᆞᆯ이시라 〈경향보감3:404-405〉

셩부 하ᄂᆞ님ᄭᅴ셔 그 둘ᄌᆡ 위 **셩ᄌᆞ** 하ᄂᆞ님으로 ᄒᆞ여곰 세샹에 탄강 식히샤 ᄂᆞ준 디위에 쳐ᄒᆞ야 사ᄅᆞᆷ이 되게 ᄒᆞ심인ᄃᆡ 〈신학월보1:16〉

우리 밋ᄂᆞᆫ 형뎨 ᄌᆞᄆᆡ들은 독싱 **셩ᄌᆞ** 예수 그리스도의 온유ᄒᆞ시고 겸손ᄒᆞ시고 지극히 인ᄌᆞᄒᆞ신 ᄆᆞᄋᆞᆷ을 모본ᄒᆞ야 〈신학월보5:43〉

성전 聖殿【셩뎐】

명 신성한 전당.

나흘 후에 쥬교 신부가 회에 든 교우를 긔록ᄒᆞ야 셩모 **셩뎐** 셩당 데스넷드 본 신부의게 셩칙ᄒᆞ라는 편지를 ᄒᆞ엿더라 〈경향보감4:400〉

녯젼 유대국에셔 하ᄂᆞ님ᄭᅴ 밧은 법을 **셩뎐**에 잇ᄂᆞᆫ 법궤 속에 두고 공경ᄒᆞ고 보젼하엿ᄂᆞ니 〈신학월보1:50〉

ᄉᆞ도들이 **셩뎐**에셔 젼도ᄒᆞ더라 ᄒᆞ니 뎌희 듯기에 ᄆᆡ우 이샹ᄒᆞᆫ지라 〈신학월보2:185〉

그의ᄂᆞᆫ 멸망ᄒᆞᆯ 밧을 **셩뎐**과 죽음 밧을 뎡쟈 되고 ᄉᆡᆼ명 ᄂᆡ여 놋ᄂᆞᆫ 목쟈 되ᄂᆞ니라 〈신학월보6:102〉

신부 神父【신부】

명 주교 다음가는 성직자. 성사를 집행하고 미사를 드리며 강론을 한다.

이다리아 **신부** ᄒᆞ나와 교인들을 죽이고 교당을 불질넛다더라 〈경향신문1907/10/11〉

기름 바른 희랍교 **신부** 부ᄅᆞ기를 미시아라 ᄒᆞ니 〈신학월보2:501〉

음식을 끈ᄒᆞ되 오히려 신덕이 견고홈을 보고 왕의 분부로 쟝긔에 옴겨 예수회 신부과 ᄀᆞᆺ그뿐 아니라 고화황과 신부로브터 우리 쥬 ᄶᅢᄭᆞ지 력ᄉᆞ를 샹고ᄒᆞ야 그 변기ᄒᆞᆫ 거슬 찻기가 용이ᄒᆞ니 〈신학월보7:24〉

수 월 후 쥬교와 로신부로 ᄒᆞᆫᄃᆡ 모히샤 셩교회 ᄉᆞ졍을 여러 가지로 구획ᄒᆞ시고 각각 피ᄒᆞ야 계시나 〈기허일기10b〉

십일조 十一租【십일조】

명 기독교 신자가 수입의 10분의 1을 교회에 바치는 것.

장사하는 사람은 리익의 십일조을 취하야 교회 경비를 도아주게 하는 거시 다 유사의 직무라 하나 〈신학월보4:70〉

십자가 十字架【십ᄌᆞ가】

명 기독교도를 상징하는 '十' 자 모양의 표. 예수가 모든 사람의 죄를 대속하기 위하여 십자가에 못 박혀 죽은 데서 유래하였으며, 존경 · 명예 · 희생 · 속죄의 표상으로 쓰인다.

우리 인죵의 죄악을 인ᄒᆞ야 십ᄌᆞ가에 피를 흘니심과 셕가여릐씌셔 나라 왕ᄌᆞ의 부귀를 ᄇᆞ리시고 〈대한매일1907/10/18〉

다시 ᄉᆡᆼ각ᄒᆞ야 예수ㅣ 무거운 십ᄌᆞ가을 지시고 힝ᄒᆞ셧스니 나도 부득불 ᄯᅡ로리라 ᄒᆞ고 〈경향보감2:382〉

ᄯᅩ 그 후에 ᄯᆞᆷ이 피ᄀᆞᆺ치 흐ᄅᆞ시고 십ᄌᆞ가에 못 박히셧ᄉᆞ니 〈신학월보1:17〉

그리 ᄒᆞ엿스면 십ᄌᆞ가이 사ᄅᆞᆷ의게 거리ᄭᅵᆷ이 ᄀᆞᆺ쳣스리라 ᄒᆞ니 〈신학월보7:24〉

영세 領洗【령세】

명 세례를 받는 일.

윤일이 북경셔 령셰과 셩톄와 견진 셩ᄉᆞ롤 밧고 써나 ᄉᆞ신 힝ᄎᆞ롤 ᄯᆞ라 도라올시 〈경향보감1:72〉

그 외인이 령셰이 무엇인지 알지 못ᄒᆞ고 〈경향보감4:406〉

로마 교회에셔 령셰로 거듭난다 홈이 허무홈이니 〈신학월보2:307〉

유탁덕이 동국에 림ᄒᆞ신 때롤 당ᄒᆞ야 령셰 입교ᄒᆞ매 더욱 열심이 비로 더ᄒᆞ고 슈계ᄒᆞ기롤 졈졈 독실히 ᄒᆞ야 〈기해일기18a〉

예배당 禮拜堂【례비당, 예비당, 禮拜堂】

명 예수 그리스도를 주(主)로 고백하고 따르는 신자들의 공동체. 또는 그 장소.

홍쳔군슈 김영진 씨가 도임 이후에 경닉에 례비당을 건츅ᄒᆞ고 야소교를 전파ᄒᆞ미 〈대한매일1907/07/16〉

혹 례비당에셔 경츅례식을 힝ᄒᆞ며 〈대한매일1907/08/07〉

죵용ᄒᆞᆫ 곳에 혹 학교이나 례비당이나 죵용ᄒᆞᆫ 산곡이나 셩랑 우헤 가셔 긔도ᄒᆞ고 믁상ᄒᆞᄂᆞᆫ 이도 잇스며 〈신학월보5:56〉

보살의 입만 치어다 보고 안졋든 김씨 부인 노쥬가 례비당에셔 아멘 부르듯 여출일구로 에그 고마워라 〈치악산下13〉

율법 律法【률법】

명 종교적 · 사회적 · 도덕적 생활과 행동에 관하여 신(神)의 이름으로 규정한 규범. 모세의 십계명을 중심으로 모세 오경을 이르는 것이 일반적이다.

률법을 더 주고 요셔아을 틱츌ᄒᆞ야 ᄌᆞ긔의 직무롤 닛게 ᄒᆞ니라 〈신학월보2:562〉

례의는 나라 률법으로 세운 것 아니오 〈신학월보3:346〉

이 두 쟈ᄂᆞᆫ 이에 률법과 션지의 강령이라 ᄒᆞ시니 〈신학월보6:263〉

주교 主敎【쥬교】

명 한 교구를 관할하는 교직. 또는 그 직에 있는 사람.

아모조록 근신이 ᄌᆞᆷᄌᆞᆼᄒᆞ야 우흐로 쥬 명과 **쥬교**의 명을 기ᄃᆞ리고 아래로 너희들 실목ᄒᆞᄂᆞᆫ 외로옴을 불샹이 ᄉᆡᆼ각홈일너니 〈기해일기14a〉

지옥 地獄【디옥】

명 큰 죄를 짓고 죽은 사람들이 구원을 받지 못하고 끝없이 벌을 받는다는 곳.

인민을 노례로 ᄃᆡ졉ᄒᆞ며 국가로 **디옥**을 ᄆᆞᆫ든 나라이러니 〈대한매일1909/06/05〉

아프리ᄶᅡ가 잇ᄂᆞᆫ 거ᄉᆞᆯ 밋음과 ᄀᆞᆺ히 **디옥**도 잇ᄂᆞᆫ 거ᄉᆞᆯ 일뎡 밋을지니라 〈경향보감2:92〉

혜아리건대 셰샹에 ᄌᆡ란 질병의 무수ᄒᆞᆫ 고초를 견ᄃᆡ기 어렵다 ᄒᆞ여도 **디옥**에 비기면 그림ᄌᆞ도 못될지니 〈경향보감2:272〉

죄인들이 다 **디옥**에 드러갈 쟈이니 〈신학월보1:333〉

사람마다 말ᄒᆞ기를 착ᄒᆞᆫ 쟈ᄂᆞᆫ 극락셰계로 가고 악ᄒᆞᆫ 자ᄂᆞᆫ **디옥**으로 간다 ᄒᆞ니 〈빈상설828〉

ᄒᆞ믈며 **디옥**에 가도인 쟈ㅣ 엇지 나와 졔를 흠향ᄒᆞᆫ다 ᄒᆞ리오 〈기해일기64a〉

哲學

관념 觀念【관념】

명 어떤 일에 대한 견해나 생각.

개인쥬의 다 ᄇᆞ리고 국가 **관념** 연구ᄒᆞ야 완젼 셩립ᄒᆞ여 보소 〈대한매일 1909/01/28〉

언어는 도총 **관념**(觀念)을 ᄂᆞᆷ의게 통ᄒᆞ기에 음절(音節)ᄒᆞᆫ 셩음이오 〈경향보감2:233〉

경셔는 령혼의 **관념**을 씨ᄃᆞ롬으로 니러나ᄂᆞᆫ 거시니 〈신학월보6:192〉

자연 自然【ᄌᆞ연】

명 사람의 힘이 더해지지 아니하고 세상에 스스로 존재하거나 우주에 저절로 이루어지는 모든 존재나 상태.

곳 사ᄅᆞᆷ의 지혜로라도 능히 알아 ᄉᆞᄆᆞ츨 만ᄒᆞᆫ 진리를 포함ᄒᆞᄂᆞᆫ 바 **ᄌᆞ연** 종교(自然宗教Religio naturali) ㅣ라 〈경향보감3:97〉

진교에셔 **ᄌᆞ연** 종교를 일우ᄂᆞᆫ 모든 진리의 도총(眞理之都總)을 알기 위ᄒᆞ야 〈경향보감3:98〉

존재 存在【존재】

명 현실에 실재로 있음. 또는 그런 대상.

비쳑ᄒᆞᄂᆞᆫ 무리는 다만 텬쥬의 **존재**(存在)를 져ᄇᆞ리ᄂᆞᆫ 쟈들뿐이니 〈경향보감4:274〉

철학가 哲學家【철학가, 쳘학가】

명 철학에 조예가 깊은 사람.

철학가을 숭비ᄒᆞᄂᆞᆫ 쟈ᄂᆞᆫ 철학가가 되고 문학가를 숭비ᄒᆞᄂᆞᆫ 쟈ᄂᆞᆫ 문학가가 되며 〈대한매일1909/06/15〉

ᄯᅩ 그 외에 큰 종교가이나 큰 **쳘학가**의 ᄉᆡᆼ일노 명졀을 뎡ᄒᆞᆷ도 잇스니 〈대한매일1908/08/05〉

혹 **쳘학가** 문젼에 니ᄅᆞ러 이런 도리를 ᄇᆡ호지 못ᄒᆞᆯ 경우도 잇ᄂᆞᆫ지라 〈경향보감3:99〉

립법관과 **쳘학가**들의 쥰뎡ᄒᆞᆷ을 ᄯᅡ라 슈족병신이나 못ᄉᆡᆼ긴 ᄋᆞᄒᆡ들을 죽이게 ᄒᆞ엿스며 〈경향보감4:33〉

遞信

서신 書信【셔신】

명 안부, 소식, 용무 따위를 적어 보내는 글.

혹 교우가 낙향ᄒᆞ야 ᄌᆞ죠 샹면 못ᄒᆞ면 **셔신**으로 평부를 알고 〈신학월보 1:347〉

일홈만 샤돈이지 졀교ᄒᆞ다십히 ᄒᆞᆫ 홍참의와 **셔신** 왕복ᄒᆞ기도 괴로히 녁일 ᄲᅮᆫ 안이라 〈치악산下88〉

과연 쥬교의 들어오라 ᄒᆞᆫ **셔신**이 잇ᄂᆞᆫ지라 〈기해일기11a〉

우편 郵便【우편】

명 우편국이나 우편 취급소의 관할 아래 편지나 기타 물품을 다른 곳에 보내는 업무.

김 씨가 다시 **우편**으로 븟친지라 즁츄원에셔 령슈ᄒᆞ여 두엇스나 〈대한매일 1909/10/15〉

그러자 편지 한 봉이 **우편**으로 왓ᄂᆞᆫᄃᆡ ᄯᅦ여본이 박사과가 인쳔서 ᄒᆞᆫ 편지ᄃᆡ 〈송뢰금1〉

ᄒᆞ로는 옥남이가 **우편**으로 온 편지 ᄒᆞᆫ 장을 바다들고 드러오면셔 조아셔 펄펄 쒸며 〈은세계604〉

우편국 郵便局【우편국】

명 우편, 우편 환전, 전보 환전 따위의 업무를 맡았던 기관.

일본 경찰셔에셔 그 긔미를 탐지ᄒᆞ고 **우편국**에 교셥ᄒᆞ여 〈대한매일 1910/04/23〉

우편국은 나라 각 디방에 업ᄂᆞᆫ ᄃᆡ가 업고 〈경향신문1907/05/10〉

우편물 郵便物【우편물】

명 우편으로 전달되는 편지나 기타 물품을 통틀어 이르는 말.

가졋든 쇼포 **우편물**을 모다 ᄇᆞ리고 완도로 도망ᄒᆞ엿다더라 〈대한매일 1909/03/19〉

이 법대로 ᄒᆞ면 **우편물**을 주고 밧은 증거표가 잇서 〈경향신문1907/07/13〉

ᄆᆡ양 ᄒᆞᆫ 개에 五젼 四분젼ᄒᆞᄂᆞᆫ 증명 쇼포 **우편물** 보낸 거슬 쪽쪽이 알려 ᄒᆞ면 〈경향신문1907/09/20〉

우편취급소 郵便取扱所【우편취흡소, 우편취흡소】

명 우편국의 관할 지역 안에 있는 것으로 직원을 파견하여 우편 업무를 처리하도록 한 곳.

슌천군 **우편취흡소**에셔 은젼 동젼은 무거워 운반ᄒᆞ기 어렵고 〈경향신문 1907/05/24〉

원쥬군은 **우편취흡소** 즙물이 온젼히 업서지고 〈경향신문1907/08/23〉

전보 電報【뎐보, 젼보】

명 전신을 이용한 통신이나 통보.

창원군 **뎐보**에 ᄒᆞ기를 텰도 지션을 본군 항교 담뒤 십쳑디허에 부셜ᄒᆞ기로 시역ᄒᆞ는딕 〈대한매일1904/10/06〉

셔반아국 **젼보**에 말ᄒᆞ되 구라파 ᄶᅡ에 디동ᄒᆞ던 지앙이 셔반아국 변경에 밋처셔 ᄉᆞ룸과 물건이며 집들이 무슈히 상히ᄒᆞ얏다 ᄒᆞ더라 〈대한매일1907/05/23〉

하로ᄂᆞᆫ 현익호 편 금발 근암이란 **뎐보**을 밧고 얼골빗치 변ᄒᆞ여지며 〈송뢰금4〉

김 씨 집에셔 김 씨가 쥭엇다고 옥슌의게로 즉시 **뎐보**나 ᄒᆞ얏스면 단렴ᄒᆞ고 기다리지 아니ᄒᆞᆯ 터이나 〈은세계604〉

밧샤돈ᄭᅴ셔 급히 나오라고 **뎐보**ᄭᅡ지 ᄒᆞ셧는딕 무슨 여가에 쳐가집에를 단겨갈 틈이 잇겟소 〈치악산下9〉

그 아바님게셔 오작 답답ᄒᆞ셔야 그 아드님다려 나오라고 **뎐보**을 노셧슬가 〈치악산下90〉

미국 상항 **젼보**를 보니 본월 십오일브터 일본 ᄋᆞ녀롤 미국 ᄒᆞᆨ교에 일졀 밧지 아니ᄒᆞᆫ다 ᄒᆞ엿고 〈경향신문1906/10/26〉

편지 便紙/片紙【편지】

명 안부, 소식, 용무 따위를 적어 보내는 글.

이 어져귀 풀은 벽상에 걸고 두 위원의 보낸 **편지**을 랑독ᄒᆞ고 〈대한매일1909/06/15〉

우ᄋᆡ 언문은 그럿케 셧투르던지 **편지**을 ᄒᆞ면 아버지게만 하고 〈귀의성177〉

넘어 슬허 ᄒᆞ지 말고 **편지**나 한 장을 ᄌᆞ세 써셔다고 〈빈상설920〉

달은 사람의 집에는 편지이 온다더라만은 우리 집에는 편지도 안이 오는 고나 〈송뢰금1〉

行政

각하 閣下【각하, 閣下】

명 특정 고급 관료에 대한 경칭.

> 年 月 日 住所 報告人 姓名(印) 農商工部大臣 某姓名 **閣下** 대한 셩교ᄌᆞ긔 (련쇽) 〈경향보감3:390〉

> 짐은 **각하**과 **각하**을 시위ᄒᆞᄂᆞᆫ 대쥬교와 쥬교들이 뎐보로써 츙의 뵈인 것을 감샤ᄒᆞ노니 〈경향보감4:10-11〉

공사 公使【공ᄉᆞ】

명 국가를 대표하여 파견되는 외교 사절.

> ᄌᆡ작일 하오 네시에ᄂᆞᆫ 일본 **공ᄉᆞ** 림권죠 씨가 ᄉᆡ로 나온 경무청 고문관 환산즁쥰 씨와 탁지 고문관 목하뎐 죵리 량씨를 ᄃᆡ동ᄒᆞ고 〈대한매일 1905/01/26〉

> 일본 **공ᄉᆞ**의게 항의ᄒᆞ나 일본은 말ᄒᆞ기ᄅᆞᆯ 청국이 종교ᄅᆞᆯ 임의로 ᄒᆞᆷ을 허락ᄒᆞ고 엇지 홀노 불도만 거리ᄭᅵᄂᆞ냐 ᄒᆞ야 〈경향신문1907/06/07〉

관보 官報【관보】

명 정부가 일반에게 널리 알릴 사항을 실어 발행하는 기관지.

각도각디에 잇는 헌병 분디와 분견소로 ᄒᆞ야금 **관보**을 다 사셔 보게 ᄒᆞᆫ다더라 〈대한매일1908/08/13〉

그 공채 됴례는 작일 **관보**에 공포되엿다더라 〈대한매일1910/05/03〉

이러므로 우리 신문상에 미번 긔ᄌᆡᄒᆞᄂᆞᆫ **관보** 대개에 새로 나는 규측을 긔록ᄒᆞᄂᆞᆫ 즁에 특별이 요긴ᄒᆞᆫ 거시 잇ᄉᆞ면 〈경향신문1906/11/16〉

그 져술ᄒᆞᆫ 쟈와 발힝ᄒᆞᄂᆞᆫ 쟈의 거쥬 셩명을 **관보**에 반포ᄒᆞᆫ 것이라야 각 학교에셔 교과셔로 쓰ᄂᆞ니라 〈경향보감3:61〉

대사 大使【대ᄉᆞ】

명 나라를 대표하여 다른 나라에 파견되어 외교를 맡아보는 최고 직급.

완흥군 리지면 씨가 답례 **대ᄉᆞ**로 일본에 간다 홈은 별항에 말ᄒᆞ엿거니와 〈대한매일1907/11/16〉

니각의 쟝은 글네만소 씨오 ᄉᆞ법 **대ᄉᆞ**ᄂᆞᆫ 더새녀 씨오 외무대신은 밀너랑 씨오 〈경향신문1906/11/02〉

대사관 大使館【대ᄉᆞ관】

명 대사가 주재국에서 공무를 처리하는 기관. 또는 그런 청사(廳舍).

로국 의회에셔 일본에 잇ᄂᆞᆫ 르국 공ᄉᆞ관을 **대ᄉᆞ관**으로 기졍ᄒᆞ자ᄂᆞᆫ 의안을 총의원에셔 뎨츌ᄒᆞ엿더니 〈대한매일1908/04/16〉

대통령 大統領【대통령, 디통령】

명 대통령제 국가에서 외국에 대하여 국가를 대표하는 국가의 원수.

공ᄉᆞ 찰훈 씨ᄂᆞᆫ 쳥국 븍경으로 츌발ᄒᆞ엿ᄂᆞᆫ디 **대통령**과 무슴 협의ᄒᆞᆫ 일이

잇다더라 〈대한매일1909/12/25〉

미국 인민들이 두 패로 논호이매 엇던 이는 대통령 편을 들어 일본을 두호ᄒᆞ는 모양이나 〈경향신문1906/12/21〉

또 대통령의 벗 즁에 친근ᄒᆞᆫ 이는 다 셩교인이며 〈경향보감2:283〉

미국에 감리교회가 와슁톤 씨의 처음 대통령 임긔로브터 그 발달됨이 시작ᄒᆞ엿도다 〈신학월보6:146〉

미국 ᄃᆡ통령이 구화 담판ᄒᆞ듯 평화ᄒᆞ도록만 말을 ᄒᆞᆫ다 〈빈상설90〉

면관 免官【면관】

명 관리의 직책에서 물러나게 함.

졀교ᄒᆞᆫ 나라 잔치 참예ᄒᆞᆫ 사건으로 면관이 된다 ᄒᆞ는지라 〈대한매일1905/01/21〉

한국 고등관리의 면관과 셔임은 통감의 뜻으로 시힝ᄒᆞ고 〈경향신문1907/08/02〉

디방에는 존학싱령ᄒᆞ던 관리가 낫낫치 면관이 되니 〈은세계826〉

부통령 副大統領【부대통령】

명 대통령 중심제 국가에서 대통령에 다음가는 직위. 또는 그 직위에 있는 사람.

루터 뎐보를 거ᄒᆞᆫ즉 미국 렌파시 민쥬당 대회에셔 변호ᄉᆞ 칸 씨는 부대통령 후보쟈로 지명이 되엿다더라 〈대한매일1908/07/18〉

아문 衙門【아문】

명 관원들이 정무를 보는 곳을 통틀어 이르는 말.

경시청은 닉부 경무국을 합ᄒᆞ야 독립 아문으로 ᄀᆡ뎡ᄒᆞ고 〈대한매일1907/08/09〉

민정부 보군통령 아문과 슌사쿠에셔 경계ᄒᆞᄂᆞᆫ 즁이라더라 〈대한매일1908/05/07〉

그 집 사ᄅᆞᆷ들이 곳 닐ᄋᆞᄃᆡ 우리 집에 비샹ᄒᆞᆫ ᄌᆡ조가 잇서 아모 학 졸업에 아모 아문 쥬ᄉᆞㅣ라 ᄒᆞ며 ᄌᆞ랑ᄒᆞ니 〈경향신문1907/10/11〉

신히년에 잡히여 아문에 들어가 굿센 ᄆᆞᄋᆞᆷ으로 신덕을 증거ᄒᆞ엿ᄉᆞ나 무ᄉᆞᆷ 연고인지 방송이 되엿더니 〈경향보감2:224〉

예수ᄭᅴ셔 대졔ᄉᆞ쟝 아문으로 잡혀 가셧슬 ᄯᅢ에 베드로가 세 번 예수를 모른다 ᄒᆞ엿스니 이 말이 ᄎᆞᆷ말이라 〈신학월보5:206〉

이 사ᄅᆞᆷ 저 사ᄅᆞᆷ 호리기와 각부 아문 공청에서 기싱 불너 노름놀기 전졍이 만리 갓흔 각 학교 학도들이 쳥루방에 단니기와 〈금수회의록56〉

아전 衙前【아젼】

명 조선 시대에, 중앙과 지방의 관아에 속한 벼슬아치.

그 부친의 뎨ᄌᆞ 아젼 김도마의 집에 거ᄒᆞᆯ 시 낫이면 후원에 숨기고 밤이면 집으로 도라와 이ᄀᆞᆺ치 지내다 〈경향보감1:119〉

이ᄂᆞᆫ 아젼들이 칭탁ᄒᆞ고 토식ᄒᆞᄂᆞᆫ 거시라 〈경향보감1:211〉

영사 領事【령ᄉᆞ】

명 영사 외국에 있으면서 본국의 무역 통상의 이익을 도모하며 아울러 자국민의 보호를 담당하는 공무원.

작일 하오 ᄉᆞ시에 각국 령ᄉᆞ들이 예궐ᄒᆞ야 진하ᄒᆞ엿다더라 〈대한매일1907/07/21〉

그 리ᄉᆞ관으로 간도 령ᄉᆞ을 겸임케 ᄒᆞᆯ 터인ᄃᆡ 그 위치ᄂᆞᆫ 방금 턱뎡ᄒᆞᄂᆞᆫ 즁

이라더라 〈대한매일1909/09/10〉

영사관 領事館【령ᄉᆞ관】

명 영사가 주재하는 곳에서 사무를 보는 공관(公館).

오ᄂᆞᆫ 십삼일에 청국 **령ᄉᆞ관**에셔 연회를 ᄒᆞ고 〈대한매일1907/11/12〉

슌검 김승건의게 잡혀 가치고 그 쳥인은 쳥국 **령ᄉᆞ관**에 가도앗다더라 〈경향신문1907/09/20〉

영국 **령ᄉᆞ관**의셔도 평안ᄒᆞ시며 우리를 잘 보호ᄒᆞ시고 〈경향보감4:264〉

읍 邑【읍】

명 군에 속한 지방 행정 구역 단위의 하나.

연로 각 **읍**에셔 호소ᄒᆞ야 막즁ᄒᆞᆫ 공힝에 소홀홈이 업도록 ᄒᆞ게 ᄒᆞ라 ᄒᆞ옵신지라 〈대한매일1904/11/26〉

평양 관찰 리진호ᄂᆞᆫ 각 군 **읍**에 신칙ᄒᆞ야 신문 봄을 금ᄒᆞᆫ다니 외국 유람ᄒᆞᆫ 사ᄅᆞᆷ도 이런 악습 힝ᄒᆞᄂᆞᆫ가 〈대한매일1908/10/20〉

각 도 각 **읍**에 젼령ᄒᆞᄃᆡ 만일 아모던지 이런 사ᄅᆞᆷ을 잡아 밧치면 큰 상을 주겟다 ᄒᆞ엿더라 〈경향보감1:336〉

ᄯᅩ 삼일 후에 희쳔 **읍**을 다다르니 〈신학월보2:203〉

읍내 邑內【읍ᄂᆡ】

명 읍의 구역 안.

츙쳥북도 션유위원 숑긔용 씨ᄂᆞᆫ 본월 팔일에 쳥쥬 **읍ᄂᆡ** 장에 도챡ᄒᆞ야 인민을 효유ᄒᆞᆫ 후에 의병대ᄃᆡ가 그 고을 쳥쳔면 등디에 둔취ᄒᆞ엿다 〈대한매일1908/02/26〉

한산군 하북 팔리 리영직 씨와 간셩 읍닉 신셩리 이통 삼호 함휘원 씨가 그 디방의 본보 구람ᄒᆞ시는 졔씨에 편리홈을 위ᄒᆞ야 〈대한매일1909/07/02〉

나는 영뎡 갓가온 방에 안자 기ᄃᆞ릴 ᄯᅢ에 홀연이 신유년에 이 읍닉셔 치명ᄒᆞᆫ 미씨 ᄉᆡᆼ각이 난즉 심즁에 혜아리되 아모됴록 나도 ᄯᆞ라가리니 〈경향보감2:383〉

ᄂᆞ는 고양 읍닉 사는 강 셔방이올시다 〈구마검3〉

읍닉 가면 뉵회 접시 슐잔 어ᄃᆡ 먹엇다고 그 ᄭᅥ지 거슬 덕 본 쥴 알고 〈귀의성52〉

유문 주목에셔 단참에 원쥬 읍닉로 드러가는ᄃᆡ 원쥬 감영에 무슨 일이 잇는지 업는지 모르고 쏜살갓치 드러가며 〈은세계356〉

정부 政府【졍부】

명 [1]입법, 사법, 행정의 삼권을 포함하는 통치 기구를 통틀어 이르는 말.

한국 졍부에셔 ᄒᆞ는 일들은 단지 환욕에만 ᄯᅳᆺ이 잇셔 〈대한매일1904/09/05〉

필경에는 공ᄉᆞ가 한국 졍부에 ᄃᆡᄒᆞ야 청구ᄒᆞᆫ즉 셜혹 되드리도 한국 젼토에 반밧게 쓸 거시 업슬 터이니 〈대한매일1904/09/05〉

[2]행정부.

지금은 졍부이 궐닉로 이졉ᄒᆞ엿스니 츌입홀 수 업슨즉 신참졍ᄉᆞ데로 파송ᄒᆞ는 거시 가타ᄒᆞ야 〈대한매일1904/09/05〉

로국의 닉란과 분요에 ᄃᆡᄒᆞ야 동경 졍부에셔 뎐보를 졉슈하야 각 신문에 젼파ᄒᆞ지마는 졍말노 그러케 된 일을 보지 못ᄒᆞ엿고 〈대한매일1905/01/26〉

셔울 잇던 공립학교에는 학도들이 공부홀 ᄯᅢ에 졍부의게 일비를 밧ᄂᆞ니

그런 학교에는 공부 다 ᄆᆞ치기 전에 나가면 벌금을 내ᄂᆞᆫ지라 〈경향보감 3:4〉

나라힘(國力)에 밋쳐 갈 만ᄒᆞᆫ 일은 일신 개혁ᄒᆞ시니 즁앙 **졍부**에ᄂᆞᆫ 미관미작ᄒᆞ던 악습이 업서지고 〈은세계826〉

중추원 中樞院【즁츄원】

명 일제 강점기에 둔, 조선 총독부의 자문 기관.

즁츄원 부찬의 리진호와 리범ᄅᆡ와 리두황과 죠희문과 권동진은 의원 면본관ᄒᆞ고 〈대한매일1907/11/12〉

김 씨가 다시 우편으로 붓친지라 **즁츄원**에셔 령슈ᄒᆞ여 두엇스나 ᄀᆡ회시에 뎨츌치ᄂᆞᆫ 아니ᄒᆞ엿다더라 〈대한매일1909/10/15〉

지방관 地方官【디방관】

명 각 지방에 주재하면서 일반 행정 사무를 맡아보는 고급 공무원.

디방관이 되여 민요를 금집지 못ᄒᆞ고 〈대한매일1907/09/06〉

디방관은 이 ᄯᅳᆺ을 헤아려 ᄀᆡ회ᄅᆞᆯ ᄯᆞ라 일을 쳐리ᄒᆞ야 민심을 잘 ᄀᆡ도ᄒᆞ며 〈대한매일1908/09/12〉

각 부 관인은 다 삭발ᄒᆞ엿거니와 각 **디방관**은 머리ᄅᆞᆯ 기ᄅᆞ니 〈경향신문 1906/10/19〉

어쟝 엇ᄂᆞᆫ **디방관**과 ᄯᅩ 리ᄉᆞ관을 거쳐 ᄒᆞᄂᆞ니라 〈경향보감3:236〉

청사 廳舍【텽사】

명 관청의 사무실로 쓰는 건물.

이ᄂᆞᆫ 각 디방 관텽의 **텽샤** 건축과 밋 곳치ᄂᆞᆫ 경비오 〈경향보감1:98〉

해설

한국 근대 초기의 어휘

1. 어휘 조사의 목적과 의의

개항기 이후 특히 20세기 초기는 우리 사회가 급속히 근대 사회적 면모를 갖추어 나아가는 시기이다. 이 시기에는 우리의 전통적인 사회에서 벗어나 정치 · 경제 · 사회 · 문화 등의 분야에서 외래 문화가 적극적으로 수용되면서 근대적인 모습을 갖추어 나아가기 시작했다. 이 당시의 급격한 외래 문화 수용과 더불어 새로운 단어들도 급속히 유입되기 시작했는데, 이러한 새로운 어휘들의 유입은 당시의 시대상과 사회상을 잘 반영하고 있다고 할 수 있다. 본서의 목적은 이처럼 시대상과 사회상을 잘 보여주는 어휘들을 고찰하는 데 있다.

여기서의 어휘들에 대한 연구는 크게 전통적인 것과 유입된 것 두 가지로 나뉘어진다. 먼저 전통적인 어휘의 경우에는 이전부터 쓰였던 어휘들이기 때문에, 일차적으로 전통적인 의미와 통사 · 형태적 특성의 확인에 관심을 가지지만 무엇보다도 새로운 어휘의 유입과 더불어 의미의 변화를 보이는 것에 대하여 더욱 관심을 가진다. 이 시기에는 외래 문화가 급격하게 유입되면서 기존의 어휘들이 의미의 면에서, 통사 · 형태의 면에서 변화를 일으키는 것들이 많이 있는데 이러한 것들에 대해서는 세밀히 관찰

해야만 고찰이 가능하다.

새로 유입된 어휘들의 경우에는 전통적인 어휘들과 비교하기 어렵기 때문에 당시의 시대상을 고려하여 그 어휘가 나타나는 문맥을 검토함으로써 의미를 확인할 수 있다. 하지만 이 어휘들의 의미나 특징들은 단지 주어진 문맥만을 고려하였기 때문에 온전하게 파악되기 어려운 점이 있다. 특히 본서에서 목적하는 바와 같이 이 어휘들이 시대상과 사회상을 잘 보여주도록 하려면 1910년대 이후에 이 어휘들이 어떻게 사용되는지를 고려하여야만 하는 것이다. 직접적으로는 1910년대나 1920년대 어휘들과 비교하여야 하고 최종적으로는 현대국어에서 사용되는 어휘들과도 비교하여야만 한다.[1)] 이러한 사정들을 충분히 고려하면서 진행되는 연구라야 근대에서 현대로 이행하는 이 시기의 어휘를 제대로 이해할 수 있고, 또한 당시의 시대상과 사회상을 이해하는 데에도 기여하는 바가 있을 것이다.

2. 어휘 조사의 대상과 방법

어휘 조사는 20세기의 첫 10년, 즉 1901년부터 1910년 사이의 신문, 잡지, 소설, 교과서, 문법서 등을 바탕으로 말뭉치를 구축한 뒤 이를 대상으로 집필 대상이 되는 표제어를 선정하는 방식을 취하였다. 말뭉치 구축의 대상이 된 자료는 다음과 같다.

---

1) 1910년대와 1920년대의 어휘에 대한 조사와 연구는 서울대학교 한국문화연구소에서 한국학술진흥재단의 중점연구소 지원을 받아 이루어진 바 있고, 그 결과가 2007년에 서울대학교출판부에서 《일제 식민지 시기의 어휘》라는 제목으로 출판되었다.

1	신문	대한매일신보(1904-1910), 경향신문(1906-1907)
2	잡지	경향보감 1-4(1906), 신학월보 1-7(1901-1909)
3	소설	구마검(1908, 이해조), 귀의성(1908, 이인직), 금수회의록(1908, 안국선), 빈상설(1908, 이해조), 설중매(1908, 구연학), 송뢰금(1908, 육정수), 은세계(1908, 이국초), 자유종(1910, 이해조), 치악산(1908, 이인직), 혈의 누(1907, 이인직)
4	교과서	국어독본(1907, 학부 편찬), 노동야학독본(1908, 유길준), 초목필지(1909, 정윤수)
5	문법서	조선문전(1906, 유길준), 국어문법(1910, 주시경)
6	기타	기해일기(1905)

3. 집필의 원칙과 방식

선정된 어휘에 대해서는 각각 표제 기본형, 원어, 이표기, 품사, 의미, 예문을 제시하였다. 구체적인 집필 원칙과 방식은 다음과 같다.

(1) 표제어

가. 선정 원칙

20세기 초는 19세기 말의 개화기를 거치면서 외래 문화가 급격하게 유입되는 시기로, 전통과 현대가 혼재된 사회적 특성을 가지고 있다. 이와 같은 시대적 특성을 확인하는 방법은 다양하겠지만, 본서는 이 시기에 문자를 통해 표기되어 나타나는 다양한 어휘들을 검토함으로써 이를 확인해 보고자 하였다. 따라서 표제어의 선정은 전적으로 시대적 특성을 잘 반영하고 있는 어휘를 선정하는 작업이었다고 할 수 있다.

시대적 특성을 잘 보여주는 어휘를 표제어로 선정하기 위해 일차적으로는 이 시기의 여러 자료들로 말뭉치를 구축하였다. 말뭉치를 구축하는 데 이용된 자료들은 신문, 잡지, 소설, 교과서, 문법서 등이다. 시대상을 제대로 확인하기 위해서는 특정한 부류의 자료로만 말뭉치를 구축하는 것보다 최대한 다양한 유형의 자료들로 말뭉치를 구축하는 것이 바람직하기 때문이다. 또한 양적인 면에서 이 시기의 자료가 그리 풍부하지 않다는 근본적인 문제점을 어느 정도 해소하기 위해서도 다양한 유형의 자료를 이용할 필요가 있었다. 그런 면에서 특히 신문의 경우에는 자료의 양적인 부족을 질적으로 보충해 주는 데 매우 유용했다.

구축된 말뭉치로부터 표제어를 선정하는 과정에서는 일차적으로 빈도수를 고려하였다. 빈도수가 높은 어휘가 무조건 표제어로 선정되어야 하는 것은 아니지만, 빈도수가 너무 낮은 경우에 그 어휘를 이 시기의 일반적인 어휘로 볼 수 있느냐 하는 문제가 있기 때문이었다. 이전 시기에 사용되던 어휘가 거의 소멸되어 가는 과정에서 나타날 수도 있다는 점을 고려하였다. 이렇게 일차적으로 선정된 어휘들에 대해 시대상을 반영하는 어휘를 가려내는 작업이 진행되었는데, 이 과정에서는 어느 정도 주관적인 판단이 작용하였다. 후보가 되는 어휘가 외래 문화의 수용에 따라 새로이 등장한 어휘인지, 또 이전 시기부터 사용되던 어휘이면서 의미나 통사 · 형태적 특성이 변화하였는지를 결정하는 데에 주관적인 판단을 완전히 배제하기는 어려웠다. 직전 시기인 19세기 말의 자료만 하더라도 말뭉치가 온전하게 구축되어 있지 않기 때문에 순순하게 자료의 비교, 검토를 통해서 객관적으로 결정하기가 쉽지 않았다.

표제어로 선정된 어휘와 의미나 형태면에서 관련이 되는 어휘는 빈도수가 낮은 경우에도 표제어로 선정하였다. 주관이 개입된 대표적인 경우라고 할 수 있는데, 가령 '우편(郵便)'과 관련하여 '우편국(郵便局), 우편물(郵便物), 우편취급소(郵便取扱所)' 등의 어휘는 빈도수에 관계없이 표제어로 올린 것이 그런 경우이다.

나. 표기

표제어의 표기는 어휘집의 이용 편의성을 고려하여 현대의 정서법을 따라 제시하였다. 실제 자료에서 나타나는 어형은 정연한 표기 원칙이 없어서 그대로 표제어로 제시하는 경우 이용하기가 쉽지 않기 때문이다. 또한 현대국어 화자들이 이 시기와 현대 사이의 의미적 공통성이나 차별성을 확인하려고 하는 경우에도 현대 어형으로 제시하는 것이 편리하기 때문이기도 하다.

이러한 표기 원칙은, 당시의 문헌을 보면서 이 어휘집을 이용하는 경우에는 다소 불편할 수도 있을 것이다. 다만 표제어 다음에 원어 정보를 제공하고, 그 다음에 실제 어형을 일일이 나열하여 제시함으로써 이러한 불편을 어느 정도는 해소하고자 하였다. 또한 표제어의 찾아보기는 물론이고 실제로 자료에 나타나는 어형의 찾아보기를 제공함으로써 불편을 최소화하고자 하였다. 당시의 자료를 읽으면서 이 어휘집을 이용하는 경우에는 찾아보기를 적절히 이용하면 좋을 것이다.

다. 배열

표제어를 배열하는 방법 가운데 가장 간단한 방법은 자모순으로 배열하는 방법이다. 이 방법은 어휘집을 만드는 쪽이나 이용하는 쪽 모두에게 어느 정도의 편리성을 제공하는 점에서 장점이 있다. 하지만 순수한 사전이 아니라 어휘집이라는 점에서 모든 어휘를 단순히 자모순으로 죽 나열하는 것이 좋은 방법만은 아니다. 무엇보다도 의미론적으로 관련이 있는 어휘들을 비슷한 위치에 모아두는 것이 여러 모로 편리할 수 있다. 특히 이 어휘집이 목적하는 바가 어휘를 통하여 20세기 초의 시대상을 이해하려는 데 있는 점을 고려할 때 더욱 그러하다. 따라서 본서에서는 자모순의 배열 방법 대신 일정한 의미부류를 설정하여 표제어를 특정 의미부류에 소속시킴으로써 본서가 목적하는 바에 부합되도록 하였다. 물론 같은 의미부류에 속하는 어휘들은 자모순으로 배열함으로써 이용상의 편의도 어느 정도

고려하였다.

본서에서 설정한 의미부류는 기존의 일반적인 의미부류와 다소 차이를 보인다. 앞서 언급한 바와 같이 본서는 특정한 목적없이 어휘를 모아두기만 하는 어휘집이 아니라 그 어휘를 통해 새로운 문물의 수용 양상 등 당시의 시대상을 이해하려는 특정한 목적을 분명하게 지향하는 자료집이므로, 일반적 의미부류를 그대로 적용하는 것이 다소 부적절할 수 있다고 판단되었기 때문이다. 본서에서 설정한 의미부류 목록과 각 부류의 범위는 대략 다음과 같다.

◎ 建築: 인간이 만든 구조물과 그 직접적 재료가 되는 사물 및 관련자.
◎ 經濟: 영리 활동과 관련되는 행위 및 관련자.
◎ 警察: 행정부의 소속 단위로서 경찰 업무 및 관련 직위, 장소, 행위.
◎ 科學: 자연물이 존재하는 원리적 현상과 이를 인간이 파악한 방법 및 규칙.
◎ 官職: 행정부의 조직, 절차와 그에 관련되는 사람과 공간.
◎ 教育: 인간의 지식 체계 전수에 관련되는 기관, 대상, 사람 등.
◎ 交通: 인간의 이동 수단과 그에 관련되는 사람 및 사물.
◎ 軍事: 군대 조직에 의한 살상과 점유의 목적에 관련되는 도구나 체계 및 그 관련자.
◎ 法律: 사법부의 행정 계통에 관련되는 절차, 사람, 장소 등.
◎ 社會: 관계나 사회 단위에 의해 명명되는 인적, 물적 위상 및 행위.
◎ 言論: 인간의 의견을 매체로 이용하여 알리는 도구와 그 역할 및 관련 사물, 사람.
◎ 醫療: 생리적 현상에 관계되는 명칭과 치료 행위를 위한 주체, 기구 등.
◎ 一般: 다른 분야에 모두 관계되거나 어느 분야에도 귀속한다고 하기 어려운 용어, 표현.
◎ 立法: 입법부 관련 인물 및 행위, 장소.

◎ 政治: 인간 및 국가 간의 관계를 개선 · 응용하는 활동과 그에 관련되는 개념 및 관련자.
◎ 宗教: (종교를 전제한 위에서) 숭배 및 포교와 관련된 행위, 대상, 장소 및 관련자.
◎ 哲學: 철학적 사유와 관련된 개념.
◎ 遞信: 우편 송달과 관련 행위 및 관련자.
◎ 行政: 공무의 절차와 그 절차를 밟아가는 데 관련되는 인물 및 단계 이름.

(2) 원어

고유어가 아닌 표제어 다음에는 원어를 밝혀두었다. 이 시기에는 새로운 문화 · 문물의 도입에 따라 자연스럽게 새로운 어휘들이 많이 필요하게 되었는데, 많은 경우에 한자를 이용하여 새로운 단어를 만들거나 중국 또는 일본으로부터 수입하였다. 그런데 이런 경우에 우리나라에서 새롭게 조어가 된 것인지 외국으로부터 수입된 것인지를 분명하게 구분하기가 쉽지 않은 문제가 있다. 본서에서는 일단 이러한 구분에 대해서는 엄밀하게 따지지 않고 일단 한자로 표기되는 어휘인 경우에는 무조건 한자를 원어로 간주하여 제시하였다. 한자어의 기원과 관련하여, 한국한자어, 중국한자어, 일본한자어를 구분하는 것은 그 자체로 매우 중요한 어휘론적 연구가 될 것이지만, 본서에서 목적하는 바와는 직접적인 관련이 덜하다고 판단하여 깊이 검토하지는 않았다.

(3) 이표기

표제어와 원어 다음에 '【 】' 안에 이표기를 제시하였다. 이때의 '이표기'란 실제로 문면에 나타나는 어형을 가리키는 용어로 사용하였기 때문에, 엄밀한 의미에서는 적절한 용어라 하기 어려운 면이 있다. 그러나 이 당시에는 일정한 표기 원칙이 정해져 있지 않고 자료마다 표기하는 방법에 차이가 많아서 동일한 단어가 여러 가지 다른 표기로 나타나는 경우가 흔하다. 따라서 '이표기'란 동일한 단어의 모든 실제 표기형을 가리키는 것으로 이해하면 되겠다.

표제어가 실제 자료에서 실현되는 표기형이 하나밖에 없는 경우에도 동일한 방식으로 표기형을 제시하였다. 한글 표기가 여럿인 경우에는 자모순으로 배열하고, 한자 표기가 있는 경우에는 한글 표기 다음에 제시하였다. 한자 표기가 노출되어 있지 않고 한글 표기 다음에 '( )' 속에 들어 있는 경우는 이표기로 간주하지 않았다.

(4) 품사

품사는 현행 학교문법에 따라 8품사로 구분하여 제시하였다. 그러나 결과적으로는 모든 품사가 골고루 어휘집에 포함되지는 않았는데, 주로 새로운 문화나 문물과 관련되는 어휘를 표제어로 선정한 결과 명사가 거의 대부분을 차지하고 동사나 대명사 등이 일부 포함되는 데 그쳤다.

(5) 의미

모든 표제어에 대해서 의미를 기술하였다. 현대어와 의미차를 보이지 않는 것으로 판단되는 표제어의 경우에도 의미를 기술하였는데, 19세기 말이나 20세기 초에 새로 생겨나거나 유입된 단어여서 표제어로 선정된 경우, 현대어와 여러 면에서 별 차이를 보이지 않는다고 하더라도 의미 기술을 해 두는 것이 이용자에게 편리할 것으로 생각되었기 때문이다.

표제어의 의미 기술은 일차적으로 《표준국어대사전》을 참조하고, 필요한 경우에 《朝鮮語辭典》, 《조선어큰사전》를 참조하였다. 하지만 《표준국어대사전》에서 다의어로 처리한 경우에 본서에서는 일일이 그 의미를 나누어 기술하는 것을 원칙으로 삼지는 않았다. 말뭉치가 한정되어 있기 때문에 그러한 의미를 두루 확인하는 데 어려움이 있었기 때문이다. 《표준국어대사전》에서는 한 표제어가 여러 가지 의미를 가지는 경우, 기본 의미를 먼저 제시하고 나머지는 기본 의미에 가까운 것을 먼저 제시하는 방법을 취하고 있는데, 본서 집필에 이용된 말뭉치에서는 차례로 그러한 하위 의미를 확인하기가 어려운 문제가 있었다. 확인되는 것만 제시하는 방법도 있기는 하지만, 그런 경우에는 그밖의 의미가 없는 것으로 오해될 소지가 있어서 선택하지 않았다. 본서가 국어사전이 아니라 어휘집이라는 특성을 가지고 있으므로 기본 의미만 제시하고 나머지 의미는 이용자로 하여금 기본 의미에서 파생된 것으로 이해하도록 하는 것이 오히려 좋은 방법이라고 판단하였다. 하지만 꼭 필요한 경우에는 별도의 번호를 붙여 다의어임을 밝히고 용례를 구별하여 제시하였다.

의미 기술의 일반적인 원칙에 있어서는 사전의 의미 기술 원칙을 가능한 한 준용하였다. 표제어를 의미 기술에서 반복되지 않도록 하고, 되도록 쉬운 표현을 이용하여 의미 기술을 하고, 한글로만 기술하는 것을 원칙으로 하였으며, 의미 기술이 표제어와 동일한 품사로 끝나도록 하였다.

(6) 용례

본서의 표제어는 1901년부터 1910년까지의 자료로 구축된 말뭉치에서만 선정하였으므로 용례 역시 말뭉치에서만 추출하여 제시하였다. 어휘집의 특성을 고려하여 다양한 용례를 확인할 수 있도록 여러 용례를 제시하였다. 이렇게 함으로써 의미 기술을 비교적 간단히 한 점을 보완하려는 의도도 있었다. 물론 모든 용례를 제시하는 것은 불필요한 일이기 때문에 비교적 표제어의 여러 특성을 잘 드러낸다고 판단되는 용례를 가려서 제시하였다.

용례의 배열은 일차적으로 이표기의 배열 순서를 따르고, 동일한 표기인 경우 해당 자료의 연도순으로 배열하였다. 용례가 긴 경우에는 해당 표제어를 중심으로 적절히 앞뒤를 생략하여 제시하되, 문맥을 고려하여 표제어의 의미나 통사 · 형태적 특성이 잘 드러나도록 하였다.

용례로 제시된 문장 하나에는 표제어가 한 번만 나오는 것을 원칙으로 하였다. 용례를 쉽게 확인할 수 있도록 한다는 면도 있고, 동일한 표제어가 미묘한 의미차를 갖는 경우를 고려한 면도 있다. 한 예문에 의미 차이를 보이는 이표기가 등장하는 것이 혼란을 가져올 수 있다고 판단되었기 때문이다.

예문 안에 있는 해당 표제어의 이표기는 글자 모양을 달리하여 시각적으로 쉽게 확인할 수 있도록 배려하였다. 체언인 경우에는 조사를 제외한 해당 체언만 글자 모양을 달리하였고, 용언인 경우에는 어미 부분까지 글자 모양을 달리하였다. 조사가 자립성이 강하고, 현행 학교문법에서 조사를 단어로 처리하고 있는 입장을 반영한 것이다. 또한 이러한 처리가 이용자의 입장에서도 편리할 것으로 판단되었다.

찾아보기

ㄱ

가격 5
가칭 130
각하 226
간증인 208
간호부 124
간호원 124
감독[1] 130
감독[2] 209
감옥서 99
강도 100
강습소 66
강습하다 66
강토 131
개인 131
개척 5
개혁 199
건달 208
건축 1
건축하다 1
검사 132
검정 132
게재 121
격물학 67
결사대 89
결석 133
경관 41
경무 41
경무관 41
경무국 42
경무청 42
경시청 43
경시총감 43
경영 6
경영하다 6
경쟁 133
경제 7
경제하다 7
경찰 44
경찰관 44
경찰서 45

경찰하다 45
경축 133
경험 134
계급 113
고등학교 67
고빙 134
고아원 113
고약 124
고용 7
공급 134
공기 49
공담 135
공부 68
공사 266
공소원 100
공업 8
공원 114
공작 60
공장 8
공판 101
공화국 199
과장 60
과학 50
관광인 135
관념 220
관리인 115
관립 135
관보 227
광고료 9
광물 50
광산업 9
괘종 135
괴질 125
교감 68
교과 68
교과서 69
교육 69
교제 136
교통 81
교회 209
구락부 136
구세주 209
국고금 9
국권 200
국기 137
국력 137
국문 138
국민 138
국사범 101
국정 200
국제 200
국채 10
국회 197
국회의원 197
군대 89
군부 90
군용지 91
군함 91
궁민 139
권력 201
권리 139
권업 10
규정 101
근시경 140

기관[1] 50
기관[2] 114
기독교 209
기사 115
기선 81
기업 11
기자 121
기차 82
기하학 50

ㄴ

난민 115
남작 61
내각 201
내란 115
노동자 11
노동회 140
노자 13
녹용 125
논설 141
농리학 70
농업 11
농학 70
뇌물 12

ㄷ

다락방 141
다신교 210
단체 116
담보 12
담임 70
담화 141
당국 202
당목 142
당파 202
대사 227
대사관 227
대신 61
대주교 210
대통령 227
대표 142
대학교 70
도득하다 143
도서관 71
독립 202
독립국 203
동맹 203
동물 50
동물원 143

ㅁ

마차 83
만국 143
만리경 144
만리타국 144
만물 145
만유 211
만찬회 145
망상 145
망원경 146
매매 14

매음녀 146
면관 228
면허 102
면허증 146
모맥 51
모범 146
모집 147
목사 211
목수 2
무고 102
무관학교 71
무료 14
무역 14
무역상 15
무역하다 15
문법 71
문제 147
문화 148
물리 51
물리학 52
물산 15
물장사 16
물질 148
물체 148
물품 16
물화 16
미사 211
민권 203
민사 102
민족 149

ㅂ

박람회 17
박물관 149
박물원 149
박물학 72
박사 72
반도 52
발견 150
발기[1] 130
발기[2] 150
발기인 150
발달 150
발명[1] 53
발명[2] 151
발정 151
발행 151
발행하다 152
방법 152
방송 103
방송하다 103
방청인 153
방침 153
방포 92
배상 17
벌금 103
법부 104
법원 104
법장 105
법정 105
변론[1] 105
변론[2] 154

변론하다 154
변호 106
변호사 106
병객 125
병부 92
병선 92
병원 126
병인 126
병자 127
병정 93
병졸 93
병참소 93
보리 53
보병 94
보상 18
보조금 18
보조원 155
보증금 19
보통학교 73
복음 211
부동산 20
부비 19
부속 155
부통령 228
부활 155
분견소 94
분수 156
분파소 46
불법 106
비평 157
비행선 83
빈민 157
빙자 157
빙표 83

ㅅ

사건 116
사령부 94
사립학교 73
사법권 107
사업 158
사진 158
사회 117
산술 53
산업 20
산학 73
삼위일체 212
상고 20
상공업 21
상등병 95
상무 21
상민 158
상업 22
상업가 22
상업권 22
상인 23
상점 23
상표 23
생도 74
생산 159
생활 159
서기 61
서기관 62

서기랑 62
서력 160
서류 160
서신 222
서양 160
석수 2
석유 54
석탄 54
선거권 204
선고 107
선고하다 107
선교사 212
선장 83
선지자 213
설시 161
설치 161
성경 213
성당 213
성립 161
성명서 204
성모 214
성부 214
성서 214
성신 215
성자 216
성전 216
세계 161
세금 23
세납 24
세무 24
세무관 25
세입 25
세전 25
세출 25
소설 162
소송 108
소위 95
속력 54
손해 163
수업 74
수입 26
수출 26
수표 26
수학 55
순사 46
시각 163
시간 163
시계 164
시계사 27
시국 204
시위 118
시정 204
시찰 164
시표 165
식구 165
식물 55
식물원 166
식비 27
식산 27
신고 108
신고하다 108
신문[1] 109
신문[2] 121
신문지 122

신부 216
신사 166
신용 166
신용 27
실패 167
심사 109
심상소학교 74
심장 167
십일조 217
십자가 217
쌀 55

ㅇ

아문 228
아전 229
안경 167
야전병원 127
약물 127
양국 168
양력 56
양로원 118
양복 168
양심 169
양약국 128
양옥 3
양요리 169
양인 169
양제 170
양철 170
양총 170
어음 28
어음표 28
여관 118
여론 170
여비 28
여학교 74
역군 171
역대 171
역둔토 29
역부 171
역사 172
연골 128
연구 172
연단 173
연설 173
연습 173
연필 174
연합 119
엽전 29
영사 229
영사관 230
영세 217
영수인 29
영수증 174
영업 30
영토 174
영향 175
영혼 175
예배당 218
예식 176
예회 176
외교가 62
외국어학교 75

외국인 176
요금 30
요리 176
용비 30
우등생 75
우승열패 177
우편 222
우편국 223
우편물 223
우편취급소 223
운동회 177
원시경 178
월급 31
월봉 31
위임 177
유리창 178
유신 178
유치원 76
유학 76
유학생 76
유학하다 77
육군 95
육지 56
육혈포 179
윤거 84
윤리 179
윤선 84
율법 218
은행 32
은행소 32
음력 57
읍 230
읍내 230
의무 179
의사 128
의연금 32
의원[1] 128
의원[2] 129
의원[3] 198
의회 198
이력서 13
이민 119
이장 3
인구 180
인력 180
인력거 84
인민 181
인쇄 182
일개인 182
일비 33
입학 77

ㅈ

자격 183
자기 184
자동 58
자명종 184
자본 33
자연 220
자유 185
자행거 85
작용 186
잡지 122

장교 96
장사[1] 33
장사[2] 186
재정 34
전기 58
전보 224
전선 85
전투함 96
점령하다 97
정거장 85
정부 231
정치 205
제목 186
제조 35
제조학 77
제출 186
제출하다 187
조례 109
조사 187
조세 110
조직 187
존재 221
졸업 78
졸업생 78
졸업식 78
종사관 62
주교 219
주둔 97
주의 188
주일 188
주임 63
주임관 63
중추원 232
지구 58
지단 188
지방관 232
지방비 35
지방세 36
지방재판소 110
지옥 219
지전 36
지주 36
지폐 37
지형 189
직무 189
직업 37
직임 190
직책 190
진보 190
징역 110

ㅊ

차인 191
착수 111
착수하다 111
참모 97
참섭 191
채권 38
처분 191
척식회사 38
철도 86
철로 87
철학가 221

청사 232
체조 192
총무 63
총재 64
측량 192
측량하다 3
치료 129
치안 47
친목회 193
친속 193

ㅌ

태도 193
태양력 59
태음력 59
토론회 120
토목 4

ㅍ

파견 194
판사 111
판서 64
편지 224
평론 194
평리원 112
평의회 194
평화 195
포박하다 47
포졸 47
포청 48
풍범선 87
피고 112
피물 195

ㅎ

하숙 195
학과 79
학원 79
학정 206
합중국 206
항의 207
헌병 97
혁명군 207
형법 112
화륜거 87
화륜선 88
화폐 38
화학 80
활동사진 196
회계 39
회사 39
회의 196
후작 65

Abstract

Korean Vocabulary in the Early of the 20th Century

Cheol-Eui Song et al.

This book examines the aspects of modernization in Korea by studying Korean vocabularies that were used in the period between 1901 and 1910, when Korean society began its transition from the traditional to a modernized society in terms of politics, economy, society and culture.

Those vocabularies that has been introduced in accordance with the influx of alien cultures, reflects social atmosphere of the time. The purpose of this study is to examine such vocabularies. This study is carried out covering such publications as newspapers, journals, novels, text and grammar books, that were published in the first decade of the twentieth century, i.e., between 1901 and 1910. For those vocabularies that were already in popular use, their changes in meanings attracted focus of this study, while meanings of newly introduced vocabularies have been analyzed in the context of their usage. In particular, a special attention has been invested to 'new' vocabularies to read phases of times and social atmosphere and at the same time their usages after 1910s.

This book shows the original transcription, the different spelling, a part of speech, the meaning and examples of the selected words. Each word was classified according to its meaning class such as architecture, economy, police, science, bureaucracy, education, transportation, military affairs, law, society, press, medical science, general usage, legislature, politics, religion, philosophy, communication and administration.

편자 소개

송철의(宋喆儀)
서울대학교 국어국문학과 교수
논저: 『국어의 파생어형성 연구』(1992) 외

이현희(李賢熙)
서울대학교 국어국문학과 교수
논저: 『중세국어 구문연구』(1994) 외

황문환(黃文煥)
한국학중앙연구원 교수
논저: 『16,17세기 언간의 상대경어법』(2002) 외

장윤희(張允熙)
인하대학교 인문학부 교수
논저: 『중세국어 종결어미 연구』(2002) 외

이　용(李勇)
서울시립대학교 교양교직부 객원교수
논저: 『연결어미의 형성에 관한 연구』 외

양정호(梁正昊)
덕성여자대학교 국어국문학과 교수
논저: 『동명사 구성의 '-오-' 연구』(2003) 외

서울大學校 奎章閣韓國學硏究院
韓國學共同硏究叢書9

한국 근대 초기의 어휘

편자 서울大學校 奎章閣韓國學硏究院

2008년 12월 20일 초판 제1쇄 인쇄
2008년 12월 25일 초판 제1쇄 발행

발행인 이장무
발행처 서울대학교출판부
151-742 서울 관악구 관악로 599
마케팅과 02-889-4424, 02-880-7995
Fax 02-888-4148
E-mail snubook@snu.ac.kr
Home-page http://www.snupress.com

출판등록 제15-3호

ISBN 978-89-521-0913-2 93700

값 19,000원

서울대학교 규장각한국학연구원 한국학공동연구총서

한반도와 만주의 역사 문화
이병근, 정인호, 권재일, 서대석, 김시준, 노태돈, 송기호

한국병합의 불법성 연구
이태진, 김기석, 백충현, 이근관, 신효숙, 이용권

한국 근대사회와 문화 I: 19세기 말에서 20세기 초를 중심으로
이병근, 송기중, 권영민, 한철호, 배항섭, 이윤상, 도면회, 왕현종, 노대환, 김종서, 류방란, 권태억

역주 증수무원록언해
송철의, 이현희, 장윤희, 황문환

한국 근대사회와 문화 II: 1910년대 식민통치정책과 한국사회의 변화
권태억, 박명규, 정연태, 마쓰다 도시히코, 이윤상, 김상태, 도면회, 오성철, 조재곤, 신동원

한국 근대 초기의 언어와 문학
이병근, 송철의, 정승철, 임주탁, 류양선

역주 오륜행실도
송철의, 이현희, 장윤희, 황문환

전통 구비문학과 근대 공연예술 I: 연구편
서대석, 손태도, 정충권

전통 구비문학과 근대 공연예술 II: 자료편: 『매일신보』 소재 자료
서대석, 손태도, 정충권

전통 구비문학과 근대 공연예술 III: 자료편: 면담, 작품, 사진자료
서대석, 손태도, 정충권

일제 식민지 시기 한국의 언어와 문학
이병근, 송철의, 정승철, 이종묵, 임주탁, 류양선

한국 근대사회와 문화 III: 1920 · 1930년대 '식민지적 근대'와 한국인의 대응
지수걸, 김상태, 윤대원, 정숭교, 김영미, 김경일, 전우용, 정규영, 권태억

일제 식민지 시기의 어휘: 어휘를 통해 본 문물의 수용 양상
송철의, 이현희, 이용, 양정호, 서형국, 이지영